デジタルアーカイブ・ベーシックス

デジタルデータの長期保存・活用
その理論と実践

嘉村哲郎［責任編集］

勉誠社

［編集委員長］

柳与志夫
東京大学

［編集委員］

池内有為
文教大学

逢坂裕紀子
国際大学 GLOCOM

大沼太兵衛
山形県立米沢女子短期大学

嘉村哲郎
東京藝術大学

木村麻衣子
日本女子大学

鈴木親彦
群馬県立女子大学

数藤雅彦
弁護士

福島幸宏
慶應義塾大学

[もくじ]

本書の趣旨と構成
嘉村哲郎……001

[序 章]
デジタルアーカイブにおけるデジタル保存の課題
──消えていくデジタルアーカイブ
柴山明寛……009

第1部　デジタル保存の理論と国際標準
[第 1 章]
デジタルアーカイブにおける長期保存のためのシステムと
メタデータのモデル
杉本重雄……033

[第 2 章]
デジタル保存実践のための指針
──デジタル保存連合の『デジタル保存ハンドブック』と
「ラピッド・アセスメントモデル」の検討
平野泉……070

[第 3 章]
UNESCOにおけるデジタル資料の保存に関する活動
松永しのぶ……091

[コラム 1]
日本における長期保存の課題
──2021年度国内実態調査から見えてきたこと
国立国会図書館電子情報部電子情報企画課
次世代システム開発研究室……111

Digital Archive Basics

デジタルデータの長期保存・活用

第2部　組織における長期保存の実践

［第4章］
**現場から考えるデジタルアーカイブの課題と
長期的な継続を図るための具体策**
山崎博樹……125

［第5章］
国立国会図書館におけるデジタル資料の長期保存に関する取組
国立国会図書館電子情報部電子情報企画課
次世代システム開発研究室……150

［第6章］
文化財デジタルデータの長期保存と管理
高田祐一……168

［第7章］
**デジタルデータの保存、管理、活用
――コラボレーションについての視点**
中西智範……184

［第8章］
**デジタルデータの保存と管理および活用
――企業の視点から**
肥田康……207

［コラム2］
**I.B.MUSEUM SaaS
――博物館デジタルアーカイブのプラットフォームへ**
内田剛史……226

第3部　研究基盤としてのDA

［第9章］
**研究データの始まりから終わりまで
――オープンサイエンスにおける研究データ基盤
　　NII Research Data Cloud の役割**
込山悠介……239

［第10章］
大学・研究機関における研究データ基盤構築に向けて
南山泰之・松原茂樹・青木学聡・結城憲司……258

［第11章］
東北大学における総合知デジタルアーカイブ構築
加藤諭……281

［第12章］
持続可能な情報基盤としての東京大学学術資産等
アーカイブズプラットフォーム
田口忠祐……302

［コラム3］
映画・映像ファイルのデジタル保存
───論点の整理と国立映画アーカイブの取り組み
三浦和己……330

第4部　DAの社会基盤化と文化的価値

［第13章］
デジタルアーカイブは誰のものなのか、どうあるべきものなのか
渡辺智暁……341

［まとめと展望］
デジタルアーカイブの基盤的考察
───物理的依存とデジタル価値の相互形成
嘉村哲郎……363

執筆者一覧……377

本書の趣旨と構成

編集責任者
嘉村哲郎

　2020年のジャパンサーチの正式公開以降、わが国のデジタルアーカイブ（以降DAと称する）では、特に図書館分野を中心に横断的な検索プラットフォームが定着しつつある。この発展過程において、データ公開に関わる技術や方法論については活発な議論が展開されている一方で、デジタルデータを保存するための情報システム基盤や運用管理といったインフラの観点からの検討は依然として不十分な状況にある。

　本巻は、15件の論考と3件のコラムからなる4部構成であり、DAを社会基盤として確立するため、これらの保存と運用管理に必要な基盤的要素の現状を考察している。その上で、理論研究の専門家による知見と、情報システム基盤や運用管理の実務的観点を組み合わせながら、長期保存の理論と実践について論じる。これにより、将来世代のDA活用に向けた基盤づくりに貢献することを目的としている。

　本巻の序章では、柴山明寛によるデジタル保存の課題として、東日本大震災デジタルアーカイブを事例に消えていくDAについて考察している。東日本大震災デジタルアーカイブは、2011年の震災を機に、被災経験を後世に伝えることを目的として、自治体や研究機関、企業など多様な組織により数十にも及ぶDAが構築されたが、震災から10年を経過

した頃から、様々な理由によりこれらの閉鎖が増加している。柴山は、アーカイブの閉鎖や運営停止の例を分析し、DAの長期保存における課題として「組織的・人的」「技術的」「運営」の3つの要点を指摘し、これらの課題を解決するために、DA構築後の長期運用を見据えた計画立案が不可欠であり、継続的なIT技術の習得と更新が必要であることを提言している。

　第1部は「デジタル保存の理論と国際標準」として、これらを実践する際に参考になる各種指針やガイドラインについて、その役割や事例について取り上げる。ここでは、杉本重雄による論考が興味深い。冒頭、杉本はDAとデジタル保存の基本概念を整理している。具体的には、デジタル化に伴う有形物と無形物の区別、デジタルコピーと複製の意味、そしてメタデータの役割について体系的に論じている。これらの概念、特に有形・無形の区別と複製に関する議論は、従来の日本のDA研究では十分な注目を集めてこなかった重要な観点である。そのため、このような基本概念の整理は、今後のDA理論の構造化を検討する上で重要な基盤となるだろう。

　さらに、杉本は、DAにおける長期保存の課題について、以下の2つの側面から考察している。1つは、デジタル保存の国際標準であるOAIS参照モデルと保存メタデータ標準PREMISの技術的側面である。もう1つは、情報技術の世界における短い時間軸と、文化的・歴史的資源の長期保存に必要な長い時間軸の解釈との差異を埋める取り組みとしての側面である。その1つの方向性として、デジタル保存は単なるバイナリデータの保管ではなく、保存対象の同定から保存形式の決定、技術や専門的な知見の開発、そして将来への継承までを含む包括的な取り組みであることに言及し、これらの取組には個別のコミュニティのニーズ

と複数コミュニティ間で共有可能な技術や知見を考慮した俯瞰的なアプローチの重要性を強調している。

　第1部では、杉本の理論と考察に加えて、松永しのぶによるUNESCOにおけるデジタル資料の保存に関する指針や活動、平野泉によるデジタル保存連合（DPC: Digital Preservation Coalition）のデジタル保存ハンドブックを扱う。DPCハンドブックは、デジタル保存の基本概念や実践的なガイドラインを提供し、組織的戦略から技術的解決まで幅広く網羅し、組織の管理職から実務担当者まで、様々なレベルの読者に対応している特徴がある。また、組織のデジタル保存能力を客観的に評価するためのツール、ラピッド・アセスメントモデルの紹介は、今後のDAにおける評価手法の一つとして参考になるだろう。そして、第1部のコラムには、2021年度に国立国会図書館が実施した国内アーカイブ機関におけるデジタル資料の保存に関する実態調査の結果を報告する。この報告では、保存のための体制面、予算、脆弱なデータバックアップなど、日本のアーカイブ機関におけるデジタル資料の長期保存体制の現状と課題を明らかにするとともに、分野や領域を超えた組織連携・協力の必要性を示している。

　第2部は「組織における長期保存の実践」として、前段の理論や各種課題の提示を受けて、具体的な組織における長期保存の基盤的取組を取り上げる。導入では、山崎博樹が30年にわたるDA実務の経験を踏まえ、継続的な運用を妨げる主要な課題として(1)データの質・フォーマット・保存メディアに関する技術的問題、(2)データ利用と予算の課題、(3)専門人材の確保・育成を指摘している。これらの課題は、DA初期から続く内容であり、30年経過した現在でも同様の課題であることから、DAの継続には組織の実情に応じた多面的な取り組みが必要で

本書の趣旨と構成｜嘉村 ─── 003

あることを指摘している。

　以降、具体的な事例を国立国会図書館、文化財及び文化の視点から奈良文化財研究所の高田祐一と早稲田大学坪内博士記念演劇博物館の活動として中西智範の論考が続く。そして、複数の大手企業のDA活動を取材した肥田康の論考は、企業DAの現状を知ることができる貴重な内容である。肥田によれば、2000年代以降、企業がビジネスアーカイブとしてDAを活用し始め、現在では企業文化の継承や企業価値向上のツールとして広く認識されているという。本稿では具体的な事例として、キリンホールディングス、花王、キッコーマンの3社の取り組みを分析し、これらの事例からはビジネスアーカイブが社員教育、PR・CSR活動、ブランディングなど、多面的な効果をもたらし、企業の収益向上にも寄与していることが報告されている。一方で、デジタル技術やメディアの陳腐化、データの長期保存の問題、専門人材の育成・確保の難しさなどが主な課題として挙げられている。これらの課題に対しては、汎用的で実績のある技術を用いたシステム基盤環境の整備、他機関との連携などが解決策として提示されている。第2部のコラムでは、企業におけるデジタルアーカイブプラットフォームの運用事例として、クラウド型収蔵品管理システム「I.B.MUSEUM SaaS」を展開する早稲田システム開発株式会社の内田剛史が、2010年11月のサービス開始から現在に至るまでのシステム導入実績の分布やAPI公開機能を用いた情報発信等の活用事例を報告している。

　第3部は「研究基盤としてのDA」として、前半に研究データ基盤としてのDAについて、込山悠介が国立情報学研究所の取り組みを、南山泰之らが機関リポジトリの観点からそれぞれ分析している。これらの理論的考察を踏まえ、後半では実践的な事例として加藤諭による東北大学と

田口忠祐による東京大学における具体的なDA活動を報告している。両大学に共通する特徴的な点には、全学委員会の設置による組織的な体制構築、国際標準規格の採用とジャパンサーチ等の外部連携、そして図書館を中心とした事務機能の一元化が挙げられる。一方、共通する課題は、DAが大学の研究力強化への寄与を定量的に示すことの難しさと、それに起因する予算確保の問題、複数部局連携による意思決定の複雑さ、システムの持続可能性の担保、専門人材の確保、研究活用との接続などが挙げられている。これらの共通課題は、大学組織におけるDA構築においては、組織的な体制整備が必要であり、その上で持続可能な運営モデルを確立して研究活用を具体化していくという段階的なアプローチが不可欠であることを示唆している。高等教育機関におけるDAは、前半で論じた研究データ管理や機関リポジトリといった活動と合わせて統合的な理解を深め、互いの知見を活かした課題解決を図ることの重要性が窺える。そして、第3部のコラムでは、三浦和己が国立映画アーカイブにおける映画・映像ファイルのデジタル保存の実例を報告している。映像データはデジタルアーカイブの中でも最も大容量のファイルを扱うため、この事例は多くのデジタルアーカイブ組織において、ファイルバックアップやデータの長期保存に対する考え方の参考になるだろう。

　第4部では、渡辺智暁と嘉村哲郎が「DAの社会基盤化と文化的価値」について考察している。渡辺は、主として文化的側面を持つDAを対象に、DAは原則として万人のためのものであるべきだと主張する。その理由として、(1)文化が公的資金援助を受けて維持・創造されている点、(2)デジタル文化資源は使用による摩耗がない公共財的性質を持つ点、(3)文化は本来的に集団に属し伝播する性質を持つ点、(4)デジタル社会では多くの人々が文化の創造に関わるようになっている点、を挙げ

ている。ただし、万人のためのDAは、単一の巨大なシステムとしてではなく、多様なDAが緩やかに連携しながら存在する形が望ましいとする。一方で、人権侵害や差別的表現、文化的価値の冒涜など、万人に開かれることで生じうるリスクにも言及している。本論は、DAの多様性を保ちながら万人への開放を進めることが、デジタル時代における文化の発展と継承に寄与すると論じており、社会基盤としてのDAのあり方に一考を投じている。

　最後に、まとめと展望として、本巻の編集責任者の立場から嘉村がデジタルデータの長期保存や運用管理をめぐる理論的・実践的課題を多角的に検討し、DAの意義を考察する。論考では、ヴァルター・ベンヤミンの「アウラ」概念を参考に、デジタル技術による複製が従来の複製技術とは異なり、単に模倣を行うだけでなく、データの可変性や相互運用性などから、独自の価値や現前感が生成されることを指摘している。一方で、デジタルデータはデータ保存装置に「憑依」しており、その存在は物理的な基盤に依存せざるをえないという側面がある。特にデータセンターの建築や歴史を文化的視点で捉え直すことで、インターネット社会の新たな“遺産”として評価する可能性を示している。

　そして、DAを評価する新たな価値体系として、物理的基盤やデータ保存施設が持つ歴史性を捉える「基盤的価値」、ネットワーク環境や他のコンテンツとの相互関係がもたらす「文脈・派生的価値」、フォーマット変遷や技術更新の記録を含む「時間的価値」の3つが示されている。これらを総合的に考慮し、標準化されたメタデータへの記述を拡張することで、デジタル社会における新たな文化的価値を広く共有し、次世代へ継承していくことができるという提案がなされている。

　本巻で示された理論的考察と実践的事例は、DAの長期保存と持続可

能な運用に関する議論を深め、次世代に向けた社会基盤の構築に貢献するものである。これらの知見が、読者の具体的な活動の一助となり、さらなる実践と研究の発展へとつながることを期待している。

序 章
デジタルアーカイブにおけるデジタル保存の課題

消えていくデジタルアーカイブ

柴山明寛

1　はじめに

　本巻を合わせてデジタルアーカイブ・ベーシックスは、第一シリーズから第三シリーズを合わせて10巻目を迎える節目となる。デジタルアーカイブ・ベーシックスでは、これまで多種多様なデジタルアーカイブの事例や動向やデジタルアーカイブに関する諸問題について紹介し、今後、デジタルアーカイブを構築する上でヒントとなる情報が多数掲載されている。しかしながら、デジタルアーカイブのシステム基盤や運用管理の観点では語られることが少ない。そこで、本巻では、デジタルデータの保存と運用・管理などの基盤となる要素について示す。

　まず、本題に入る前に、タイトルである「デジタルアーカイブにおけるデジタル保存の課題」について説明したいと思う。このタイトルを即座に理解できる方は、デジタルアーカイブを深く理解し、長年デジタルアーカイブを運用・管理している方だと思う。ここでは、デジタルアーカイブを初めて知った方やこれからデジタルアーカイブを始める方に向

けて理解を深めていただくためにタイトルを分解しながら説明する。

　デジタルアーカイブの「デジタル」とは、電子化したもの、もしくは電子化されたものを指す。例えば、古文書をデジタルカメラやスキャナで撮影したデータが「デジタル」と言える。また、パソコンで作成した文章は、データとして取り扱えば、こちらもデジタルと言える。次に、デジタルアーカイブの「アーカイブ」は、ある対象となるものを収集、整理、保存することである。例えば、数多くある古文書を図書館が収集し、それらの古文書の一つ一つを目的別に分類し、管理用の情報を付け、配架・保存することである。この「デジタル」と「アーカイブ」を組み合わせたものが「デジタルアーカイブ」となる。デジタルアーカイブでは、数多くある古文書を図書館が収集し、それらの古文書を一つ一つデジタルカメラで撮影し、管理用の情報とともにデジタルデータを記録媒体等に保存・整理・管理することである。また、デジタルアーカイブは、機関内で管理目的の使用だけでなく、閲覧・検索できるようにシステムを構築することで、インターネット上で不特定多数の方にも活用することもできる。近年、デジタルアーカイブという言葉は、デジタル資料もしくはデジタルにした資料を収集し、デジタルで整理や保存、そして、インターネット上で閲覧・検索できるようにシステムを構築し、活用するまでのことを指している。

　タイトルの最後の「デジタル保存の課題」について説明する。デジタルアーカイブには、収集、整理、保存、活用の4つの内容があることを示したが、実は重要なものが抜け落ちており、それがデジタルアーカイブを維持するための運用・管理の部分である。デジタルアーカイブを構築する上で、収集、整理、保存、活用について十分な計画を立てるものの、長期間の運営・管理まで意識をすることは少ないと言える。一般的にデジタルデータは、物理的なものに比べて、スペースを取らない

ことや改変や複製、移動などがパソコン上で容易にできることなど、IT
（Information Technology）に精通していなくても扱えてしまう。そのため、
デジタルデータの取り扱いを軽視しがちと著者は考える。

デジタルアーカイブの運用・管理には、維持運用にかかるランニング
コストや運営・管理するための人件費、オリジナルデータの長期管理、
データ消失へのリスク管理や分散管理などがある。そして、システムを
構築している場合には、数年後のリプレイス費用、データマイグレー
ションなども考えなくてはならない。さらに、デジタルアーカイブシス
テムを閉鎖した際のデジタルデータの移管や承継の問題もある。

序論では、「デジタルアーカイブにおけるデジタル保存の課題」につい
て、東日本大震災で数多く構築されたデジタルアーカイブとその後の消
えてゆく震災デジタルアーカイブの事例を示しながらデジタル保存の課
題について詳しく解説していく。

2　東日本大震災デジタルアーカイブの現在

2011年東日本大震災を契機に、デジタルアーカイブ元年と言われる
ほど、自治体や研究機関、防災関係機関、図書館、企業など、数多くの
団体で同時多発的に数十にも及ぶ震災デジタルアーカイブが構築された。
しかしながら、震災発生から10年が経過した頃から様々な理由により
震災デジタルアーカイブの閉鎖が増え始めた。これは、その他のデジタ
ルアーカイブの事例と比べて、とても短い期間であると言える。震災デ
ジタルアーカイブの閉鎖に関する諸問題は、2022年デジタルアーカイ
ブ学会誌で「デジタルアーカイブの消滅と救済」の特集号[1]が組まれ、震
災デジタルアーカイブの閉鎖について言及されたことが始まりである。
また、2023年1月には、「令和4年度東日本大震災アーカイブシンポジ

ウム―震災記録を次世代につなぐ―」[2]において同様の報告が行われた。その報告は、デジタルアーカイブに関心を持っている方に大きなインパクトにもなり、多くのマスメディアなどで大きく取り上げられた。震災デジタルアーカイブの数多くの閉鎖の理由を説明する前に、まず、東日本大震災で、「なぜ」デジタルアーカイブが数十も構築されたのかについて解説する。

2-1　東日本大震災の概要

　2011年3月11日14時46分に東北地方太平洋沖を震源とするマグニチュード9.0の地震が起こり、東北地方に大規模な地震災害と太平洋沿岸を中心に大津波が発生し、太平洋沿岸地域に甚大なる被害となった。また、この地震と津波の影響で、福島第一原子力発電所の事故が発生し、福島県の浜通りでは数年から十数年の長期の避難を余儀なくされた。この地震及び津波、そして原発事故は、2011年4月1日に政府の閣議において、「東日本大震災」と名称が決定された[3]。余談ではあるが、平成23年(2011年)東北地方太平洋沖地震は、気象庁が命名した地震名称[4]であり、2011年3月11日14時46分の地震を示す時に用いられる。また、震災名称が付いているものは、1923年9月1日に発生した関東大震災、1995年1月17日に発生した阪神・淡路大震災となり、東日本大震災で3つ目の震災と名の付く災害となる。以後、震災名称である東日本大震災を主に用いて述べる。

　東日本大震災は、地震、津波、原発災害の3つが複合的に起こり、甚大な被害をもたらした。2024年3月現在、死者19,775名(震災関連死を含む)、行方不明者2,550名、住宅全壊122,050棟と未曾有の被害となった。また、建築物、ライフライン施設、社会基盤施設、農林水産関係などの直接的な被害額は、約16兆9,000億円となった[5]。

東日本大震災では、多くの人命を失い、さらに、大津波により太平洋沿岸地域の街並みは、跡形も無く破壊された。著者も数多く足を運んだ慣れ親しんだ風景が津波によって破壊された街並みの光景を目の当たり、愕然とし、言葉も失ってしまった。沿岸地域に住んでいない著者自身でさえ、その光景は見るに堪えられなく、そこに住まわれていた住民は、想像ができないほどの絶望感を感じたのではないかと思う。また、福島県浜通り及びその周辺市町村では、地震と津波の影響で福島第一原子力発電所の原子炉の冷却が失われ、次々と原子炉建屋が水素爆発し、大量の放射線物質が放出・拡散した。原子炉建屋の水素爆発は、福島第一テレビの定点カメラで撮影され、読者の方も一度はテレビ等で見たことがあると思う。その水素爆発が発生する前に、原子炉の損傷や放射性物質の放出・拡散による住民の生命・身体の危険を回避するために、第一原発周辺の大熊町や双葉町、浪江町などでは、避難指示が発令され、津波被災した住民の捜索ができないまま、避難を余儀なくされた。著者自身も地震発生から数年後に自治体からの依頼で帰還困難区域に足を踏み入れたが、その風景は、地震直後の被災状況のままが残され、時が止まっていたことを今でも鮮明に思い出す。東日本大震災では、東北地方だけでなく、関東でも大規模な揺れが発生し、電車等の交通網がストップし、多くの帰宅困難者が発生した。このように東日本大震災は、東北地方だけでなく、日本全国、そして海外まで、様々な影響が波及した。

2-2　東日本大震災デジタルアーカイブの誕生

　未曾有の大災害となった東日本大震災では、なぜこれだけの多くの震災デジタルアーカイブが誕生したのかを説明したいと思う。その理由は、以下の3つがあると著者は考える。

　まず、1つ目として、前述で示した通り、地震と津波によって長年培

われてきた地域文化や人命が一瞬にして失われ、多くの人が悲しみを覚え、二度と同じ悲劇を繰り返したくないとの被災住民だけではなく、国内外の多くの人が感じた。そして、東日本大震災の被災経験や復旧・復興の対応を後世に伝え残すことで次に起こる災害に対して防災・減災の対応・対策に向けるべきであると多くの方が考えたからと著者は考える。

　2つ目の理由として、2011年の時代背景も関係している。2000年後半頃から携帯電話の保有が一人一台の当たり前になってきた時代でもあり、また、多くの携帯電話にカメラ機能などが備わり、気軽に写真が撮れる時代であった。また、2010年頃からスマートフォンも主流になりつつあった。一人一台の携帯電話端末を持つ時代背景もあり、デジタルカメラ等を持ち合わせていなくても、直ぐに写真や映像を記録できる環境であったため、被災直後の津波映像や被災状況などが数多く残された。それ以前の津波災害では、津波襲来を捉えた映像などは一つ二つあれば良い方だったが、東日本大震災については数百の津波襲来の映像や写真の記録が残された。さらに、この頃は、SNS（Social Network Service）が流行し始めた時期でもあり、X（当時：Twitter）やFacebook、mixiなどが新たなコミュニティーの場で使用されていた。そのような状況もあり、個人や団体などで震災の記録をSNS上にアップするなど盛んに情報発信がされていたことも一つの要因と言える。

　3つ目の理由として、政府機関等における震災記録の重要性が叫ばれたこともその要因の一つであったと言える。震災から2ヶ月後の2011年5月10日に東日本大震災復興構想会議において復興構想7原則の提言が発表された。その復興構想7原則の原則1には、「大震災の記録を永遠に残し、広く学術関係者により科学的に分析し、その教訓を次世代に伝承し、国内外に発信する」との提言が発信された[6]。同年6月には、災害対策基本法が一部改正され、第7条及び第46条、第47条の2等に、「国

民の防災意識の向上を図るため、住民の責務として、災害教訓を伝承することを明記するとともに、国・地方公共団体、民間事業者も含めた各防災機関において防災教育を行うことを努力義務化する」旨が規定された[7]。続いて、同年8月の東日本大震災復興対策本部では、「東日本大震災からの復興の基本方針」[8]が改訂され、「(略)地震・津波災害、原子力災害の記録・教訓の収集・保存・公開体制の整備を図る。(略)こうした記録等について、国内外を問わず、誰もがアクセス可能な一元的に保存・活用できる仕組みを構築し、広く国内外に情報を発信する」が明文化された。

　以上の3つが要因として考えられる。ただし、これらの要因は、震災記録の収集や保存の流れができたものの、広く国内外に発信する方法はなかった。当時の発信方法としては、ウェブサイトやSNSでの発信であったが、大量の記録を管理しながら簡便に公開する方法がほとんど無かった。その中で、後述にも示すがYahoo! JapanとGoogleの震災記録の公開は、デジタルアーカイブの存在を大きく示したと言える。また、2011年2月から実施されていた総務省の「知のデジタルアーカイブに関する研究会」[9]の活動も大きく影響した。

2-3　東日本大震災デジタルアーカイブとは

　東日本大震災のデジタルアーカイブは、自治体や研究機関、防災関係機関、企業、図書館など多種多様な団体で構築された。現在までに数十のウェブサイトが立ち上がっているが、正確な数字まで把握ができない現状がある。理由としては、自治体や研究機関等の公的機関が行っているものに関しては把握することは可能ではあるが、その他の市民団体等が行っているものは数多くあり把握が困難である。それだけ数多くの震災デジタルアーカイブが存在するとも言える。以下、時系列に沿って各

団体で東日本大震災デジタルアーカイブが構築した流れを示す。

　東日本大震災が発災してから1ヶ月後に、民間企業のYahoo! Japanによる「東日本大震災 写真保存プロジェクト」[10]が立ち上がり、一般市民からの震災に関する写真の募集が開始され、2011年6月からウェブ上で公開が始まった。同月に、Googleは震災前後の衛星写真などを公開する「未来へのキオク」[11]が開始され、同サイトでも一般市民からの提供された写真等の公開が始まった。この2つのIT民間企業の働きが、震災記録を集めること、そして、国内外に発信することを示した最初の事例と言える。東北地域の被災地では、宮城県仙台市生涯学習施設のせんだいメディアテークにおいて、「3がつ11にちをわすれないためにセンター」[12]が発災から3ヶ月後に立ち上がり、震災記録の収集や映像編集の支援などが開始された。発災から半年後の9月には、著者が中心的に行った東北大学による東日本大震災アーカイブプロジェクト「みちのく震録伝」[13]を立ち上げ、研究者が撮影した震災直後の写真や研究データなどを中心に収集を開始した。また、同月に岩手県遠野市で「東日本大震災の記録とその活用」シンポジウムが開催され、デジタルアーカイブの存在が知れ渡った出来事でもあった。

　発災から1年が経過し、報道映像や証言記録映像等をまとめた日本放送協会による「NHK東日本大震災アーカイブス」[14]の公開がされ、報道メディア関係では初の公開となった。同時期に、農林漁業協同組合「農林漁業協同組合の復興への取組み記録 東日本大震災アーカイブズ」(2020年11月閉鎖、国立国会図書館に承継)が公開された。福島県の被災大学でもあるいわき明星大学といわき短期大学(現在：医療創生大学と東日本国際大学)の「はまどおりのきおく ―未来へ伝える震災アーカイブ―」が公開された。その半年後には、FNN(フジテレビニュースネットワーク)が報道映像をまとめた「3.11 忘れない 〜FNN東日本大震災アー

カイブ〜」(特設サイトは閉鎖され、現在YouTube版のみ)[15]が公開された。2012年3月にハーバード大学エドウィン・O・ライシャワー日本研究所から、海外機関として初の「2011年東日本大震災デジタルアーカイブ」(2017年に日本災害DIGITALアーカイブに名称を変更)[16]が公開された。

　2012年9月からは、総務省の「東日本大震災アーカイブ」基盤構築プロジェクト[17]が開始された。本プロジェクトでは、震災デジタルアーカイブの構築のための実証実験として青森県、岩手県、宮城県、福島県の4県5つの団体が参画した。青森県では、「あおもりデジタルアーカイブシステム(2016年1月閉鎖、青森震災アーカイブと統合)」、岩手県では、「陸前高田震災アーカイブNAVI(2014年11月閉鎖、国立国会図書館に承継)」、宮城県では、東北大学「みちのく震録伝」、河北新報社「河北新報震災アーカイブ」[18]、福島県では、「東日本大震災アーカイブFukusima」(2022年9月閉鎖)が実施した。2013年3月には各ウェブサイトで震災アーカイブの公開がされた。青森県及び岩手県、福島県のプロジェクトについては、震災記録の収集等を自治体の協力の基で実施されていたが、運営自体は大学や協議会等で行われていた。河北新報震災アーカイブは、初の商用記録(新聞記事)のデジタルアーカイブが行われ、検索までは無料で、資料の閲覧は有料の仕組みになっている。また、同プロジェクトでは、国立国会図書館の東日本大震災アーカイブ「愛称：ひなぎく」[19]が公開され、国内で初めて、各機関の震災アーカイブを結ぶポータルサイトを公開した。2013年5月には、東北学院グループの幼稚園、中学校、高校、大学で収集された資料を公開する学校法人東北学院「東日本大震災の記録 Remembering 3.11」[20]が公開された。2014年1月には、原子力関係の資料を中心とした日本赤十字社「赤十字原子力災害情報センターデジタルアーカイブ」(2021年3月閉鎖、国立国会図書館に承継)が公開

された。また、日本赤十字社のデジタルアーカイブでは、同じ内容の日英のコンテンツが閲覧できる特徴であった。

　自治体が主体の事例では、2012年12月に宮城県仙台市「フォトアーカイブ 東日本大震災―仙台復興のキセキ」[21]や2013年3月に宮城県東松島市「ICT地域の絆保存プロジェクト」[22]、2014年1月に宮城県気仙沼市「気仙沼市震災記録資料集けせんぬまアーカイブ」(2024年3月閉鎖、東日本大震災アーカイブ宮城に承継)、2014年3月に宮城県多賀城市「たがじょう見聞憶」(東北大学でサーバ管理)[23]となる。その後、自治体が主体となった震災アーカイブの構築が数多く開始された。その後押しとなったのは、総務省「被災地域情報化推進事業(情報通信技術利活用事業費補助金)」[24]である。本補助金を利用して構築されたアーカイブとしては、2014年4月公開の「青森震災アーカイブ」(八戸市、三沢市、おいらせ町、階上町の青森県4市町村合同で構築、2024年1月現在停止中)、2015年3月公開の久慈・野田・普代震災アーカイブ(久慈市、野田村、普代村の岩手県3市町村合同で構築、2024年1月現在停止中)、2015年4月公開の福島県郡山市「郡山震災アーカイブ」(郡山市、双葉町、富岡町、川内村の4市町村の記録公開、2023年3月からウェブサイトのリニューアル)[25]、2015年6月公開の宮城県「東日本大震災アーカイブ宮城」[26]、2015年7月公開の千葉県浦安市「浦安震災アーカイブ」(2024年3月閉鎖、国立国会図書館に承継)である。

　岩手県では、他の自治体より構築が遅かったが、震災資料の定義からその後の活用について、外部有識者を交えた会議を2015年から開催し、1年かけて「震災津波関連資料の収集・活用等に係るガイドライン」を2016年4月に策定した[27]。その1年後の2017年3月には「いわて震災津波アーカイブ～希望～」(2023年3月に東北大学にサーバ管理を移し、リニューアル)[28]を公開した。いわて震災津波アーカイブは、23万点と東

日本大震災デジタルアーカイブの中で最も多くの震災資料を公開している。その他の県については、福島県では2017年6月に「アーカイブ拠点施設（仮称）に関する資料収集ガイドライン」[29]が策定され、現在、震災関連記録の収集が行われている。茨城県では、2017年3月に「茨城県東日本大震災デジタルアーカイブ」（2022年3月閉鎖、国立国会図書館に承継）が公開された。2023年3月に岩手県宮古市で「宮古市災害資料アーカイブみやこあす」[30]を公開し、過去の自然災害の記録と東日本大震災の記録を掲載している。

2-4　消えゆく東日本大震災デジタルアーカイブ

　執筆段階かつ著者が知り得る情報として、東日本大震災デジタルアーカイブは、8つ団体のウェブサイトが閉鎖している。ウェブサイトを閉鎖した団体の属性としては、自治体が3、コンソーシアムが3、法人が1、企業が1となっている。また、2つの団体でウェブサイトが停止しており、2つとも自治体である。閉鎖と停止ウェブサイトを合わせると自治体が5、その他が5となっている。自治体については、東日本大震災の被災度合いに関係なく閉鎖もしくは停止している状況である。震災から10年を迎える前に閉鎖しているのは3つ、10年を経過して閉鎖・停止しているのは5つとなる。震災から10年を迎える前にウェブサイト閉鎖している2つの団体は、コンソーシアムが解散とともに閉鎖している。もう一つの団体は、震災10年を目処にウェブサイトを閉鎖している。ウェブサイトを閉鎖したデジタルコンテンツについては、7つの団体でデジタルコンテンツ及びメタデータを関係団体に継承もしくは移管を行っている。その内、5つが国立国会図書館の「ひなぎく」にデジタルコンテンツ及びメタデータの継承がなされている。継承や移管先が決まっていない状況なのは、執筆段階で一つの団体のみである。

これらの震災デジタルアーカイブの閉鎖の理由は、様々な理由が存在するが、主に2つの理由があり、管理団体の解散、もしくは震災から10年目を契機に閉鎖となる。この震災から10年目の契機というのは、政府の東日本大震災復興基本法第3条による基本方針に基づいた復興期間10年に由来している。ただし、政府は第2期復興・創世期間として新たに5年間(令和7年度)を延長し、15年間を復興期間としている。確かに10年という節目で役割を終えることはあるかもしれないが、第2期復興・創世期間が終わる15年目の選択肢があったと思う。なぜ、震災から10年目前後から閉鎖が続いているのか、著者になり考察をしてみた。次節では、その考察を元にデジタルアーカイブにおけるデジタル保存の課題について述べる。

3　デジタルアーカイブにおけるデジタル保存の課題

　本節では、東日本大震災デジタルアーカイブの閉鎖や停止の事例について、関係者等へのヒアリングと著者の考察からデジタル保存の課題について解説する。

3-1　組織的な課題と人的資源の課題

　デジタルアーカイブを管理・運営する上で、組織と人的資源は重要となる。デジタルアーカイブの構築段階及び運用当初は、様々なことを想定して十分な人員を用意し、管理・運営に当たっていることが多いが、数年後には、徐々に人員が削減され、最小人員で最低限の管理・運営になっていることが多い。また、人員が削減されたとしても専任で担当者が決まっているならまだ良い方だが、兼務などにより、担当者が片手間で管理・運営を行っている事例も多く見られた。これらは、維持管理と

しては問題が無い範囲と考えるが、新たなコンテンツを収集や更新作業が滞ることが多い。また、震災デジタルアーカイブに特化したことではあるが、震災復興が一段落もしくは復興が終了したことで、目的や意義が達成したと考えてしまい、コンテンツの収集や更新を止めるなどが起きている。これは、収集することが目的化してしまい、その後の活用まで目が向けられていないことだと言える。

　次に、担当者の人事異動に関する課題もある。構築当初から専任で担当者が代わらなければ、構築当初に掲げた目的や意義が失われないで済む。しかしながら、多くの組織では数年で担当者が異動してしまうことが多い。震災から13年が経過した現在、震災デジタルアーカイブ運営団体の多くは、3代目や4代目の担当者になっていることが多く、構築当初に掲げた目的や意義が薄れていることが多い。また、担当者だけではなく、年月が経過すると組織の長が交代することもある。その場合、組織全体の方針の転換などでも起こることもあり、当時の目的や意義などが反映されないことや大幅な方針転換があった場合には閉鎖しか選択肢が無いこともある。これは、震災関連だけでなく、様々なデジタルアーカイブ運用団体に言えることである。ただし、組織長の方針転換などがあったとしても、現状維持ではなく、その方向性に合わせてさらなる発展させることで継続できる可能性はあると考える。

　その他として、アーキビストが不在な団体が多いことも課題の一つである。もちろん、アーキビストがいなくてもデジタルアーカイブの運用・管理は可能と考える。しかしながら、現在閉鎖している団体の多くは、司書や学芸員などのアーキビストとなる人材が在籍していない。構築当初からアーキビストを入れ、継続的に雇い続けることが重要と考える。ただし、自然災害関係のアーキビストは数少ない状況であるため、数年かけて地道に育成することも重要と考える。

3-2　管理運営者のITリテラシーの課題

　ITリテラシーの課題は、担当者が十分理解している必要性はある。もっとも重要なのは、担当者の上長や予算を管理している部署の担当者がITの事を知っておくことが必要である。現在、インターネット上の多くの情報は、インターネットに接続できる環境があれば、誰でも自由に無料で閲覧できる。そのため、ウェブページの構築に携わったことがなければ、構築や運用にどの程度の費用がかかっているかわからないことが多い。さらに、構築や運用費用だけでなく、ソフトウェアやハードウェアのトラブル、セキュリティのインシデントが発生した場合には、それらを対処するための費用も必要となる。大規模かつ複雑なシステムになればなるほど、トラブルが発生した場合、一筋縄で解決が難しく、多くの時間と費用を要することも多い。これは、担当者はもちろんのこと、意思決定を行う上長が十分なITリテラシーを持っていなければ必要な予算確保が行われず、システムの管理運用ができなくなる可能性があることや長期運用のための課題を見過ごしてしまうことにもなる。

3-3　管理・運営費用の課題

　デジタルアーカイブの初期の構築費用の確保する以上に、管理・運営の費用の確保が重要となる。もちろん、初期の構築費用が潤沢でなければ、目的の量のコンテンツのデジタル化やメタデータの付与などは実現することができない。しかし、初期費用が高くなればなるほど、管理・運営費も比例して高くなる傾向にある。それは、データ量が増えれば、システムの規模やサーバ機器の規模、長期保存体制の規模が必然的に大きくなり、管理・運営の経費もそれに合わせて増大することとなる。さらに、それらを管理・運営するための人的資源も必要となり、それに見合った人件費の確保も必要となる。

震災デジタルアーカイブの事例では、国等から十分な補助金が出ていたため、初期の構築費用の予算が潤沢にあり、構築当初は、管理・運営が円滑にできた。しかしながら、補助金がなくなり、団体からの費用負担になると、前述のように徐々に予算が削減されることもある。さらに、管理・運営の経費が一定額支給され続けても、ハードウェアやソフトウェアのリプレイス時期に予算確保できない課題もある。そのため、初期の計画段階から長期の運用を視野に入れた予算計画や人員配置を考えていくことが重要となる。

3-4　デジタルアーカイブシステムのハードウェアの課題

　デジタルアーカイブを運用する上で、サーバ機器などのハードウェアは欠かせない存在である。サーバを運用する方法は、大きく分けて2つの方法がある。1つ目は、サーバやネットワーク機器を自社で保有し、運用するオンプレミスの方法、2つ目は、サーバを自社でサーバを保有せず、クラウドコンピューティング（以下、クラウド）での管理する方法がある。クラウドは、サーバ等を運用・管理を専門とする会社が行っているサービスで、会社によってサービスは異なるが、多くのところでハードウェアの管理や一部の基本的なソフトウェアの管理を代行してくれるサービスとなる。

　オンプレミスでサーバを管理する場合は、ハードウェアの初期導入費用や耐用年数が課題として挙げられる。その点、クラウドの場合は、月々の運用費用が高い傾向ではあるが、上記に挙げたオンプレミスのようなハードウェアの課題は発生しない。しかしながら、クラウド上の契約するディスク容量が数テラバイトを超えるようになるとオンプレミスの初期導入費用や数年間の電気代や保守費用などを合算した額より、クラウドの費用の方が高くなることがある。ただし、これは、ハードウェ

アのみの費用に限ったことであり、サーバの管理運用のための人件費を
含むとさらに複雑な計算が必要となる。

　現状、オンプレミスとクラウドのどちらの運用が良いとも悪いとも言
えないが、重要なのは長期運用を考えた計画を立てることである。当初
目標を高く持つことは、重要なことではあるが、サーバ等のハードウェ
アまで当初から高い性能が必要であるかということである。特に記憶媒
体の容量については、年々単価は下がっており、数年経てば半額になる
こともある。また、記憶媒体の性能も年々上がっており、アクセスス
ピードは、10年前と比べて飛躍的に上がっている。クラウドの場合には、
記憶媒体の容量などの変更も可能なサービスも出てきており、また、オ
ンプレミスについても記憶媒体の容量を見込んだサーバ設計も考えられ
る。

　現在、著者が行っているみちのく震録伝では、トルコ・シリア地震の
デジタルアーカイブをテスト的に運用しているが、オンプレミスで最小
限のハードウェアとソフトウェア構成で運用を開始し、データ容量やア
クセス数などを見ながらハードウェアのアップグレードを行っている。
また、いつでもクラウドに簡便に移行できるように、移行しやすいソフ
トウェアの選択も考えながら運用を続けている。

3-5　デジタルアーカイブシステムのソフトウェアの課題

　デジタルアーカイブシステムの課題は、デジタルアーカイブのアプリ
ケーションだけはなく、それらを動かすためのオペレーティングシステ
ム（以下、OS）やミドルウェア等の課題がある。さらに、外部から侵入
を防ぎ、安全にシステムを運用するためには、セキュリティの課題もあ
る。

　OSとは、Windows OSやMac OS、Linuxなどのハードウェアを動かす

ための基本的なシステムの事であり、ミドルウェアは、データベース管理やウェブ管理などのソフトウェアである。OSは、機能向上やセキュリティの向上のために、数年単位でメジャーバージョンアップ（機能追加や大規模な仕様変更）が行われる。それに関連してミドルウェアもメジャーやマイナーバージョンアップ（不具合修正や小規模改変）なども行われる。このOSやミドルウェアのバージョンアップによって、デジタルアーカイブで使用していた機能の廃止や仕様変更などが起こることがある。そのため、デジタルアーカイブのアプリケーションの仕様変更をせざる得なくなる。OSやミドルウェアのバージョンアップをせずに古いまま使用を続ける方法はあるが、長期的に安全運用をするためにはいつかはバージョンアップする必要がある。そのため、問題を先送りすればするほど、費用が余計に発生することもあり、また、致命的なセキュリティ問題が発生する可能性もある。オンプレミスやクラウドでも同じ課題があるが、オンプレミスでは、OSやミドルウェアのアップデートを自前で行わなくてはならず、労力と費用の増大に繋がることも考えられる。

　今後デジタルアーカイブシステムの構築を考えている団体に対しては、注意点がある。過去の実績や安定性を重視するあまり、新しいシステムや機能を採用しないことがあるかもしれない。その場合、新しいシステムや機能で苦労するよりも、古いシステムや機能でさらなる苦労があるかもしれないことを常に考えておくことが必要である。また、国内の事例だけに目を向けるのではなく、世界の流れを見ながら、システム設計を考えていただきたい。

3-6　運用保守の課題

　インターネットの大手ウェブサイトは、1年間365日停止せず運用が

なされている。デジタルアーカイブサイトも同じように365日の連続稼働を考えてしまうかもしれない。しかし、365日の連続稼働には、多くの費用がかかることを理解する必要がある。

　サーバを稼働させながらメンテナンスをすることは、技術的に難しい作業になることも多く、時間と費用を多く要してしまう。また、サーバの稼働を停止しないと作業ができない場合などもある。さらに、軽微なシステム変更でも、安全に稼働させるためにテストを何度も繰り返し、不具合が無いかなどの確認が必要となる。

　365日の連続稼働をするためには、ハードウェアの冗長化やステージングサーバ（テストを行うためのサーバ）を用意するなどの対応が必要となり、運用費用の増大に繋がる。ただし、年間の中で1から2日程度のメンテナンスを行う日を設けるだけで、運用費用が格段に下がることもある。その点も勘案しながら運用保守を考える必要性がある。

3-7 データのマイグレーションの課題

　デジタルで一般的に用いられる画像や動画、音声などのファイル形式はある程度決まっているが、世の中には、数百種類が存在している。これらのファイル形式が未来永劫、使用できる環境が存在するかは不明確である。ただし、ISO（国際標準化機構）やIEC（国際電気標準会議）、ITU-T（国際電気通信連合電気通信標準化部門）、W3C（World Wide Web Consortium）などで国際標準化されている規格であれば、ある程度の長期利用できる可能性はある。しかしながら、特定のアプリケーションに依存しているコンテンツやハードウェアに依存したコンテンツもあり得るかもしれない。例えば、古いOSでしか動作しないアプリケーションや家庭用ゲーム機のソフトなどである。著作権などの問題がなければ、エミュレーターなどで動作させることは可能ではあるが、前述のよ

うにバージョンアップなどの対応も必要となる。

3-8 記録媒体の長期保存の課題

　記録媒体についても課題があり、パンチカードや磁気テープ、磁気ディスク、光ディスクなどの記録媒体が存在する。つい最近まで一般的だったハードディスク(HDD)についても、ソリッドステートドライブ(SSD)に置き換わりつつある。これらは、デジタル記録として残されているにも関わらず、読み出し可能なハードウェアが存在しなければ、データを閲覧することすらできない。また、記録媒体の劣化もあることから、常に新しい記録媒体に移行する費用も考えておく必要がある。一般に販売されているCDやDVD、Blu-rayなどの光メディアは、数年から十数年の耐久性しかない。また、比較的に長寿命な磁気テープでも30年から50年と言われている。HDDも稼働し続けた場合、寿命は数年と言われている。長期運用のためには、データを保管する記録媒体についても、日々のメンテナンスや運用計画をしっかり立てていく必要がある。

4　最後に

　序論では、「デジタルアーカイブにおけるデジタル保存の課題」について東日本大震災デジタルアーカイブの事例を示しながら説明してきた。デジタルアーカイブは、構築が終わりではなく、始まりであり、長期運用してこそ、様々な人に目にとまり、様々な場面で活用され、デジタルアーカイブの価値がでてくると考えている。デジタルアーカイブの長期運用のためは、ITの知識が必要不可欠であり、また、常に変化し続けるIT技術を学んでいかなくてはならない。著者自身、IT関連を学び始

めてから30年以上が経過し、デジタルアーカイブに携わってから10年以上が経過しているが、未だに学び続けており、常に新しい発見や気づきがある。本巻では、数多くの執筆者が長年のデジタルアーカイブの運用・管理の経験で培われてきた技術や発見、失敗等を元に執筆されており、数多くのヒントを得ることができると思う。本巻を読んでいただき、今後のデジタルアーカイブの運用に役立ていただければ幸いです。

注・参考文献

1) 柴山明寛(2022)「特集：デジタルアーカイブの消滅と救済　総論：デジタルアーカイブの消滅と救済」『デジタルアーカイブ学会誌』6(4), 151-154.(https://doi.org/10.24506/jsda.6.4_151)

2) 国立国会図書館「令和4年度東日本大震災アーカイブシンポジウム―震災記録を次世代につなぐ―」(2023年1月9日)(https://kn.ndl.go.jp/static/2022/11/171)(最終アクセス：2024年12月16日)

3) 首相官邸「菅内閣総理大臣記者会見」(2011年4月1日)(http://www.kantei.go.jp/jp/kan/statement/201104/01kaiken.html)(最終アクセス：2024年12月16日)

4) 気象庁「気象庁が名称を定めた気象・地震・火山現象一覧」(https://www.jma.go.jp/jma/kishou/know/meishou/meishou_ichiran.html)(最終アクセス：2024年12月16日)

5) 内閣府「緊急災害対策本部とりまとめ報「平成23年(2011年)東北地方太平洋沖地震(東日本大震災)について」」(令和6年3月8日14：00現在)(https://www.bousai.go.jp/2011daishinsai/pdf/torimatome20240308.pdf)(最終アクセス：2024年12月16日)

6) 内閣官房「2011年5月10日東日本大震災復興構想会議」(https://www.cas.go.jp/jp/fukkou/index.html)(最終アクセス：2024年12月16日)

7) 内閣府「災害対策基本法等の一部を改正する法律(平成24年法律第41号)」(平成24年6月7日)(https://www.bousai.go.jp/taisaku/kihonhou/kihonhou_h24_01.html)(最終アクセス：2024年12月16日)

8) 東日本大震災復興対策本部「東日本大震災からの復興の基本方針」.(平成23年8月11日)(https://www.reconstruction.go.jp/topics/110811kaitei.pdf)(最終アク

セス：2024年12月16日）

9) 総務省「知のデジタルアーカイブに関する研究会」（https://www.soumu.go.jp/menu_news/s-news/01ryutsu02_02000041.html）（最終アクセス：2024年12月16日）

10) Yahoo! Japan「東日本大震災 写真保存プロジェクト」（https://archive-shinsai.yahoo.co.jp/）（最終アクセス：2024年12月16日）

11) Google「未来へのキオク」（https://www.miraikioku.com/）（最終アクセス：2024年12月16日）

12) 仙台市せんだいメディアテーク「3がつ11にちをわすれないためにセンター」（https://recorder311.smt.jp/）（最終アクセス：2024年12月16日）

13) 東北大学「みちのく震録伝」（https://www.shinrokuden.irides.tohoku.ac.jp/）（最終アクセス：2024年12月16日）

14) 日本放送協会「NHK東日本大震災アーカイブス」（https://www.nhk.or.jp/archives/saigai/special/311shogen/）（最終アクセス：2024年12月16日）

15) FNN「3.11 忘れない〜FNN東日本大震災アーカイブ〜」（https://www.youtube.com/@FNN311）（最終アクセス：2024年12月16日）

16) ハーバード大学エドウィン・O・ライシャワー日本研究所「日本災害DIGITALアーカイブ」（https://jdarchive.org/）（最終アクセス：2024年12月16日）

17) 総務省「「東日本大震災アーカイブ」基盤構築プロジェクト」（https://www.soumu.go.jp/menu_seisaku/ictseisaku/ictriyou/02ryutsu02_03000092.html）（最終アクセス：2024年12月16日）

18) 河北新報社「河北新報 震災アーカイブ」（https://kahoku-archive.shinrokuden.irides.tohoku.ac.jp/）（最終アクセス：2024年12月16日）

19) 国立国会図書館「東日本大震災アーカイブ」「愛称：ひなぎく」」（https://kn.ndl.go.jp/）（最終アクセス：2024年12月16日）

20) 学校法人東北学院「東日本大震災の記録 Remembering 3.11」（https://archive311.tohoku-gakuin.jp/）（最終アクセス：2024年12月16日）

21) 宮城県仙台市「フォトアーカイブ 東日本大震災―仙台復興のキセキ」（https://www.city.sendai.jp/shiminkoho/shise/daishinsai/zenkoku/photoarchive/index.html）（最終アクセス：2024年12月16日）

22) 宮城県東松島市「ICT地域の絆保存プロジェクト」（https://www.lib-city-hm.jp/

lib/2012ict/shinsai2012.html）（最終アクセス：2024年12月16日）

23）　宮城県多賀城市「たがじょう見聞憶―史都・多賀城 防災・減災アーカイブ
ス―」（https://tagajo.irides.tohoku.ac.jp/）（最終アクセス：2024年12月16日）

24）　総務省「被災地域情報化推進事業（情報通信技術利活用事業費補助金）」
（https://www.soumu.go.jp/shinsai/ict_fukkou_shien.html）（最終アクセス：2024年
12月16日）

25）　福島県郡山市「郡山震災アーカイブ」（https://jmapps.ne.jp/koriyama_shinsai_
archive/）（最終アクセス：2024年12月16日）

26）　宮城県図書館「東日本大震災アーカイブ宮城～未来へ伝える記憶と記録～」
（https://kioku.library.pref.miyagi.jp/）（最終アクセス：2024年12月16日）

27）　岩手県「震災津波関連資料の収集・活用等に係るガイドライン」（https://
www.pref.iwate.jp/shinsaifukkou/densho/1022319/1002616/1002617.html）（最終ア
クセス：2024年12月16日）

28）　岩手県「いわて震災津波アーカイブ～希望～」（https://iwate-archive.pref.iwate.
jp/）（最終アクセス：2024年12月16日）

29）　福島県「アーカイブ拠点施設（仮称）に関する資料収集ガイドライン」（https://
www.pref.fukushima.lg.jp/uploaded/attachment/411784.pdf）（最終アクセス：2024
年12月16日）

30）　宮古市「宮古市災害資料アーカイブみやこあす」（https://miyako-archive.irides.
tohoku.ac.jp/）（最終アクセス：2024年12月16日）

第 **1** 部

デジタル保存の理論と国際標準

第1章

デジタルアーカイブにおける長期保存のためのシステムとメタデータのモデル

杉本重雄

1　はじめに

　有形無形の多様な文化的、歴史的資源をアーカイブし、利用者に提供する役割を持つデジタルアーカイブにとって、新しい情報技術を取りいれ、新しい情報環境に適合していくことと同時に、アーカイブされたコンテンツを長期に渡って維持管理し、利用者に提供し続けることが求められる。進化のスピードが速い情報技術の世界では3年は十分に長い期間であるのに対し、図書館、ミュージアム、文書館等のアーカイブ機関の世界では30年はそれほど長い期間ではない。デジタルコンテンツの長期保存(デジタル保存)は、情報技術や情報環境が持つ短い時間軸と、文化的・歴史的資源を将来に残すための長い時間軸の間のギャップを埋める取り組みと言うこともできる。

　デジタルアーカイブにおけるデジタルコンテンツの長期利用性と長期保存に関する問題は、インターネットやデジタルライブラリが急速に発展した1990年代から議論されてきた。1990年代末に始められたNSF他の助成母体によるDigital Library InitiativeのPhase 2では、多様な文化的資源のデジタルライブラリの研究開発がすすめられ[1]、その中で、デジタル保存は重要な課

題として認められた。そのころから2000年代にかけて、アメリカ議会図書館のNDIIPP[2]をはじめ、先進各国のアーカイブ機関を中心にデジタル保存に関するプロジェクトが進められてきた。本章で紹介するOAIS（Open Archival Information System）はそうした時期に標準化が進められたものであり、デジタル保存プロジェクトにも影響を与えている[3]。また、PREMIS（Preservation Metadata: Implementation Strategies）はそうしたプロジェクト等での議論を基礎として開発が進められたデジタル保存に特化したメタデータ標準である。我国においても、こうした取り組みと並行して、国立国会図書館や国立公文書館等でのデジタル保存に関する取り組みが進められてきた[4), 5)]。

　筆者は、1990年代からメタデータやデジタルアーカイブの領域での研究活動を通じてデジタル保存に関心を持った。2000年代初めと比較して、デジタル化技術や表示技術、利用環境が進化し、開発面でも利用面でもデジタルアーカイブは飛躍的に発展した。デジタル形式で作り出され、ボーンデジタル（Born Digital）と呼ばれるコンテンツの種類も量も、そして分野も格段に増えた。文化庁によるマンガ、アニメ、ゲーム、メディアアート分野をカバーするメディア芸術データベース[6]の開発過程においては、ゲームやメディアアートの作品を物体ととらえるべきなのか、イベントととらえるべきなのか、そして何をアーカイブし、どのように保存すれば良いのか、そのメタデータはどうあるべきなのかといった興味深い議論がなされた。こうした議論の背景には、表現メディアと利用環境のデジタル化によるメディア芸術領域の変化があることは疑えない。

　デジタル保存に関わる領域はとても広く、情報技術からデータ管理、社会制度、そしてコミュニティが持つ文化といったことまでも関連する。また、文化的、歴史的資源のデジタルアーカイブ以外にも、研究活動を通じて作られたデータの保存、日々の活動で作られる公文書や業務文書の保存、現代社会の重要な情報資源であるWebサイトやSNSの保存、非常に多様なビデオゲームやメディアアート作品の保存、そして種々のソフトウェアの保存など様々な領域でデジタル保存が必要とされている。

デジタル保存は単にバイナリデータを安全に保管することではなく、保存対象を長期に渡って利用可能な状態に保つこと、すなわち維持管理し続けることである。そこにおいて特に重要なことは、保存対象のみならずコミュニティの保存ニーズを理解することである。このことは、これまでアーカイブ機関で取り組まれてきた物理的な物体の保存の場合とさほど違わないと思われる。しかしながら、情報技術と環境の進化の速さに加えて、保存対象が「コンテンツ」と呼ばれるものであるため、「コンテンツとはどのようなものであり、何を、どのように保存すれば保存できたことになるのか」に関する共通理解を得ることが必須である。

　本章では、デジタルアーカイブとメタデータに関するこれまでの研究から得た知見に基づき、主として技術的視点からデジタル保存について述べる[7]~[9]。本章は、筆者のこれまでの経験をもとに、OAIS と PREMIS に関する説明を含めて、デジタルアーカイブの視点からデジタル保存について改めて考察したものである。研究活動で作られたデータベースやソフトウェアの保存といったことには触れていない。また、特定の分野や技術的な詳細には立ち入らず、デジタル保存に関して俯瞰することに主眼を置いた。以下、はじめに、デジタルアーカイブとデジタル保存に関する筆者の基本的なとらえ方について述べた後、デジタル保存におけるごく一般的な課題とモデル述べる。それに続いて、OAIS と PREMIS について概説した後、筆者の視点からのまとめを述べる。

2　デジタルアーカイブとデジタル保存

2-1　背景

　デジタルアーカイブにおけるデジタル保存を理解するには、デジタルアーカイブにはどのような内容が、どのようにアーカイブされているかの理解が必要である。そのため、以下の節では、デジタルアーカイブについてアーカイブ対象とシステム的なモデルの視点から述べる。こうした議論で用いるデ

ジタルオブジェクトやデジタルコンテンツといった語が表す意味や概念の定義も含めている。用語定義は後述するとして、以下の段落では、アーカイブ機関の収集対象となる実体を資源（resource）、そしてデジタルアーカイビングの対象となる実体をデジタル資源と呼んでおく。資源は有形物と無形物を含むあらゆる事物とする。デジタル資源にはデジタルアーカイブとそれを構成する種々のコンテンツ、研究活動等で作り出されたデータベースあるいはデータセット、そしてソフトウェアで実現されたゲームやアート作品といったものがある。デジタル資源には電子文書やイメージデータなどもあれば、そうした実体を利用してデジタル環境で提供されるサービスや機能も含まれる。

　デジタル保存は多くのアーカイブ機関において長く取り組まれてきた問題である。デジタル保存は技術面や制度面で議論されることが多いが、アーカイブ機関をはじめとするいろいろなコミュニティが持つニーズや慣習に依存する側面を持つことを忘れてはならない。たとえば、文書資料の保存は図書館やミュージアムといった異種のアーカイブ機関間に共通の問題と言えるが、それぞれのミッションによってアーカイブ機関毎に異なるニーズを持ち、異なる取り組みが行われる問題でもある。公文書を例に挙げると、文書の種類に応じて決められたスケジュール（レコードスケジュールと呼ばれる）に応じて、長いものでは30年間文書の作成現場で保存され、その後公文書館に移管される。したがって、長期保存は移管前に公文書を作成した部門から始まっていることになる。国立公文書館は現場での公文書管理への助言を含め公文書のライフサイクル全般に関与するという役割を持つ。そのため、同館では、電子公文書の保存はどうあるべきかという議論が早くからなされてきた[10]。紙文書の保存は、紙や印刷の劣化に注意しながらの物理的物体である紙文書やそれを入れた物理的ファイル（簿冊）の保存であるのに対し、電子公文書の場合は、公文書を格納した記録メディアや文書ファイルを入れた電子的ファイルやその内容のバイナリデータを保存するだけでは不十分である。そのため、文書の見読性を保つという問題はもちろんのこと、ソフトウェア

のバージョンによる見た目の軽微な違いや、リンク切れといった動的性質に由来する問題も議論された。電子文書の完全な保存の難しさから、公文書のエッセンスを保存するといったことも議論された。そうした積み重ねの上に国立公文書館の保存ポリシーが作られている。

デジタル保存のためのシステムの標準として知られるOAISの開発の中心となったConsultative Committee for Space Data Systems（宇宙データシステム諮問委員会、以下CCSDS）は宇宙開発におけるデータ通信システムの標準化に関わる組織であることからも、OAISの開発の背景には宇宙開発で作られた大量のデータの保存の問題があることが理解できる[11]。他方、1990年代以降、アーカイブ機関におけるデジタルアーカイブ開発の進展により、大量かつ多様な文化的、歴史的資源がデジタル資源として提供されるようになり、そこでのデジタル保存も大きな問題として認められた。OAISはこうしたコミュニティの違いを越えて作られた標準であり、アーカイブ機関で作られるデジタルアーカイブだけでなく、研究活動で作られるデータベースやデータセット、そしていろいろな種類のソフトウェアの保存にも適用できる参照モデルとして作られている。

分野に関わらず、デジタルアーカイブに取り組む組織にとって、デジタル保存は避けては通れない課題である。OAISはデジタル保存に特化した委託型の保存システムの参照モデルを示した標準である。そのため、組織の事情やデジタルアーカイブのシステム構成によっては、OAIS参照モデルを直接当てはめることが難しい場合もある。しかしながら、OAISは保存対象の作成者と利用者、保存機能との間の関係の明示や、保存機能とそこに必要とされる情報の明確化といったデジタル保存における基本的な問題の理解のために重要な視点を与えてくれる。

2-2　デジタルアーカイビングとデジタル保存

本節では、アーカイブ機関におけるデジタルアーカイブが「何を、どのようにアーカイブしているのか」についての概念整理をしたい。

2-2-1　何をアーカイブしているのか —— 有形物と無形物(tangibleとintangible)

　アーカイブ機関の基本的なサービスは、各機関のミッションや専門分野に応じ、価値ある資源を選び、収集し、組織化し、利用環境を提供することである。収集されるものは物理的な物体の場合もあれば、デジタルオブジェクト化されたものの場合もあるが、いずれも有形物である。無形文化財の場合、伝統芸能や伝統工芸で用いられる道具や実演やパフォーマンスの記録などを収集、保存する。たとえば、山車の巡行をする祭を収集対象とする場合、山車と様々な装飾品、巡行の記録映像や巡行に関わる規則やしきたり等の記録物を収集保存することになる。収集対象が無形文化財ではあっても、収集しているのは、伝統芸能・伝統工芸の実体と言える技や知識とそれに基づく実演やパフォーマンスそのもの、すなわち無形物ではなく、それに関わる種々の物品や実演等の記録物、すなわち有形物である。記録物は映像コンテンツや電子文書といった無体物、あるいは冊子体の写真集や記録文書といった有体物として実現される。デジタルアーカイブはデジタル形式で表現されたコンテンツ、すなわち無体物のアーカイブと言える。

　上ではアーカイブ対象を有形物と無形物に分けているが、無形文化財の場合、知識や技能などの無形物と道具や衣装などの有形物を切り離すことはむつかしい。また、花火や雪像、そして建造物のように、有形物であっても消えてしまったり移動できなかったりするために元の物体としてはアーカイブできないものが多くある。ゲームのアーカイブを考える際に、カードゲームで用いられるカードだけを保存しても意味はなく、ルールやプレイの仕方の記述も含める必要がある。駆け引きといった言語化の難しいものもゲームには重要な要素であろう。ビデオゲームの場合には、ゲームをソフトウェアとしてみることもできればサービスとしてみることもできる。このように、アーカイブ対象として有形物と無形物の境目を考えることにあまり意味があるとは思えない。しかしながら、アーカイブできるものは有形物であり、デジタルアーカイビングのプロセスには、保存対象の無形物を有形物化して収

集することが含まれることを理解しておく必要がある[12]。

2-2-2 デジタルアーカイビングにおける複製

アーカイブ機関では、粘土板やパピルスからビデオテープ、コンパクトディスクにいたるまで、時代とともに変遷してきた様々な記録メディアに残された内容を収集し、複製を作る取り組みが行われてきている。たとえば、文書のマイクロフィルム化や石碑の拓本作りも複製作りの取り組みと言える。1990年代におけるアーカイブ機関によるデジタルアーカイブ開発が、文化財のデジタル化による複製作り、デジタルコピー作りからスタートしたことを考えると、複製作りはデジタルアーカイブにとっても重要な要素であると言える。

デジタルアーカイブに収集され蓄積されるデジタル資源はデジタル形式の有形物、言い換えるとデジタルオブジェクトである。アーカイブされるデジタルオブジェクトには、物理的物体をデジタル化してつくったデジタル化オブジェクト（Digitized Object）とボーンデジタルオブジェクト（Born Digital Object）がある。デジタル化オブジェクトはデジタル化の対象資源（オリジナル資源）に対して作られた複製ととらえることができる。もともとデジタル形式で作られたボーンデジタルオブジェクトの場合もオリジナル資源の複製がアーカイブされると考えることにする。この場合、複製はオリジナルと全く同じ、あるいはアーカイブに適した形に変換されたものととらえる。なお、複製が禁じられたものや、規模の大きさ等のために複製が困難なものも考えられるが、ここでは単純化のために複製によるアーカイブととらえることにする。

デジタルアーカイブでは、アーカイブされたデジタルオブジェクトとオリジナル資源との間の関係を明確化したうえでそれを記述することが求められる。アーカイブされたデジタルオブジェクトを作り出す元になったオリジナル資源は、有形物の原物の場合もあれば、記録物の場合もある。オリジナル資源が記録物の場合、その記録対象をアーカイブ対象ととらえる必要がある

ので、その記録対象を同定して記述する必要がある[13]。

2-2-3 複製作りと保存

複製技術がなかった時代には人手で書き写すことで内容の複製が行われてきた。オリジナルが失われても写本が残ることによって伝えられてきた内容もある。1990年代のデジタルライブラリ開発では、デジタル化による文化財の保存とアクセス性の向上を意味する「保存とアクセス（Preservation and Access）」がキーフレーズであった。また、大学図書館を中心に始まったLOCKSプロジェクトは、複製を作ってデジタル保存する取り組みである[14]。写本やマイクロフィルム化、アナログメディアからのデジタル化といった例から、オリジナルと複製は必ずしも同一ではないことは理解できる。どのような複製物がオリジナルの代替物として認められるかは、そのコミュニティが決めることになる。デジタル保存の過程においても、ファイルフォーマットが異なる複製に置き換えることや、利用環境によって見栄えや使い勝手が変わることを認めたうえで保存を続けることがある。そのため、オリジナルとの間の関係に加えて、こうした変化を来歴情報として記述し、残していくことが求められる。

なお、データのバックアップも複製作りとは言えるが、デジタルコンテンツの長期保存とは異なる概念であることを理解しておく必要がある。バックアップはデータの損失や破壊によってシステムが運用できなくなることを防ぐためにデータを複製しておくことであるのに対し、長期保存の場合は保存ポリシーに基づく保存対象オブジェクトの維持管理であり、保存過程でのデジタルオブジェクトの更新や修正も含まれる。

2-2-4 メタデータの視点

伝統的なアーカイブにおけるメタデータは、基本的に、所蔵物の所蔵管理と検索・アクセスのために作られてきた。有体物である所蔵物にICチップやQRコードを取り付けてメタデータとのつながりを利用しやすくする取り

組みはあるが、デジタルデータとして作られたメタデータと所蔵物との間の
つながりは論理的なものでしかない。他方、デジタルアーカイブの場合は、
所蔵物と種々のメタデータがすべてデジタルオブジェクトとして実現され、
互いに直接的にリンク付けられる。リンクはデジタルアーカイブの外の世界
にもつながり得る。そのため、知識や技能、そしてサービスや歴史上のイベ
ントといった無形物であっても、それを表す記述や識別子が作られれば、デ
ジタル空間の中でそれらをアーカイブされたデジタル資源と直接結びつける
ことができる。この変化は、「所蔵管理のために作られる所蔵物中心のメタ
データ（item-centric metadata）」から、「デジタル資源の内容指向のメタデータ
（content-oriented metadata）」に視点を移す必要があることを意味すると思われ
る[15]。

2-3　デジタルアーカイブのモデル

　図1にデジタルアーカイブとアーカイブされるオブジェクト（Archived
Digital Object、ADO）の簡単なモデルを示す。ADOはオリジナル資源である
実世界オブジェクトに関するメタデータとDigital Surrogate（デジタル形式で
作られたオリジナルの代替物）からできている。Digital Surrogateは単一の文
書ファイルやイメージファイルのような単純な構造の実体であることもあれ
ば、複数のファイルで構成される構造をもつ実体であることもある。いずれ
の場合も、実世界オブジェクトを代替するひとまとまりの実体である。この
ADOのモデルは特殊なものではなく、Europeana Data Model（EDM）でもオリ
ジナルの実体とデジタル化された実体との間の関係を定義している[16]。

　デジタルアーカイブはADOの検索や管理のためにADOのメタデータを持
つ。ADOからオリジナルへの関係を表す記述、たとえばリンクはデジタル
アーカイブにとっては必須の情報である。実世界オブジェクトは消滅した
り、形を変えてしまったりするephemeralな場合もあれば、無形文化財や災
害、そしてサービスのように物理的実体ではない場合もある。その場合で
あっても、それらに代わるなにがしかの実体、たとえばそれらに関する記述

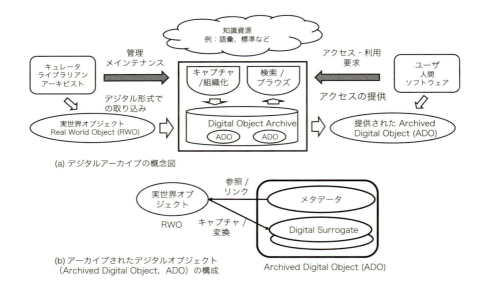

図1 デジタルアーカイブとアーカイブされたデジタルオブジェクトの概念図

を実世界オブジェクトとして含めておく必要がある。他方、Digital Surrogate には単一のイメージファイルや文書ファイルで構成される単純な構造のもの、複数のファイルで構成される複合構造を持つもの、さらにそれらを集めたものもある。いずれの場合も、ひとまとまりの固定された実体と見ることができる。

図2にプロセス視点から見たデジタルアーカイブの機能要素の概念的モデルを示す。

① 収集：アーカイブ対象資源を同定したうえで、保存のために収集、組織化する。その際にデジタル化やフォーマット変換等を行う。
② 蓄積・保存：保存対象のデジタルオブジェクトを蓄積、保存し、維持管理し、要求に応じて提供する。
③ 配信：利用者からの要求に応じて、保存したデジタルオブジェクトを適切な方法で提供する。

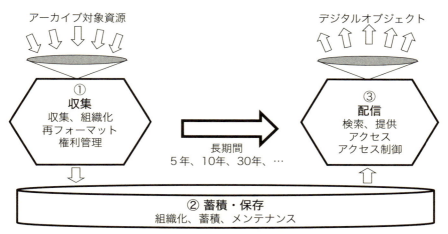

図2　デジタルアーカイブの概念的モデル

上のプロセスで②の部分が長期に渡る保存に対応する。長期保存機能をデジタルアーカイブ自身に持たせると考えても良いし、外部のサービスに委託すると考えても良い。

2-4　概念整理──デジタルオブジェクトとデジタルコンテンツ

　直感的に、デジタルアーカイブとデジタル保存は、デジタル表現された実体、すなわちデジタルオブジェクトをアーカイブすること、ならびに保存することと定義できる。アーカイブするには、何らかの形で固定されたものである必要があるので、デジタルオブジェクトは何らかの記録メディアに格納されたデジタルデータであるとする。他方、オブジェクトという語では有形物（tangible entity、いわばモノ）を意味することはできるが、サービスやイベント、あるいは知識や技能といった無形物（intangible entity、いわばコト）を意味するのには使いにくい。アーカイブの観点からは、デジタルアーカイブが提供するデジタル形式で表現された内容の意味を含む必要もあるので、ここではデジタルコンテンツ（digital content）という語を使うことにする。

コンテンツという語を取り出して、その使われ方を考えてみる。たとえば、ディスクに入っているファイル、ファイルに入れられた文書はそれぞれディスクとファイルのコンテンツである。ゲーム機用に作られたゲームソフト、オンラインでプレイすることのできるゲームサービスもコンテンツである。また、ある町の観光コンテンツといった場合、その町の観光情報を書いたもののこともあれば、その町で観光することのできる内容そのものやサービスを意味することもある。こうした使い方を考えると、デジタルコンテンツという語が、何らかのデジタルメディアに入れられた内容という意味とデジタル環境で提供されるサービスという意味の両方を表しているととらえることができる。しかしながら、先に述べたように、サービスそのものをアーカイブすることはできない。そのため、ここでは、デジタルコンテンツを、デジタル形式で表された有形物、すなわちデジタルオブジェクトに限定することにする。なお、サービスを実現するためのソフトウェアをアーカイブし、それを復元し利用することでサービスを復元することが可能ではある。筆者は、サービスそのものの保存とソフトウェアの保存を同一のものととらえるかどうかはコミュニティの判断によると考えている。

　本章では、コンテンツは何らかの意図の下に表現される、あるいは提供されるものであるととらえ、デジタルコンテンツを「何らかの意図のもとに表現され、収集、記録されたデジタルオブジェクト」と定義する。他方、デジタルオブジェクトは、より広い意味でとらえてデジタル形式で実現された実体の意味で用いる。なお、デジタルデータという語がデジタル形式で表された実体を意味する語として広く用いられるが、データという語には、プログラムの処理対象や記録メディアに入れられた中味という意味と、何らかの対象に関する情報を記述したものという意味があるため、本章では、デジタル形式で表された実体はデジタルオブジェクトしている。

　デジタルアーカイブにはデジタルコンテンツをアーカイブし保存すること、すなわち、保存されたデジタルオブジェクトの再生や解釈を、そのオブジェクトの表現や記録の意図に沿った形で行うことを可能にすることが求めら

れる。OAISでも、PREMISでも、デジタルオブジェクトを意図通りに再生、解釈するための情報（表現情報）の記述が陽に含まれている。第一義的な保存対象であるデジタルオブジェクトとその解釈のために必要な情報を分離し、両者をアーカイブすることが不可欠であることを意味している。保存において必要となる情報は表現情報以外にも来歴情報他いろいろあり、こうした情報を記述したデジタルオブジェクトも保存対象に含まれることになる。また、デジタルオブジェクトとその知的内容を別個の実体として扱うこともなされる。PREMISでは、Intellectual Entity（知的実体）をObjectクラスのサブクラスとして定義している。知的実体は、ある意味では抽象的な実体であるが、その記述は書誌データ等でごく普通に見ることができる。同じ知的内容が異なるファイルフォーマットの文書に表されることは珍しくない。表現された内容と文書を別々の実体ととらえることでこうした関係を表現できることになる。

2-5　デジタルコンテンツ保存のための技術的話題——システムとメタデータ

2-5-1　システムとメタデータに関する基本的課題

デジタル保存システムに求められる基本的な機能は、保存対象のデジタルコンテンツを再生あるいは解釈可能な状態に保つことである。保存されたコンテンツを維持管理していくための基本技術として、マイグレーション（migration）、エミュレーション（emulation）、リプリケーション（replication）、リフレッシュ（refresh）といったものがよく知られており、OAISでも保存システムにおける技術要素として挙げられている。マイグレーションはデジタルコンテンツの新しい環境への移植、エミュレーションは新しい環境に元のコンテンツを再生するための環境を作り、そこに移植することを意味する。これらはデジタルコンテンツの変更を含む。リプリケーションとリフレッシュは、いずれもデジタルコンテンツの変更はなく、それぞれ異なる種類と同じ種類の格納メディアに複製し、継続利用することを意味する。とても粗

くとらえるとビデオゲームのような特定の機材上で動くソフトウェアを保存するにはエミュレーションが適切であると思える一方、広く利用されているフォーマットで作られた電子文書の場合はマイグレーションで対応していけばよいと思われる。エミュレーションもマイグレーションも概念的にはわかりやすいが、実際の保存過程には様々な環境要素が関連するためそうした情報の管理も求められることになる。

　デジタルアーカイブではアーカイブされたコンテンツの検索や管理のためにいろいろなメタデータが作られ、用いられる。こうしたメタデータは保存プロセスの中で利用され、かつ保存対象のオブジェクトと一緒に保存されることを想定しなければならない。そのため、こうしたメタデータ自体も長期利用可能でなければならない。メタデータが長期利用可能であるためには、メタデータが長期に渡って解釈可能でなければならず、そのためにはメタデータの構造的制約や実現形式の定義の記述と、メタデータに用いられる記述項目やデータ型等を表す用語の語彙定義、それにメタデータの作成規則や方針を保存する必要がある。それに加えて、ファイルフォーマットやデータの表現形式など、デジタルオブジェクトの再生や内容解釈に必要な様々な情報を収集し、デジタルオブジェクトの保存過程で利用できるように保存しておくことが求められる。

2-5-2　デジタルコンテンツ保存システムのための基本モデル

　ここでは、保存対象とシステム構成の視点から単純なモデルを示す。なお、権利管理や維持管理といった保存の環境要件に関することは含めていない。

(1) 保存対象：デジタルコンテンツを以下の3つの視点でとらえることができる。

　① 知的内容：コンテンツが含む知的内容、レイアウト・見栄え、対話方法など。コンテンツの検索やアクセス、利用に使う情報

　② ファイル：コンテンツを構成するファイルやその集まりなど

　③ バイナリデータ：コンテンツに含まれるバイナリデータ

上の要素と並行して、コンテンツを再生、解釈するために必要な情報を保存する必要がある。

(2) システム構成の視点

① 保存に特化した機能を持たない方式：コンテンツを提供するシステムを永続的に運用することでデジタルコンテンツを長期間利用可能な状態に保つ。システム更新時にフォーマット変換等の必要なデータ更新を行うことで、コンテンツを利用可能な状態に保つ。デジタルコンテンツの保存システムの観点からは、保存コンテンツに関する来歴情報や権利管理情報などを長期間維持管理するための情報管理が求められる。

② システム内部で保存する方式：コンテンツをシステム内の保存用ストレージに格納・保存する。高速のアクセスが必要でないコンテンツや低利用頻度のコンテンツを、システム内の保存用ストレージやオフラインストレージ等に保存するといった構成が考え得る。

③ 保存に特化した外部システムを利用する方式：コンテンツを提供するシステムとは別に保存に特化したシステムを準備し、コンテンツを委託して保存する。コンテンツの利用の場合は、保存システムに要求してコンテンツを取り出す。後述のOAISはこの方式の参照モデルを定義している。

どのような構成方式を採用するかは保存を行おうとするコミュニティの特性やニーズに依存する。一般的に、大規模な保存データをすべて高速アクセス可能な状態に保持し続けることは現実的ではないと思える。委託型の保存専用システムは、独自に保存機能を実現することを望まないコミュニティにとっては有用であろう。また、そうした複数のコミュニティが共同利用する場合などにも有用であると考えられる。さらに、デジタル保存のサービスをクラウド化すること、あるいはクラウドを用いてデジタル保存を実現することが考えられる。たとえば、Digital Preservation Handbookはクラウドを用いたデジタル保存についても触れている[17]。

3　OAISとPREMIS——デジタル保存の参照システムとメタデータの標準

3-1　はじめに

OAISは、コンテンツを保存委託するためのシステムの概念的な参照モデル（OAIS参照モデル）を定めたものであり、具体的な実現方式に関わる標準ではない。また、保存システムを構成する機能要素には人的な知的作業も含まれる。他方、PREMISは、OAIS参照モデルを基礎として提案されたデジタル保存のためのメタデータのモデル[18]を基に開発されたメタデータ標準である。

デジタル保存に対する要求は、保存対象の性質に依存するのみならず、保存を行おうとするコミュニティが持つ知識や要求にも依存する。長期保存では保存対象の作成と利用の間の時間的ギャップが大きく、技術的環境のみならずコミュニティが持つ知識や社会環境も変化してしまう可能性がある。そのため、保存のための標準にはそうした観点を反映することが求められる。OAISとPREMISはともに特定の分野や応用に特化した機能は決めておらず、特定の記述形式や実現方法を定めるものではない。

OAISとPREMISについて述べる前に、デジタルアーカイブ向きのメタデータ標準としてMETS（Metadata Encoding and Transmission Standard）に触れておく。文化財のデジタル化の場合、一点の美術品に対して複数の写真を撮りそれらをまとめて一つのコンテンツとすることや、貴重書をページごとにデータ化しそれをひとまとめのコンテンツとすることはごく一般的である。この場合、複数のファイルの集まりを一つのオブジェクトとして扱ったり、ファイル間の関係を表したりすること、そしてコンテンツの動的な性質を記述するといったことが必要になる。METSは、こうした複合的なデジタルオブジェクトの構造や動的性質の記述に用いられるメタデータ標準である[19]。METSは、保存対象の来歴情報や再生に必要な情報の記述要素を含んでいないため、それ自体は保存に特化したメタデータ標準とは言えないが、後述するOAISの情報パッケージのような構造を持つデジタルオブジェクトの記述

048 ——————— 第1部　デジタル保存の理論と国際標準

に適用できる。OAISに基づく保存システムを運営しているフィンランドの National Digital Preservation Services（DPS）では、情報パッケージの記述のために用いている。

3-2　OAIS

3-2-1　概要

前述のように、OAISはアメリカのCCSDSで作られたデジタル保存のためのシステムに関する参照モデルの国際標準である[20]。国内でも、早くからOAISが紹介されている[21]。OAISは2002年に第1版として推奨標準規格（Blue Book[22]）が出され、その後2012年6月に第2版として推奨実践規範（Magenta Book[23]）、そして2024年12月に第3版として推奨実践規範（Magenta Book[24]）が公開された。本節では、第3版に示された図表等を用いて説明しているが、一部で第2版も参照している。このようにOAISの版は更新されてきているが、根本的な考え方は第1版から変わっていない。以下では、保存システムを構成する機能のモデルと保存システムに蓄積される情報のモデルを中心に述べる。なお、OAISという語が標準を意味する場合と、その標準に基づく保存システムを意味する場合があるため、以下本章では、標準としてのOAISをOAIS標準と表し、保存システムをOAISシステムと表す。

OAIS標準は、科学技術から社会科学、人文学分野まで広い範囲で作られるデータとデータベース、デジタルアーカイブの典型的なコンテンツであるイメージデータや文書データからプログラムまで、あらゆる種類のデジタルオブジェクトを対象としている。図3にOAIS参照モデルの基本モデルを示す。OAIS参照モデルでは、保存対象オブジェクトのProducerがオブジェクトをパッケージに入れてOAISシステムに保存委託する。OAISシステムはManagementの方針に従って委託されたオブジェクトを長期に渡って維持管理するとともに、要求に応じて保存内容をConsumerに提供する。OAIS標準では、ProducerやConsumerのコミュニティをDesignated Community（特定コ

第1章　デジタルアーカイブにおける長期保存のためのシステムとメタデータのモデル｜杉本──────049

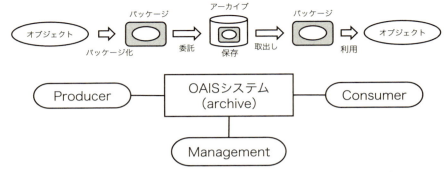

図3　OAIS標準の基本モデル – 主要要素とプロセス（注24 Figure 2-1に基づき作成）

ミュニティ）と呼んでいる。前述のようにアーカイビングや保存は、それに関わるコミュニティへの依存性が強いため、参照モデルの中に特定コミュニティがProducerとConsumerとして含められている。

　一般に、デジタルコンテンツの利用の際には、そのコンテンツの再生や解釈のための情報が必要である。長期保存されたデジタルコンテンツの場合、そのファイルフォーマットに適合する機材（ソフトウェア、ハードウェア）に関する情報が必要である。図4に示すように、OAIS標準では、Data Object（データオブジェクト）とその再生・再現のための情報であるRepresentation Information（表現情報）を結びつけてInformation Object（情報オブジェクト）を構成するモデルを基礎としている。図3に含まれるManagement、Producer、ConsumerはOAISシステムの運営側と特定コミュニティに対応する。保存対象コンテンツの作成から利用までの間に長期間を想定しなければならないため、コミュニティ間のみならずコミュニティ内でも保存に関する知識や見方が異なる可能性が生じる。そのため、表現情報他の保存対象に関わる様々な情報を保存すること、そして保存対象や方針に関する知識や情報を関係者間で共有することが求められる。

　OAIS標準の利用例として、フィンランドの教育文化省（Ministry of Education and Culture）によって設置されたNational Digital Preservation Service

図4　データオブジェクト、表現情報、情報オブジェクト（注24 Figure 2-2に基づき作成）

（DPS）がある[25]〜[27]。DPSは、図書館やミュージアム、文書館、大学等の教育文化省の下にある組織で作成された貴重な文化的デジタル資源や研究用デジタル資源の保存を任務とする組織である。DPSはアーカイブ機関や大学等の研究機関とは別に設立された組織であり、それら機関から委託されたデジタルコンテンツを保存している。DPSではOAIS標準に基づくデジタル保存サービスのほか、保存に関わるツールの提供等のサービスも提供している。なお、DPSでは、委託されるデジタルコンテンツに付与するメタデータスキーマ定義にMETSを利用している[28]。

3-2-2　機能モデル──OAISシステムの機能要素の概要

OAIS標準では、上に述べた情報オブジェクトをパッケージに入れて保存するというモデルに基づいている。図5に示すように、Producerの役割を持つ依頼者が、保存対象をSubmission Information Package（SIP、保存委託のた

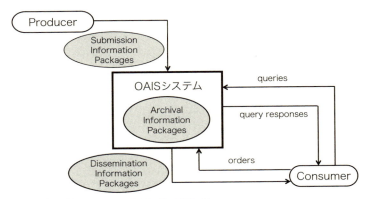

図5　OAISの概念図（注24 Figure 2-4に基づき作成）

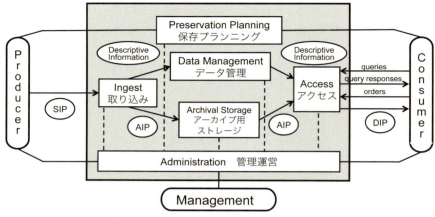

図6　OAISシステムの機能要素（注24 Figure 4-1に基づき作成）

めの情報パッケージ）に入れて、OAISシステムに保存委託する。OAISシステムはSIPを取り込み、Archival Information Package（AIP、保存のための情報パッケージ）として維持管理する。OAISシステムはConsumerの役割を持つ依頼者からの検索やアクセス要求を受けると、要求内容に応じて保存内容をDissemination Information Package（DIP、提供のための情報パッケージ）に入れて依頼者に提供する。OAIS標準は、AIPの管理やConsumerからの質問に対応するため、情報パッケージに用意されるDescriptive Informationを用いる。

　図6はOAISシステムの概念的構造を示している。OAISシステムには、保存サービスとしてのプランや方針作りのための保存プランニング機能、そしてシステム全体の管理運営機能が必要とされる。また、ProducerからのSIPの取り込み機能、AIPの長期保管とそれに関わるデータ管理機能、そしてConsumerからの検索等への対応とDIP提供に関する機能が必要とされる。こうした機能は保存に携わる人的リソースも含めて構成することになる。本節ではその中から、保存プランニング機能を示す（図7参照）。この機能は、管理運営機能に対して保存のための戦略や標準の推奨、リスク管理のレポートの提供、情報パッケージのデザインや詳細な保存プランの作成といった機

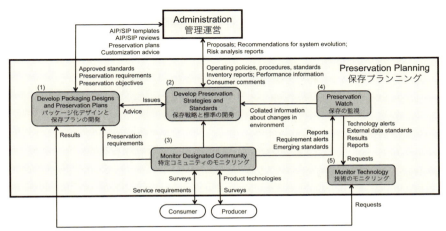

図7　Preservation Planningの機能要素（注24 Figure 4-6に基づき作成）

能を提供し、特定コミュニティとの間で情報交換を行う。また、この機能は、(1)パッケージ化デザインと保存プランの開発、(2)保存戦略と標準の開発、(3)特定コミュニティのモニタリング、(4)保存の監視、(5)技術のモニタリングの要素機能で構成される。

3-2-3　情報モデル──保存対象実体とそのパッケージ化の概要

前述の図4が示すように、情報オブジェクトはデータオブジェクトとその表現情報で構成される。図8に示す情報オブジェクトの構成から理解できるように、OAIS標準では、デジタルオブジェクトのみならず物理的な物体もデータオブジェクトに含めている。物理的な物体はいずれかの場所に保存されることになるので、デジタルデータとして保存されるのは物体に関する情報ととらえ、本章では、保存対象はデジタルオブジェクトに限定して述べる。また、保存対象であるデータオブジェクトからなる情報オブジェクトはContent Information（コンテンツ情報）と呼ばれる。

図9aとbは、それぞれMagenta Bookの第2版と第3版が示す情報パッケージの概念図である。第2版では情報パッケージの内容がコンテンツ情報と保

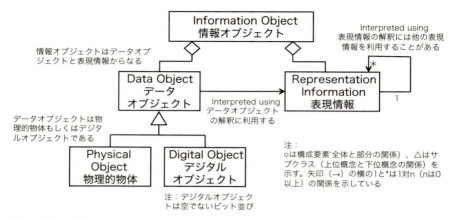

図8　情報オブジェクトの構成（注24 Figure 4-10に基づき作成）

存に関わる情報の記述である Preservation Description Information（保存記述情報、以下PDI）からなることが陽に示されているのに対し、第3版では、情報オブジェクトにまとめられている。なお、情報オブジェクトにはその定義（図4参照）に基づきデータオブジェクトと表現情報が含まれている。また、第2版では情報パッケージには記述的パッケージ情報のみが与えられているのに対し、第3版では情報パッケージのパッケージ記述情報とパッケージ化情報が与えられている。保存には、コンテンツ情報とその保存過程に関わる情報であるPDIも一緒に保存する必要があることが陽に示されるので、筆者には、直感的には前者の方が分かりやすく感じられる。他方、図10が示すように、OAISシステムの保存対象となる情報オブジェクトには、コンテンツ情報の他、前述の表現情報やPDIに加えて、保存内容へのアクセス等に利用することのできる記述的情報やパッケージ化に関する情報等も含まれる。そのため、第3版（図9b）が示すように、情報パッケージに入れられるものは、コンテンツ情報とPDIの組に限定することなく様々な種類の情報オブジェクトであることが理解できる。

　図11は表現情報には構造的性質と意味的性質の記述が含まれることを示している。たとえば、「PDF形式で作られた英語の文書」といった場合、PDF

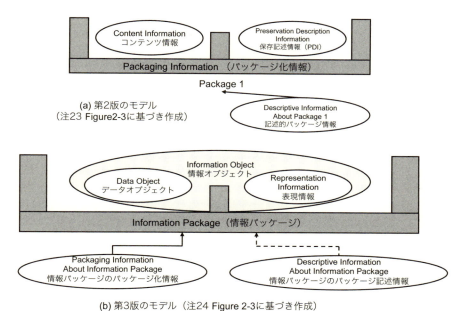

図9 情報パッケージの概念と構成要素

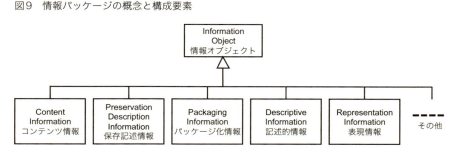

図10 情報オブジェクトの種類(注24 Figure 4-14に基づき作成)

形式は構造的性質、英語の文書は意味的性質である。他の表現情報の例として、プレインテキストの場合は文字コード情報が必要とされる。CSV形式の表の場合、テーブルに表現された内容に関わる情報、たとえば行や列が表す属性、さらに統制語彙や数値の単位(長さや重さ)等も必要とされる。コン

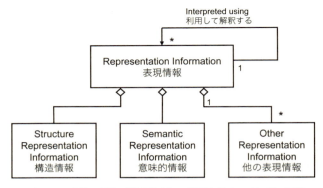

図11　表現情報の構成要素(注24 Figure 4-11に基づき作成)

ピュータの種類に依存する数値データの場合には数値の表現形式の情報といったものが必要とされる。表現情報がデジタル形式で表されたオブジェクトとして保存される場合は、表現情報を保存対象として情報オブジェクトを構成することになる。こうした再帰的な定義は不思議に感じられるかもしれないが、アーカイブ対象を正確にとらえることが求められる参照モデルにとっては必要な性質である。なお、Other Representation Informationは、ソフトウェアやアルゴリズムといった構造情報や意味的情報として明確に定義できない対象を表している。

PDIは以下の5つのカテゴリの情報の記述を含んでいる。

- 参照情報(Reference Information)：OAISシステムの内外においてコンテンツ情報を識別するための識別子とそれを支える仕組みに関する情報
- 来歴情報(Provenance Information)：コンテンツ情報の由来や生成源、保存すべき特性、保存過程における変更、保存過程における管理者といった保存対象のコンテンツ情報の来歴に関する情報
- コンテキスト情報(Context Information)：コンテンツ情報が作られた理由、他のコンテンツ情報との関連といった、保存対象であるコンテンツ

表1　PDIの例（注24 Table 4-1より抜粋して作成）

	宇宙科学データ	デジタルライブラリコレクション	ソフトウェアパッケージ
参照情報（Reference Information）	オブジェクト識別子、ジャーナルの参照、任務他	書誌記述、永続的識別子	名前、著者、制作者、バージョン番号、シリアル番号
来歴情報（Provenance Information）	機材の記述、研究代表者、処理履歴、格納および取扱い履歴、センサーの記述他	原資料のデジタル化過程、ボーンデジタル資料へのポインタ、メタデータの変更履歴他	改訂履歴、登録表示、著作権表示、情報属性の記述
コンテキスト情報（Context Information）	機材の調整履歴、関連データセット、任務、資金調達の履歴	オリジナル資料の出版時における関連資料へのポインタ	ヘルプファイル、利用者ガイド、関連ソフトウェア、言語
不変性情報（Fixity Information）	CRC、チェックサム他	デジタル署名、チェックサム、真正性表示	証書、チェックサム、暗号化情報、CRC
アクセス権情報（Access Rights Information）	権限を持つ特定コミュニティの識別、保存と配布の許諾の記述他	関連する法制度、提供されたライセンス、保存と配布の許諾他	特定コミュニティ、関連する法制度、提供されたライセンス他

　情報とその環境の間の関係に関する情報

・不変性情報（Fixity Information）：記録された変更以外の変更がなされていないことの確認のための情報など、保存対象のコンテンツ情報が正確に保存されていることを確かめるための情報

・アクセス権情報（Access Rights Information）：法制度的枠組み、権利関係記述、アクセス制御など保存対象のコンテンツ情報へのアクセス制限に関わる情報

　表1は、PDIの各カテゴリの意味の理解を助けるため、OAIS標準が示すPDIの例から一部を抜粋したものである。

3-2-4　その他——情報パッケージ、保存機能、OAISシステム間相互運用性

　OAISシステムにはスタンドアロンで働くものからネット上で連携的に働くものまでいろいろな運用形態があり、情報パッケージ間の関係も多様であ

る。OAISのMagenta Bookには多様な側面からの記述が含まれているが、本節では、OAISシステムの管理と運用に関連するトピックをいくつか取り上げて示す。

3-2-4-1　情報パッケージ(SIP、AIP、DIP)間の関係

情報パッケージを委託し、保存し、提供するという過程において、情報パッケージの変換が行われる。Producer、OAISシステム、ならびにConsumerの間でやり取りされる情報パッケージの間の関係、すなわちSIPとAIP、AIPとDIPの間の関係は1対1であるとは限らず、保存対象オブジェクトの性質に応じて決められる。たとえば、継続的に作られるデータの場合、Producer側では作成されたデータを一定期間毎あるいは一定量毎にまとめて作られた複数のSIPを保存システムに送り、OAISシステム側ではそれをひとまとめのAIPにして保存する場合がある。SIPとAIPの間には1対1、多対1、1対多、多対多の関係があり得る。Consumerに提供する場合も同様であり、条件に応じてAIPからDIPを構成することになる。

3-2-4-2　AIPの構成——Archival Information UnitとArchival Information Collection

OAISシステムに保存委託されるコンテンツには単一のAIPに格納すべきものもあれば、いくつかのAIPに分けて格納し、AIPの集まりとして保存管理すべきものもある。こうした構造を明確に示すため、AIPのサブクラスとして、基本単位であるArchival Information Unit(AIU)と一個以上のAIPの集合体であるArchival Information Collection(AIC)が定義されている。AIUとAICはいずれもAIPであり、AICはAIUあるいはAICを構成要素とする集合体である。

3-2-4-3　OAISシステム内部でのAIP保存

時間経過とともにOAISシステム内でAIPの記録メディアの更新やフォー

マット変換等の移行作業が必要になることがある。OAIS標準では、バイナリレベルの変更を伴わない記録メディアの更新や別の記録メディアへの複製、そしてバイナリレベルの変更を伴うAIPの再構成やフォーマット変換等を含むコンテンツデータの変更を伴うAIP変換について示している。時間経過とともに表現情報を追加してくことが求められるため、構造的情報、意味的情報、Consumer向けのサービス機能に関する情報等についても触れている。

3-2-4-4　OAISシステム間の相互運用性（Archive Interoperability）

ProducerやConsumerが複数のOAISシステムとつながることやOAISシステム同士が連携することを想定する必要がある。そのため、OAIS標準では、OAISシステムについて、独立したアーカイブ、連携型のアーカイブ、分散型のアーカイブ等、いくつかのモデルについて述べている。

3-3　PREMIS

デジタル保存のためのメタデータ標準であるPREMIS（現在の最新版は第3版[29]）は、記述対象の実体、並びにそれらの間の関係を定義するデータモデルと、実体毎に用意されたSemantic Unitを示している。Semantic Unitは、実体を表すクラス毎の属性（意味的特性）を表す記述項目と見ることもできるが、具体的な表現形式までは定めていない。Semantic Unitは多数かつ詳細であることに加えて、データモデルを理解することがPREMISの全体像を理解することにつながると考え、本節ではデータモデルについて述べる。

図12にPREMIS Data Dictionary for Preservation Metadata第3版が定義するPREMISのデータモデルを示す。図12aは、PREMISデータモデルの構成要素として、保存対象であるオブジェクト（Object）、オブジェクトに関連付けられたイベント（Event）と権利表示（Rights Statement）、そしてイベントと権利に関わるエージェント（Agent）を示している。また、再生に必要なツール等を含む環境（Environment）をオブジェクトに含めて定義している。なお、こうした構成要素はクラスとして定義されている。

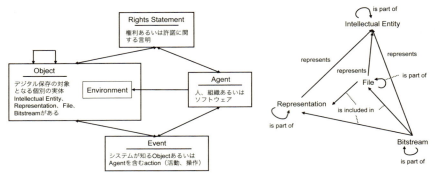

図12　PREMISデータモデル(version 3)

以下に、各構成要素について簡単に述べる。
- オブジェクト(またはデジタルオブジェクト)：保存対象となる情報を表す個別の実体
- 環境：保存対象の再生や利用のために必要とされるソフトウェア、ハードウェアの技術要素に関わる知的実体(知識や知的内容)ないしその表現物
- イベント：オブジェクトあるいはエージェントに関わる、あるいは効果を及ぼす活動
- エージェント：オブジェクトに関わるイベントや権利に関連付けられた人、組織、あるいはソフトウェア
- 権利表示：オブジェクトあるいはエージェントに関連する権利や許諾

図12bは、オブジェクトクラスのサブクラスであるファイル(File)、表現物(Representation)、ビットストリーム(Bitstream)、知的実体(Intellectual Entity)とそれらの間の関係を示している。
- 知的実体：デジタル保存に取り組むコミュニティにとって何らかの意味を持つ知的あるいは芸術的な作成物(知的内容)。一般に一つの知的実体には一つ以上のデジタルまたは非デジタルの表現物がある。なお、知

的実体をオブジェクトクラスに含めたのは第3版からであり、図13に示すように第2版ではオブジェクトクラスとは別に定義されていた[30]。これは書誌情報記述のための標準を用いた内容記述が可能であることと、知的内容そのものが保存対象となる実体に含められていなかったことのためと理解できる。第3版では、知的内容を記述した実体を保存対象とする場合のためにオブジェクトクラスに含めているが、PREMISの記述に含めるか否かは利用者に任されている。

・表現物：オブジェクトの表示や利用のために用いられる実体。たとえば、PDF形式のファイル、複数のイメージファイルとそれらから構成される一点の電子文書など。物理的実体も表現物に含めてとらえている。
・ファイル：バイナリデータを格納する名前を持つ実体であり、ファイルフォーマット、アクセス権限やサイズなど、ファイルの利用のために必要な情報と結び付けられる。
・ビットストリーム：保存目的にあった特性を持つ連続あるいは不連続のビット並び。ビットストリームをファイルに変換する際には、ビットストリームを適切なファイルフォーマットに変換することや構造的な情報を加えることが求められる。

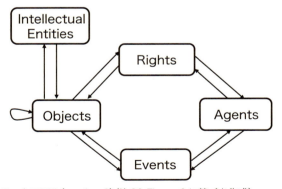

図13　PREMISデータモデル(version 2)(注30 Figure 1に基づき作成)

3-4 まとめ

OAIS標準は、委託型の保存システムに求められる機能要素とそこで必要とされるデータ要素をまとめた、実現方式や技術に依存しない保存システムの参照モデルを示すものである。PREMISとOAIS標準の間の直接的な関係は見出しにくいかもしれないが、PREMISの基盤となったOCLCとRLGによる保存のためのデータモデルはOAIS標準を基礎として提案されたものであり、PREMISのデータモデルと情報パッケージの構成要素を関連付けてとらえることは可能である。また、METSは、デジタルアーカイブのコンテンツの特徴と言える構造を持つデジタルオブジェクトの記述を指向したメタデータである。保存システムでは保存対象の実体とそのメタデータをセットにして格納する必要があるため、こうしたMETSの特徴が利用されている。

OAIS標準では、情報パッケージの内容を特定コミュニティが持つ要求に応じて決められることを述べている。他方、PREMISは標準としてCoreであることを目指したと述べている。PREMIS Dictionaryにはそれなりに多数のSemantic Unitが定義されているが、PREMISでは、Coreの概念を、大多数の保存リポジトリにおいて、デジタル保存のために知る必要が生じると思われるものとし、Coreが必須の要素を意味するものではないとしている。

OAIS標準では、情報パッケージを構成するコンテンツ情報、PDI、表現情報に加えてOAIS運営情報等もすべてデジタルオブジェクトとして作られる。そして、それらの解釈に必要な表現情報には、それらを記述するための語彙や形式定義等、いわば記述言語に関する記述も含まれ、それらも保存対象となる。これらがデジタルオブジェクトとして作られるのであればデジタル保存の対象となるという再帰的定義になっている。PREMISのデータモデルにおいてもこうした再帰的定義が含まれている。

OAIS標準に述べられているように、保存対象コンテンツやそのメタデータの解釈には特定コミュニティが持つ知識が必要とされる。たとえば、応用ソフトウェアの保存においては、そのソフトウェアの稼働のために必要なソフトウェア環境、ハードウェア環境に関する情報を保存しなければならない。

メタデータの解釈可能性を保つにはメタデータスキーマやメタデータ語彙の保存が必要である。また、文書の保存では、その文書を記述した言語を理解できることが求められる。希少言語の場合には言語そのものの保存が問題になるであろうし、広く使われている言語であっても百年単位での文書の保存を考えると表現や単語の意味等も保存対象として考える必要がある。他方、こうした知識を網羅的に記述することは非現実的であり、どのような対象をどのように保存するかは、当該対象の保存に関連するコミュニティに任されると理解できる。

4　おわりに ―― デジタル保存（digital preservation）について

　様々なコミュニティがそれぞれの環境やコンテンツに応じた様々なデジタル保存に対する要求を持つ。OAIS標準ではコミュニティが持つ保存に対するニーズや保存されるコンテンツに関わる知識の重要性が述べられている。こうしたことから理解できるように、デジタル保存はバイナリデータを高信頼性記憶装置に入れておけばよいという問題ではない。デジタル保存には、保存対象コンテンツを同定し、保存対象コンテンツの何（実体、特性、記録など）をどのような形式で残せばよいのかについてのコミュニティにおける共通理解を得たうえで、保存のための技術やノウハウ、知識を利用し、場合によっては新たに開発し、それを将来につないでいくことが求められる。しかも、保存の過程でコミュニティのニーズや社会環境の変化、技術の進化といったことにも対処しなければならないので、保存の過程にそった記録作りも求められる。これらはコミュニティのニーズに基づいて行われることになる。その一方、コミュニティ間で共通する問題や共通に利用できる技術やノウハウは多くある。そのため、筆者は、個々のコミュニティのニーズとその解決のために必要な技術やノウハウ、制度を知ることに加えて、デジタル保存全体を俯瞰することが必要であると考えている。そこで、本章のまとめとして、コミュニティと機能要素の観点からデジタル保存を俯瞰してみたい。

まず、デジタル保存に関わるコミュニティを大雑把にとらえてみたい。

・図書館やミュージアム等のアーカイブ機関は、デジタル化された文化的、歴史的資源やボーンデジタル資源を収集保存し、利用者に提供している。アーカイブ機関にとって、その性質上所蔵物を長期に渡って保存することは必須要件である。

・研究機関や大学は、研究成果として作り出されたデータベース等のデジタル資源を保存し、研究や教育のために利用する。実験や調査から得られるデータには再度の獲得・作成が難しいものもあり、保存は重要な要件である。

・行政機関や企業等の組織体は、その組織あるいは組織に関連するコミュニティの活動や出来事の記録を収集保存しており、いわば国や自治体、企業や組織の歴史を保存していると言える。

・コンテンツ産業やクリエータにとって、生み出された作品のみならず、その過程で作り出される様々な中間制作物も創作活動、制作活動の重要な記録である。それらにはデジタル形式で作られ、提供されるものも多くあり、デジタルコンテンツの長期利用の可能性は非常に重要な話題である。

・個人やグループ、あるいはコミュニティの活動や出来事のデジタルアーカイブは、アーカイブ機関や行政機関のアーカイブとは異なる意味で歴史を将来に伝える役割を持っている。

　このようにいろいろなコミュニティがそれぞれのニーズを持つことは容易に想像できる。他方、独自にデジタル保存を行うことができる大きな組織ばかりではないことも理解できる。

　次に、機能要素については、保存対象の収集と保存、保存過程において利用される多様なメタデータの収集と保存、デジタルオブジェクトの安定した保存システムの実現と運用、そしてそれらすべてに関連する種々の環境要素とその情報の収集と保存の4つの視点をあげることができる。

(1)保存対象コンテンツの収集、組織化と維持管理

　・データベース等の構造化されたコンテンツ、デジタル化された文化的・

歴史的資源やデジタル形式の文書、図書、アート作品等の収集・組織化
- ・記録メディアからのデジタルコンテンツの取り出しと収集・組織化
- ・コミュニティのニーズや保存対象の性質に応じたコンテンツの保存と維持管理方針の策定
- ・コンテンツの補修・修復（conservation）

(2) メタデータの長期保存とその長期利用性の保証
- ・コンテンツ保存のためのメタデータや保存コンテンツ検索とアクセスのためのメタデータ
- ・ファイルフォーマットやデータ型、ソフトウェアやハードウェアの情報
- ・メタデータの構造や意味を定義するメタデータスキーマ
- ・メタデータを構成するために用いられる統制されたメタデータ語彙
- ・保存対象に与えられた識別子
- ・保存対象に関わる知的財産権や個人情報、アクセス権限等の情報

(3) 保存サービスの運営と利用
- ・高い信頼性を持つ保存システムによるバイナリデータの長期保存
- ・委託型の保存システムを用いた保存
- ・コンテンツ再生用機材やソフトウェアの保存、並びに関連する技術と知識の保存

(4) 環境情報の保存と共有
- ・知的財産権や個人情報、アクセス権限等に関する情報
- ・保存に関わるコミュニティ依存の知識と技術

　社会のあらゆるところで様々な創作物や記録物が作られることを考えると、デジタル保存対象も保存のニーズや環境も多様であり、しかもその多様性が増していくことを容易に理解できる。他方、OAISやPREMISといった標準、高信頼性バイナリデータ保存やクラウドサービスなどの技術、そして陳腐化したファイルフォーマットやソフトウェア、ハードウェア等への対処方法等、多くのコミュニティにとって共通に有用な情報も多くある。デジタル保存を進めるためには、保存のための技術、機材、データ要素等に関する情報に加

えて、それを扱うための知識とノウハウを集めて、利用できるようにする必要がある。しかしながら、それをコミュニティや組織毎に行うことには無理があり、コミュニティ間、組織間での協力、連携で情報、知識、ノウハウを共有し、問題解決のための適切な方法を見つけられるようにすることが求められる。

　デジタル保存の議論においてバイナリデータの安定した保存メディアやデバイスの議論がしばしばなされる。他方、プログラムのような動的コンテンツの場合はもちろん、広く用いられるフォーマットの電子文書やイメージデータの場合あっても、それを再生するための機材や環境、あるいはそれらに関する情報も残さねばならない。デジタル保存は、デジタルオブジェクトを再生可能なデジタルコンテンツとして保存すること、いわばデジタルコンテンツの動態保存である。適切な経済的コストと環境的コストでバイナリデータを安全に保存する技術の重要性は言うまでもないが、コンテンツの動態保存に必要となる様々な関連要素とそれらに関する情報の記述、すなわちメタデータを保存することも求められる。したがって、保存対象に関するメタデータを長期に渡って解釈可能に保つ必要がある。メタデータの長期利用性を保つにはメタデータスキーマやメタデータ語彙の長期利用性が求められる。そしてそれらの基盤となる識別子の長期利用性も求められる。

　筆者は、デジタル保存はデジタルコンテンツの長期に渡る維持管理ととらえている。以前は、「長期保存における長期とは何年くらいを考えればよいのですか？」という質問をよく耳にした。文化財の保存を考えた場合、長期保存に年限を設定することに意味はない。もっとも未来永劫に保存すると言っても現実的ではないので、次世代につなぐこと、たとえば30年後に次世代に渡すことができれば良しとするのも一つの考え方であろう。様々な分野のデジタル保存に効く特効薬、万能薬はなく、積み重ねられた経験と技術の上に、分野毎のニーズに応じて新しい環境に適した解決策を探して適用するという地道な努力が求められる。そこでは、コンテンツを作り、使うコミュニティ、そしてコンテンツ保存を行うコミュニティの間での共通理解と

連携を進めることが重要であると考えている。

注
1) Griffin, Stephen M.(1999) Digital Libraries Initiative - Phase 2 Fiscal Year 1999 Awards, *D-Lib Magazine* 5(7/8).(https://www.dlib.org/dlib/july99/07griffin.html)(最終アクセス：2025年1月1日)

2) Library of Congress(2006) National Digital Information Infrastructure and Preservation Program, *Information Bulletin*, 65(1).(https://www.loc.gov/loc/lcib/0601/ndiipp2.html)(最終アクセス：2025年1月1日)
NDIIPPは既に終了したプロジェクトであるため、現在アメリカ議会図書館のDigital Preservationのページに引き継がれている(https://www.digitalpreservation.gov/)(最終アクセス：2025年1月1日)。

3) 杉本重雄, Calanag. M.L.(2003)「ディジタルコンテンツのアーカイブとメタデータ」『人工知能学会誌』18(3).

4) 国立国会図書館「電子情報の長期利用保証に関する調査研究」(https://www.ndl.go.jp/jp/preservation/dlib/research.html)(最終アクセス：2025年1月1日)
2002年度(平成14年度)から2022年度(令和4年度)にいたる調査研究報告書が掲載されている。

5) 国立公文書館「報告書・資料等」(https://www.archives.go.jp/about/report/)(最終アクセス：2025年1月1日)
このサイトには国立公文書館による調査等の報告書リストがあり、その中の電子記録のリストに2006年3月の「電子媒体による公文書等の適切な移管・管理・利用に向けて－調査研究報告書－」から現在に至るまでの報告書等が掲載されている。

6) メディア芸術データベース(https://mediaarts-db.artmuseums.go.jp/)(最終アクセス：2025年1月1日)

7) 杉本重雄(2017)「ディジタルリソースの長期保存に関する概観, iPRES 2017チュートリアル資料」(https://ipres-conference.org/ipres17/ipres2017.jp/wp-content/uploads/jtutorial_sugimoto.pdf)(最終アクセス：2025年1月1日)

8) 杉本重雄(2023)「文化的資源のデジタルアーカイビングとデジタル保存の概観」『情報の科学と技術』73(4).

9) 杉本重雄(2023)「デジタル保存に関する技術的視点からの概観」『専門図書館』(312).

10) 中島康比古(2007)「電子公文書等の長期保存──国立公文書館の取り組みを中心として」『レコード・マネージメント』53.

11） CCSDS Consultative Committee for Space Data Systems（https://public.ccsds.org/default.aspx）（最終アクセス：2025年1月1日）
JAXAによる日本語ページ（https://stage.tksc.jaxa.jp/ccsds/ccsds/CCSDS_overview.html）がある（最終アクセス：2025年1月1日）。

12） Sugimoto, S., Wijesundata, C., Mihara, T. & Fukuda, K.（2022）Modeling cultural entities in diverse domains for digital archives, *Information and Knowledge Organization in Digital Humanities*（eds. Golub, K. & Liu, Y. H.）, 第2章, Routledge.（オープンアクセス　DOI：https://doi.org/10.4324/9781003131816）

13） Sugimoto, S. & Wijesundara, C.（2024）Data Modeling for Digital Archiving of Intangible and Experiential Entities, *Intelligent Computing for Cultural Heritage Global Achievements and China's Innovations*（eds. Wang, X. G., Zeng, M. L. Gao, J. & Zhao, K.）, 第2章, Routledge.（オープンアクセス　DOI：https://doi.org/10.4324/9781032707211）

14） LOCKS Program"Lots of Copies Keep Stuff Safe"（https://www.lockss.org/）（最終アクセス：2025年1月1日）

15） Wijesundara, C. & Sugimoto, S.（2019）Shifting from Item-centric to Content-oriented: A Metadata Framework for Digital Archives in the Cultural and Historical Domains, *Proceedings of Asia-Pacific Conference on Library & Information Education and Practice (A-LIEP) 2019.*

16） Isaac, A.（ed.）（2013）Europeana Data Model Primer（https://pro.europeana.eu/files/Europeana_Professional/Share_your_data/Technical_requirements/EDM_Documentation/EDM_Primer_130714.pdf）（最終アクセス：2025年1月1日）

17） Digital Preservation Coalition - Digital Preservation Handbook - Cloud service（https://www.dpconline.org/handbook/technical-solutions-and-tools/cloud-services）（最終アクセス：2025年1月1日）

18） OCLC/RLG Working Group on Preservation Metadata（2002）Preservation Metadata and the OAIS Information Model – A Metadata Framework to Support the Preservation of Digital Objects（https://www.oclc.org/content/dam/research/activities/pmwg/pm_framework.pdf）（最終アクセス：2025年1月1日）

19） METS Metadata Encoding & Transmission Standard（https://www.loc.gov/standards/mets/）（最終アクセス：2025年1月1日）

20） ISO 14721:2012(en), Space data and information transfer systems — Open archival information system (OAIS) — Reference model（https://www.iso.org/obp/ui/en/#iso:std:iso:14721:ed-2:v1:en）（最終アクセス：2025年1月1日）
（参考：OAIS Reference Model (ISO 14721)のサイト, http://www.oais.info/）（最終ア

クセス：2025年1月1日））

21）　栗山正光（2004）「OAIS参照モデルと保存メタデータ」『情報の科学と技術』54（9）.

22）　CCSDS（2002）Reference Model for an Open Archival Information System (OAIS), CCSDS 650.0-B-1 Blue Book.（https://public.ccsds.org/Pubs/650x0b1s.pdf）（最終アクセス：2025年1月1日）

23）　CCSDS（2012）Reference Model for an Open Archival Information System (OAIS) Recommended Practice, CCSDS-650.0-M-2, Magenta Book, 2012.（https://public.ccsds.org/Pubs/650x0m2s.pdf）（最終アクセス：2025年1月1日）

24）　CCSDS（2024）Reference Model for an Open Archival Information System (OAIS) Recommended Practice, CCSDS-650.0-M-3, Magenta Book, 2024.（https://public.ccsds.org/Pubs/650x0m3.pdf）（最終アクセス：2025年1月1日）

25）　National Digital Preservation Services, Finland.（https://digitalpreservation.fi/en）（最終アクセス：2025年1月1日）

26）　Lehtonen, J., Helin, H., Koivunen, K., Lehtonen, K., & Tiainen, M.（2015）A National Preservation Solution for Cultural Heritage, *Proceedings of the 12th International Conference on Digital Preservation (iPRES 2015).*

27）　Kylander, J., Helin, H., Kolvunen, K., & Lehtonen, J.（2019）Together Forever, or How We Created a Common and Collaborative Digital Preservation Service, *Proceedings of the 16th International Conference on Digital Preservation (iPRES 2019).*

28）　National Digital Preservation Services（2023）Metadata Requirements and Preparing Content for Preservation, v.1.7.5.（https://digitalpreservation.fi/sites/default/files/2024-05/Metadata-v1.7.6.pdf）（最終アクセス：2025年1月1日）

29）　PREMIS Editorial Committee（2015）PREMIS Data Dictionary for Preservation Metadata (version 3.0)（https://www.loc.gov/standards/premis/v3/premis-3-0-final.pdf）（最終アクセス：2025年1月1日）

30）　PREMIS Editorial Committee（2012）PREMIS Data Dictionary for Preservation Metadata (version 2.2)（https://www.loc.gov/standards/premis/v2/premis-2-2.pdf）（最終アクセス：2025年1月1日）

第2章

デジタル保存実践のための指針

デジタル保存連合の『デジタル保存ハンドブック』と
「ラピッド・アセスメントモデル」の検討

平野　泉

1　はじめに

1-1　デジタル保存という課題

　デジタル資料の保存について、課題を抱えている人がいるとしよう。その人の立場や状況、あるいは保存対象により課題には差があり、必要とする助言も異なるはずである。組織の文書管理者が、多様なプラットフォーム上で作成される業務記録の保存について悩んでいるのか。博物館の学芸員が、デジタル化で生成した高精細画像データの長期保存について考えているのか。あるいは文書館のアーキビストが、受贈した資料群に含まれるフロッピーディスクを開き、見知らぬ拡張子のファイルばかりなのを見て頭を悩ませているのか。それぞれの場面に応じた適切な助言が得られれば、現在直面している課題は解決できるかもしれない。しかし、デジタル保存には長期的な視点が求められる。当面の解決策が、将来新たに生じうる課題の解決をより困難にする可能性もある。課題解決のための自らの選択は正しいのか。そうした不安を覚えた際の一助となるのが、デジタル保存連合（Digital Preservation Coalition、以下「DPC」）のウェブサイト[1]である。DPCはその名の通り、デジタル保存に関する専門的・国際的な組織であり、デジタル保存に関する様々な課題解決に役立つツールをウェブサイト上で数多く公開しているから

である。

1-2　DPCとは

DPCはデジタル保存の問題に取り組む非営利の会員制組織で、2002年に英国とアイルランドの複数機関により設立された。2024年1月現在、世界各国から正会員39機関、準会員116機関、サポーター10機関が参加している。アジア地域からはシンガポール国立図書館局（National Library Board of Singapore）が正会員、中国科学院国家科学図書館（National Science Library, Chinese Academy of Sciences）が準会員となっている[2]。

会員制組織であるDPCの使命は、会員がデジタル資料へのアクセスを長期的に、持続可能な形で提供できるようにすること、そして会員の戦略的・文化的・技術的課題への関心を高め、相互協力を促すことである。しかしその使命を果たすには、「持続可能なデジタル遺産」（sustainable digital legacy）を継承するためのグローバルな協働が必要となる[3]。そのためDPCは、活動の中で生み出した知見やプログラムを、ウェブサイトなどを通じて広く会員以外にも、多くの場合無償で提供している。

本稿では、そうしたDPCの情報源の中から、デジタル保存にこれから取り組む人にも、ある程度実践経験のある人にもよい手引きとなる『DPC デジタル保存ハンドブック』（Digital Preservation Handbook、以下「ハンドブック」）[4]、そしてデジタル保存に取り組む際に重要な、自らの現状を知り、レベルアップしていくための評価指標となる「DPC ラピッド・アセスメントモデル」（DPC Rapid Assessment Model、以下「DPC RAM」）[5]について検討する。

2　ハンドブック

2-1　概要と構成

現行のハンドブックは第1版（2001年）の改訂版である第2版（2015年）で、目下第3版に向けた改定作業も進んでいるという。オンラインで全文が読め

るほか、一部のコンテンツをのぞき、まとまりごとにPDFでダウンロードすることもできる。ハンドブックらしく必要なところだけ気軽に読めるように工夫されており、文献や各種ツールなど多様な情報源へのリンクも豊富なので、ぜひいちど参照してみていただきたい。

ハンドブックには「目次」（Contents）ページ[6]があり、そこから各ページにリンクしている。目次は以下の通りで、参照の便のため大見出しを「章」とみなして連番を付した。

1. はじめに（Introduction）＊PDFなし
   ハンドブックの使い方／作成・改訂の経緯と謝辞
2. デジタル保存とは（Digital preservation briefing）
   なぜデジタル保存が重要なのか／保存上の課題
3. 着手にあたって（Getting started）
4. 組織的戦略（Institutional strategies）
   組織的方針と戦略／協働／アドボカシー／調達とサードパーティーサービス／監査と認証／法令順守／リスクとチェンジマネジメント／研修と人材開発／標準とベストプラクティス／ビジネスケース、利点、コスト、インパクト
5. 組織内の活動（Organizational activities）
   デジタル資料の作成／取得と評価／リテンションと見直し／ストレージ／レガシーメディア／保存計画／保存活動／アクセス／メタデータとドキュメンテーション
6. 技術的ソリューションとツール（Technical solutions and tools）
   不変性（fixity）とチェックサム／ファイルフォーマットと標準／情報セキュリティ／クラウドサービス／デジタルフォレンジックス／永続的識別子
7. コンテンツ別の保存（Content-specific preservation）
   電子ジャーナル／動画と音声／ウェブアーカイビング

8. 用語集（Glossary）＊PDFなし

ハンドブックでは、保存活動の対象を「デジタル資料」（digital materials）とし、「アナログ資料をデジタル形式に変換（デジタル化）した結果として作成されるデジタル代替物、アナログの同等物が存在したこともなく、意図されもしない「ボーン・デジタル」およびデジタル記録を含む広義語」[7]と定義している。また、「デジタル保存」は、「デジタル資料への継続的アクセスを、必要とされる限り長期に渡って保証するための一連の管理された活動」[8]であるとしている。

第1章「はじめに」では、社会のあらゆるセクターのあらゆる組織がデジタル資料を日々作成しており、長期保存の観点からは、作成の瞬間または作成にかかわるシステム設計の段階から管理し始めることが望ましいとしている。そのうえで、ハンドブックの目的として「デジタル資料の作成・管理・保存に関する良き実践（グッドプラクティス）とは何かを明らかにし、そうしたプロセスの役に立つ実践的なツールを提供すること」[9]を挙げている。そのため、ハンドブックは様々な組織の管理職や実務担当のスタッフを主たる読み手としつつ、サービスプロバイダや資金提供者、そしてデジタル資料の作成者にも役立つ内容になっている。また、各章の最初には章の目的、対象[10]、想定される知識レベルを明示している。

以下、2章以降の内容を紹介する。

2-2　第2章～第7章の内容

2-2-1　デジタル保存とは（第2章）

目的：戦略的概要および上級管理職へのブリーフィング。デジタル資料の保存に関し、現時点でいかなる問題があり、それがどのように資源配分や意思決定に影響を与えるかを示し、組織内外での議論や討論の焦点を提供すること。

対象：上級管理者、運営管理者およびスタッフ、資金提供機関、デジタル資料作成者、その他誰でも

想定される知識レベル：初心者

　本章では、技術の急速な変化とデジタル資料の脆弱性に抗しつつ、デジタル資料への継続的なアクセスを提供し続けるにはデジタル保存が必要だとしたうえで、保存すべきものの選別、ユーザーニーズの把握、保存のための早期介入の重要性について述べている。また、保存のためのステークホルダーにはデジタル資料の作成者、作成のためのインフラストラクチャーや環境の提供者、契約によるサービス提供者なども含まれ、デジタル保存は誰にとっても重要な課題だとしている。具体的な課題として、デジタル保存では保存対象のデータのみならず、データの意味、データへの信頼、データとそのコンテクスト、そしてデータ間の依存関係を維持しなければならないことを挙げている。また、適切なタイミングで対応すること、保存すべきデータを評価・選別して不要なものは処分すること、そして技術的側面だけではなく組織的な側面が重要であることを指摘している。そのうえで、組織構造、業務分掌、情報セキュリティとアクセス提供のバランス、法令順守、そして予算を含む資源の確保と配分、施設やストレージ、コンピューティング能力など幅広い課題について説明している(図1)。

図1　ハンドブック第2章「デジタル保存とは」ページのイラスト。Jørgen Stamp氏がDigitalbevaring.dkに提供、CC By 2.5 dkで公開(https://commons.wikimedia.org/w/index.php?curid=71663233(最終アクセス：2024年1月29日))

2-2-2　着手にあたって(第3章)

　本章については目的・対象などの記載はないが、全体としてデジタル保存への取り組みを始めていない、または始めたばかりの人向けに書かれている。取り組む際にまず重要なのは、現状を手早く評価することであるとし、評価にあたっては、組織の実践的な能力、組織の目的と使命、そして対象となるデジタル資料の性格と規模をつかむ必要があるとしている。

　具体的にすべきこととして、以下の3つを挙げている。

　①デジタル資産登録簿(Digital Asset Register)の作成：初期段階では簡易なもので十分であり、コレクションの主題、出所、機能、保存場所、メディア、保存の理由、責任者、ユーザー、データ主体、アクセス方法、予測される変化・増加(成長)などに関して記録しておけばよいとしている。
　②組織のレディネスの評価：国家デジタル管理連盟(National Digital Stewardship Alliance: NDSA)の「保存のレベル」(Levels of preservation)[11]を用いて説明している。DPC RAMを用いて実施可能な部分であり、次章をご参照いただきたい。
　③この段階でデジタル資料を受け入れた場合の初期的な処理について：最低限の保存を可能にするために必要なステップとして、受領直後の確認(ウィルスの有無や、受領すべきものが全て含まれているかを確認すること、無作為にファイルを開いて完全性をチェックすること、破損しているファイルがあれば代替ファイルを取得すること、など)、検証可能なファイルリスト(Verifiable File List：ファイル名、保存場所、ファイルサイズ、フォーマットタイプ、チェックサムを含む)の作成、ファイルの安定化(複製)を行い、定期的に不変性を確認し、こうしたプロセスを文書化しておくことを推奨している。

　その後どのように進めていくかは組織的な要件や優先順位により異なるため、必要に応じてハンドブックのどの部分を読めばよいかがテーブルにまと

められている[12]。

2-2-3　組織的戦略（第4章）

目的：組織に合った方針や戦略（デジタル保存に対処するための組織的方針策定の中核をなす）を立案し、発展させるための基盤をつくり、その模範となるような優れた実践例を示すこと。

対象：上級管理者、運営管理者、サードパーティサービスプロバイダ（既存または候補）

想定される知識レベル：中級（基本的な問題点を理解し、実践的な経験も少しはある）

　この章では、組織がデジタル保存のための方針と戦略について理解し、それらを作成・実施するために役立つことについて述べている。デジタル保存のあらゆる活動は方針と戦略に基づいて行われるので、念入りに、組織的合意に基づき、日常的に順守可能なものを作成する必要がある。そのため、デジタル保存に関与する多様なステークホルダーの意見や役割も十分に考慮に入れなければならないという。また、作成にあたっては組織内の様々な方針等を確認し、その中にデジタル保存のための方針をいかに位置づけるかをよく検討し、組織のニーズや組織を動かす推進力（drivers）を見極め、さらに現状での実践を基礎とすることが必要だとしている。そして、理想的には技術中立的な内容とし、見直しの計画も盛り込むべきとしたうえで、作成のための具体的な方法について述べている。そのうえで、協働やアドボカシーといった戦略について個別に論じている。

2-2-4　組織内の活動（第5章）

目的：デジタル資料の作成・管理における優れた実践に関する情報へのポインタを提供すること。とくに、デジタル保存においては作成者が重要であり、作成時の優れた実践がデジタル資料の継続的な存続に不可欠であること

を示すこと。

　　対象：デジタル資源の作成者、サードパーティサービスプロバイダ、デジ
　　　　タル保存に関わる組織的活動の実施に責任を負う運営管理者およびス
　　　　タッフ

　　想定される知識レベル：初心者から上級まで

本章では、デジタル資料保存のための具体的な活動について説明している。

【作成】　デジタル資料を、業務に必要な限り利用可能（必要に応じて発見
　　でき、開くことができ、操作でき、内容を理解でき、真正かつ信頼で
　　きる）とし、また長期保存の可能性を高めるためにすべきことを、ボー
　　ン・デジタルとデジタル代替物の作成にわけて提示している。

【取得と評価】　作成当初からのケアを必要とするデジタル環境の条件に適
　　した方針や手続き、取得と移管に関する国際標準と具体的なワークフ
　　ロー、そしてそのために必要なスキルや資源、コストについて説明して
　　いる。長期保存に値するデジタル資料の評価に関するアドバイスが得ら
　　れる対話的ツールへのリンク[13]も含まれている。

【リテンションと見直し】　取得・保存しているデジタル資料の保存期間
　　の見直し、収集方針の変更や、方針に基づく除籍（deaccessioning）に
　　ついて、さらに組織が保存の責任を果たせなくなった場合の継承計画
　　（succession planning）の重要性について述べている。

【ストレージ】　デジタル保存のためのITストレージについて、全般的に
　　扱っている。デジタル保存はたんなるバックアップではなく、要件も通
　　常のストレージとは異なる。そのため、ストレージシステム選択にあ
　　たっては、冗長性と多様性、データ不変性とモニタリングおよび修復、
　　テクノロジーやベンダーの動向を注視し、リスク評価に基き先回り的に
　　マイグレーションを実施すべきとしている。さらに、統合（可能な限り
　　少数のストレージに集中させること）、簡潔性、ドキュメンテーション、
　　出所と監査証跡の有無、そしてストレージの信頼性も検討したうえで、

第2章　デジタル保存実践のための指針｜平野 ──────── 077

複数のコピーを別々の技術を用いて別々のストレージに保存する戦略を取る必要があるとしている。

【レガシーメディア】 オリジナルのキャリアとその再生に必要なハードウェアの双方を保存することも可能だが、最もシンプルな方法は管理されたストレージシステムにすべてを移行してしまうことだと述べている。

【保存計画】 保存計画とは、「デジタル・レポジトリが所蔵するデジタル資料について、その持続可能性と、アクセスに影響を及ぼす変化をモニターするための、レポジトリ内部の機能」[14]である。そうした変化はレポジトリ内部にも起こりうるほか、外部環境としては、技術および指定コミュニティ(designated communities)に生じる変化を挙げている。そのうえで、計画立案の目的は、保存のためにとるべき行動の契機を見極めること、そうした活動を実施するための知識的基盤をつくることだとしている。

【保存のための活動】 技術的な問題にどう対処するか、とくに技術の陳腐化にどう対処するかについて述べている。陳腐化に対処するための保存戦略としては、マイグレーション、エミュレーション、「コンピュータ博物館」[15]などを挙げている。

【アクセス】 デジタル資料を保存するのはアクセスのためなので、保存に関するプロセスの初期段階からアクセスについて考えておく必要があるとしたうえで、ユーザーを理解すること、法的課題に対処すること、アクセスのための方針や手順を確立することについて述べている。

【メタデータとドキュメンテーション】 このセクションでは、メタデータを「デジタル資源に関するデータで、機械的処理のため構造化された形で保存されているもの」、ドキュメンテーションを「作成者およびレポジトリにより提供された情報(例えばソフトウェアのマニュアルや、サーヴェイの設計、ユーザーガイドなど)で、メタデータを補完し、その資源の利用を可能とするに十分な情報を提供するもの」と定義している[16]。それらは、デジタル資源がいかに作成・操作・管理・利用されてきたか

を理解可能とする唯一の情報源である場合が多く、デジタル資源を生み出した技術と保存のための要件、それにもたらされた変更、データの真正性、権利関係の管理、将来の再利用のために必須である。また、メタデータ作成にあたっては、それがもたらす利益と作成のためのコストを十分に検討する必要があるとしたうえで、保存メタデータのためのメタデータ辞書、PREMIS[17]について説明している。

2-2-5　技術的ソリューションとツール（第6章）

目的：デジタル保存をサポートする技術的ツールやアプリケーション（ソフトウェア、アプリケーション、プログラム、サービス）について、比較的小規模で独立したプログラムか、多くのツールを統合した企業規模のソリューションかを問わず、保存技術やテクノロジー導入の実践について検討すること。

対象：運営管理者およびスタッフ、出版社その他のデータ作成者、サードパーティサービスプロバイダ

想定される知識レベル：初心者から中級まで

　本章ではまず初心者向けに、デジタル保存に使えるツールについて考慮すべき点を概説し、オープンソースか商用ソフトウェアか、エンタープライズレベルのソリューションかマイクロサービスか、ワークフローのどこにツールを位置づけるか、要件は何か、要件の変化にどう対応するかといった点について、またツールの持続可能性とコミュニティへの参加、そしてツールレジストリCOPTR[18]について説明している。さらに、ファイルの不変性の確保やファイルフォーマット識別のためのツールを紹介し、情報セキュリティ、クラウドサービス、デジタルフォレンジックス、そして永続的識別子についても概説している。

2-2-6　コンテンツ別の保存（第7章）

目的：特定のコンテンツについて上級レベル向けの情報を提供する「DPC
　　　テクノロジーウォッチレポート」[19]で取り上げたコンテンツを対象に、
　　　デジタル保存に関する問題の概要とケーススタディを、初心者または中
　　　級レベルのユーザーに適した形で提供すること。対象とするコンテンツ
　　　は今後追加される可能性があるという。

対象：運営管理者およびスタッフ、データ作成者、サードパーティサービ
　　　スプロバイダ

想定される知識レベル：初心者から中級まで

　本章では、電子ジャーナルおよび動画・音声の保存、そしてウェブアーカ
イビングについて、具体的な実践事例を用いて解説している。

　本稿では紙幅の都合上一部しか紹介できなかったが、デジタル保存につい
て考える際の有用な手引きとして、このハンドブックをぜひご活用いただ
きたい。次に、ハンドブック第3章で、取り組み着手時に実施すべき事項の
一つとして挙げられていた「組織のレディネスの評価」を可能とするツール、
DPC RAMについて紹介する。

3　DPC RAM

3-1　DPC RAMとは

　DPC RAMは、「問題の解決方法や戦略に依存することなく、組織のデジ
タル保存能力の迅速なベンチマーキングを行うために設計された、成熟度
レベル評価ツール」[20]である。英政府外公共機関である原子力廃止措置機関
（Nuclear Decomissioning Authority: NDA）の出資による共同プロジェクトの一
環として開発され、第1版が2019年、第2版が2021年、現行の第3版が2024
年3月に公表された[21]。第2版との大きな違いは、先住民の権利など倫理的
な問題への対応である。技術的な部分には大きな修正はないことから、本稿

では基本的に第2版の日本語版を用い、適宜第3版の内容を参照することにした。

このモデルを用いることで、いかなる組織も、デジタル保存に関する組織レベルの能力(organizational capabilities)とサービスレベルの能力(service capabilities)の成熟度を、自ら客観的に評価できるようになる。それはデジタル保存に取り組み始めるときにも、その後の改善を評価するためにも、また特定時点での目標を見極めるためにも役立つという。

開発にあたっては、エイドリアン・ブラウン(Adrian Brown)による「デジタル保存成熟度モデル」[22]をベースに、前述したNDSAの「保存レベル」や、チャールズ・ダラー(Charles Dollar)とロリ・アシュリー(Lori Ashley)による「デジタル保存能力成熟度モデル」(Digital Preservation Capability Maturity Model)[23]を含む複数の先例を参考にしたという。このモデルが目指したのは、組織の規模や対象とする分野、コンテンツの性質を問わず、保存戦略や解決策にも依存せず、これまでのよき実践に基づき、わかりやすく迅速に実施できることであった。モデルは柔軟な使い方が可能で、組織全体や組織内部のセクションを、あるいは特定のコンテンツのみを対象としてもよい。またDPC会員間では、評価結果を相互に比較できるような仕組みも用意されているという[24]。

3-2　DPC RAMの概要

DPC RAMでは、「長期的な価値を持つデジタル形式のコンテンツが長期保存のために蓄積され、管理されている設備」を「デジタルアーカイブ」(以下、「DA」)と呼んでいる。また、「組織」は「診断の対象となる組織の一部門」を意味し、「通常は、組織内でデジタルコンテンツを管理、保存する権限のある特定のセクション」を指すが、場合によっては組織全体とした方が適切な場合もあるとしている[25]。

DPC RAMを構成するのは、デジタル保存能力に関わる11の要素(セクション)であり、それらは「組織レベルの能力」(組織またはそれに相当するレ

表1　DPC RAMを構成する11のセクションとハンドブックの関連性

組織レベルの能力		
セクション	内容	ハンドブック
A. 組織的活力	デジタル保存活動のためのガバナンス、組織構造、人的配置、資源配分	第2章、第3章、第4章
B. 方針と戦略	DA の運用・管理のための方針、戦略、手続	第4章
*C. 法的・倫理的基盤	デジタル資料の取得・保存・利用提供に関する法的・社会的・文化的権利・責任など	第4章
D. IT能力	情報技術に関する能力	第4章、第6章
E. 継続的基盤	現在のデジタル保存能力の評価や進捗のモニタリング	第4章
F. コミュニティ	デジタル保存コミュニティへの参加と貢献	第6章、第7章
サービスレベルの能力		
G. 取得、移管、取込み	デジタル資料を取得・移管し、DA に取り込むプロセス	第5章、第6章
H. ビット列保存	デジタル資料のストレージとその完全性の保証	第6章
I. コンテンツ保存	デジタル資料の意味・機能の保存、継続的な利用可能性の保証	第5章、第7章
J. メタデータ管理	デジタル資料の保存・発見・利用のために十分なメタデータを作成・維持するプロセス	第5章
K. 発見とアクセス	ユーザーがデジタル資料を発見し利用できるようにするプロセス	第5章

＊この部分の下線は第3版で追加された文言。

ベルに関するもの、A-F)と「サービスレベルの能力」(具体的な運用レベルに関するもの、G-K)に2分される。11のセクションとハンドブックの2〜7章の内容がどう関連しているかをまとめてみたのが表1[26]である。

　具体的な評価は、DPC RAMページからダウンロード可能なワークシート「DPC RAM Worksheet with visualizations」を用いて行う。第3版用のワークシート[27]には下記の3つのシートが含まれている。

①「DPC RAM Assessment」：組織名や職員数などの組織に関する基本情報、評価実施に関する情報と、各セクションの(1)現状を0(最小限認識している)〜4(最適化されている)のスケールで評価した点数、および(2)評

表2　セクションB「方針と戦略」について評価する

B－方針と戦略 （DAの運用・管理に関する、組織の方針・戦略・手続き）	
0点－最小限認識している	デジタル保存に関する方針の枠組みの必要性を最小限認識している。
1点－認識している	方針の枠組みづくりの必要性を認識しており、関連する方針もあるかもしれないが、デジタル保存に関する方針や戦略はない。
2点－取組まれている	方針の基本的枠組みがある。
3点－管理されている	総合的かつ管理された一連の方針や戦略、手続きがある。
4点－最適化されている	方針、戦略、手続きを積極的に管理し、継続的なプロセス改善に努めている。

　価の理由と根拠の記入が必須とされている。オプションとして(3)今後の目標レベル(4)目標レベルの達成のためにすべきこと、も記入できる。一例として、セクションB「方針と戦略」の評価点を表2[28]に示す。

②「Visualize your results」は、①に入力した点数をグラフ化するためのものである。

③「Visualize results over time」は、第3版で追加されたシートで、評価結果の時間的変化を可視化できるようになっている。

　例えば、大学図書館のアーカイブズ資料部門責任者が、ITに比較的詳しい任期付きの同僚と二人で実務を担っていると仮定する。図書館の機関リポジトリにはアーカイブズ資料のデータは含まれず、図書館管理職や他部門の同僚がアーカイブズ資料に関心を持っているとは言い難い状況にあるとする。一方で、退職教員や地域の人から受贈するアーカイブズ資料に含まれるデジタル資料は増加傾向にあり、同僚と協議しつつ、ウイルスチェックなど最低限の処理は実施しているものの、長期保存については課題を抱えている。そうした状況でDPC RAMの存在を知り、現状評価を試みたとする。

　この場合、評価の対象はスタッフ2名の部門でも、図書館でもよい。例えばセクションB「方針と戦略」について、部門を対象として「率直かつ現実的」[29]に評価すれば「枠組みの必要性を最小限認識している」＝0点となる

第2章　デジタル保存実践のための指針｜平野 ──── 083

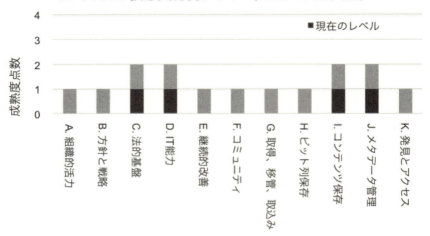

図2　DPC RAM 仮想実施例グラフ（ワークシートの出力をもとに筆者が作図）

が、図書館を対象として様々な方針を確認すれば、おそらく「方針の基本的枠組みを持っている」＝2点あたりに落ち着くだろう。そうした評価を通して、図書館は紀要論文のようなコンテンツのデジタル保存には対応していても、アーカイブズ資料に関しては方針すらないことが明確になる。

　また、部門の評価は2名でできるが、図書館を評価するには図書館の管理者の了解やスタッフの協力が必要である。そうなると、評価すること自体が、部門の活動について館内の様々な人に知ってもらう契機となる。組織レベルを大きくとれば、その分手間はかかるが、やり方によっては単なる自己評価以上の成果が得られる可能性もあるのである。

　部門内で現実的に評価を行った場合、C、D、I、Jの4項目以外は0点となり、図2のようなグラフが示される可能性がある。しかし、この結果に落胆する必要はない。評価を通じて、目指すべき方向が明確になったからである。あとは、各セクションの点数を1点でも上げるには具体的に何をすべきなのかを検討し、計画を策定し、実行していけばよい。そして、一定期間の努

力の後、再びDPC RAMを用いて達成度を評価し、さらに上を目指していく。このような継続的な改善を支えるのがDPC RAMというツールなのである。

3-3　DPC RAMを使ってレベルアップ

では、実際にDPC RAMはどのように使われているのだろうか。DPCのウェブサイトには、複数の実践例が掲載されている[30]。その中から、準会員であるロンドン・スクール・オブ・エコノミクス（London School of Economics、以下「LSE」）図書館の実施報告を紹介する。

LSE図書館のデジタル・ライブラリー・チーム（以下「DLチーム」）は、2019年9月のDPC RAMリリース直後に評価を実施したという。DLチームは図書館が所蔵するデジタルコンテンツの作成・管理・利用提供に責任を負っており、デジタル保存もその業務の一部ではあるが、全体としてアクセスを優先してきた。DPC RAMの公表が、デジタル資源管理システムを新規導入し、デジタル保存に関するワークフローを見直していた時期にあり、取組が実現したという。

対象資料はLSE図書館でデジタル化したコレクション（30TB）に限定した。その結果、11セクションのうち6セクションで2点（「取り組まれている」）、5セクションで3点（「管理されている」）となった。組織レベルの能力では、「法的基盤」「継続的改善」「コミュニティ」で3点をつけた一方、「組織的活力」「方針と戦略」「IT能力」は2点であった。基本的に上級管理者はデジタル保存の必要性を十分に認識していたからこそデジタル資源管理システムを導入したのだが、評価を通して、さらなる仕組みづくりと資源投入の必要性が明確になったという。

サービスレベルの能力では、「取得、移管、取込み」「メタデータ管理」「発見とアクセス」の点数が低かった。しかしワークフローの基礎固めは終了していたことから、全セクションで4点（「最適化されている」）達成を今後の目標にしたという[31]。

その後2021年3月に第2版が公表されると、DLチームは5月に再評価を実

施する。今回の評価にはボーン・デジタル記録も含めたが、全体として成熟度は大幅にアップし、2点は「発見とアクセス」のみ、「法的基盤」と「コミュニティ」は4点、その他のセクションはすべて3点という結果になったという。記事によれば、前回の評価以後、大規模のデジタル化、そしてデジタル記録の取込みに関するワークフローの制御を可能とするLSE Digital Toolkit[32]の完成、ボーン・デジタル記録担当アーキビストの着任、スタッフ研修の充実、デジタル・アーキビストの雇用、方針等の文書化、著作権管理や許諾に関する枠組み整備などが進められたという。LSEの担当者は、DPC RAMは改善が必要な部分と、改善できた部分を明確に示す有効なツールであるとしている。そして、上級管理者に「この3年間の進歩と、デジタル保存への投資がいかに期待した成果を生んだかを示すことができた」点で、非常に役立ったとしている[33]。

　このように、DPC RAMはデジタル保存への取り組みを開始する時点での現状評価のみならず、レベルアップのためにも役立つ。そうした経験の共有のため、DPCは2023年8月、DPC RAMの付属ツールとして"Level-up with DPC RAM"を公開した[34]。ウェブサイトに掲載されたテーブルから、DPC RAMのセクション別に、レベルアップに役立つ「ヒント」(Tips)、「情報源」(Resources)、「ケーススタディ」にリンクする、シンプルなツールである。しかし、DPC RAMを使ってレベルアップしようと考えている人にとっては参考になるだろう。また、DPCはさらなる「ヒント」や「ケーススタディ」も募集している。DPC RAMを活用し、デジタル保存に積極的に取り組んだ組織は、取り組みの成果をDPCに伝えていただきたい(図3)。

4　おわりに

　本稿では、DPCがウェブサイト上で公開している膨大な情報源の中から、ハンドブックとDPC RAMについて紹介した。いずれも概要を述べるだけに終わってしまったが、興味を持った方はぜひDPCウェブサイトを訪ねてい

図3 "ram"に「羊」の意味もあることから、DPC RAM関連のウェブページには羊のイラストがよく用いられている。この手描きのイラストはDPCのジェニー・ミッチャム氏によるもので、関連ウェビナーのお知らせページに掲載されている(https://www.dpconline.org/events/past-events/webinars/benchmarking-the-dpc-using-ram-webinar (最終アクセス：2024年1月29日))

ただきたい。また、デジタル保存の基礎を学びたいという方には、DPCがイギリス国立公文書館のデジタル能力開発戦略「Plugged In, Powered Up」の一部として開発した独習型オンライン講座「初心者のためのデジタル保存スキル」(Novice to Know-How: Online Digital Preservation Training)の受講をお勧めする[35]。

　デジタル保存の実践には技術やスキルが不可欠だが、それだけでは十分とは言えない。ハンドブックやDPC RAMが明確に示すように、組織的にデジタル保存に取り組む際には、組織の方針や組織的合意形成、適切な手順の確立などが鍵となる。もちろん、大規模な組織での取り組みには十分な資源が必要だが、小規模な組織であっても、方針や手順を定め、取り組みを開始することが重要である。デジタル保存という活動に終わりはなく、適切な方針と手順を定め、成果を検証し、スキルを高めつつ歩み続ける必要がある。そうした歩みを支えるのが、DPCをはじめとするデジタル保存のコミュニティであり、それが可能とする情報共有と協働なのである。

　これからデジタル保存に着手する場合も、特定の困難な課題に直面した

際にも、DPCが惜しみなく提供している情報や資源が役に立つはずである。それらを積極的に活用したうえで、自らの実践から得た成果を広く共有していただきたい。そうすることで、グローバルなデジタル保存コミュニティの一員となり、この分野の発展に寄与する人が一人でも増えることを願ってやまない。

注

1) DPC（https://www.dpconline.org/）（最終アクセス：2024年6月26日。本稿記載のURLの最終アクセス日は以下も同様）

2) 会員およびサポーターの名称と数は、DPC, "Members List"（https://www.dpconline.org/about/members）および "Meet our Supporters"（https://www.dpconline.org/about/commercial-supporters）で確認可能。本文にはDPCのジェニー・ミッチャム（Jenny Mitcham）氏にメールでご教示いただいた2024年1月5日現在の数を示した。

3) DPC "About the Digital Preservation Coalition"（https://www.dpconline.org/about）

4) DPC（2015）Digital Preservation Handbook, 2nd edition.（https://www.dpconline.org/handbook）

以下、注では「ハンドブック」とし、該当ページの"見出し"、(必要に応じて)'ヘッダー'（ページURL）のように示すことにする。

5) DPC "DPC Rapid Assessment Model"（https://www.dpconline.org/digipres/dpc-ram）

6) ハンドブック "Contents"（https://www.dpconline.org/handbook/contents）

7) ハンドブック "Glossary", 'Digital Materials'（https://www.dpconline.org/handbook/glossary#D），日本語訳は筆者。

8) ハンドブック, "Glossary", 'Digital Preservation',（https://www.dpconline.org/handbook/glossary#D）

日本語訳はDPC（2021）「デジタル保存連合ラピッド・アセスメントモデル」（以下「DPC RAM日本語版」）（https://www.dpconline.org/docs/digital-preservation/ram/translations-4/2522-dpc-ram-2-0-jp/file），6. この日本語版はDPC RAM第2版の訳である。

9) ハンドブック "Introduction", 'The need for guidance'（https://www.dpconline.org/handbook/introduction）

10) 「対象」で用いられている「上級管理者」等の用語は、デジタルキュレーションに必要なスキル分析とそれに対応した研修の枠組の確立を目指したプロジェクト "Digital Curator Vocational Education Europe"（DigCurV）の成果に基づいている。上級

管理者は「DigCurV 責任者レンズ」に対応し、組織レベルでデジタル資料の管理に責任を負う者、運営管理者は「DigCurV 管理者レンズ」に対応し、デジタル資料の保存に関するプロジェクトの責任者、スタッフは「DigCurV 実行者レンズ」に対応し、具体的な作業実施者を指す。

Molloy, L., et al.（2013）. D4.1 Initial curriculum for digital curators.（https://www.researchgate.net/publication/298214913_D41_Initial_curriculum_for_digital_curators）

11）National Digital Stewardship Alliance（NDSA）（2019）Levels of Digital Preservation（https://ndsa.org/publications/levels-of-digital-preservation/）

12）ハンドブック "Getting started", 'Where Next?'（https://www.dpconline.org/handbook/getting-started）

13）DPC "Interactive Assessment: Selection of Digital Materials for Long-term Retention"（https://www.dpconline.org/handbook/organisational-activities/decision-tree/interactive-assessment）

14）ハンドブック "Preservation planning"（https://www.dpconline.org/handbook/organisational-activities/preservation-planning）

15）ハンドブック "Preservation actions", 'Computer museums'（https://www.dpconline.org/handbook/organisational-activities/preservation-action）

16）ハンドブック "Metadata and documentation"（https://www.dpconline.org/handbook/organisational-activities/metadata-and-documentation）

17）2015年11月公開の第3版は次からダウンロード可能である。Library of Congress "PREMIS Data Dictionary for Preservation Metadata, Version 3.0"（https://www.loc.gov/standards/premis/v3/index.html）

18）Community Owned digital Preservation Tool Registry（COPTR）（https://coptr.digipres.org/index.php/Main_Page）

19）DPC "DPC Technology Watch Publications"（https://www.dpconline.org/digipres/discover-good-practice/tech-watch-reports）

20）DPC RAM 日本語版, 6.

21）DPC（2024）"Digital Preservation Coalition Rapid Assessment Model", version 3.（http://doi.org/10.7207/dpcram24-03）

22）Brown, A.（2013）Practical Digital Preservation: A How-to Guide for Organizations of Any Size, Facet publishing.

23）Community Owned digital Preservation Tool Registry（COPTR）"DPCMM（Digital Preservation Capability Maturity Model）"（https://coptr.digipres.org/index.php/DPCMM_（Digital_Preservation_Capability_Maturity_Model）

24）DPC RAM日本語版, 9.

25）DPC RAM日本語版, 10.「デジタルアーカイブ」については、日本語版用語集の「デジタルアーカイブ」の項目（p.3）をぜひ参照されたい。

26）表1の作成にあたっては、紙幅の都合もあり、DPC RAM日本語版11ページに掲載された表の文言を一部変更・省略した。

27）DPC "Download DPC RAM", 'DPC RAM assessment spreadsheet（XLSX）'（https://www.dpconline.org/digipres/implement-digipres/dpc-ram/download-dpc-ram）

28）DPC RAM日本語版14-15ページ掲載の表を、紙幅の都合により一部改変・省略して作成した。

29）DPC RAM日本語版, 8.

30）DPC "Further resources and case studies"（https://www.dpconline.org/digipres/implement-digipres/dpc-ram/dpc-ram-use-itemid-1946）

31）以上Barticioti, F.（2021）"Assessing where we are with Digital Preservation"（https://www.dpconline.org/blog/wdpd/assessing-where-we-are）

32）LSE "LSE Digital Toolkit"（https://git.lse.ac.uk/hub/lse_digital_toolkit/-/wikis/LSE-Digital-Toolkit）

33）以上Gallotti, S.（2022）"DPC RAM: Levelling up"（https://www.dpconline.org/blog/dpc-ram-levelling-up）

34）DPC "Level-up with DPC RAM"（https://www.dpconline.org/digipres/implement-digipres/dpc-ram/level-up）

35）DPC "Novice to Know-How: Online Digital Preservation Training"（https://www.dpconline.org/digipres/collaborative-projects/n2kh-project）

　　同講座については、渡辺悦子（2020）「デジタル保存連合によるデジタル保存スキルの普及にかかる取組について」、『アーカイブズ』78（https://www.archives.go.jp/publication/archives/no078/10168）に詳しい。筆者も受講したが、デジタル保存の基本が理解でき、オンラインながら実際に手を動かして学ぶ部分もある有益な講習であった。以前は月ごとに登録を締め切り、受講者数にも限りがあったが、現在は随時登録ベースで受講が可能になっているようである。

第3章

UNESCOにおける
デジタル資料の保存に関する
活動

松永しのぶ

1　はじめに

　国際連合教育科学文化機関(United Nations Educational, Scientific and Cultural Organization、以下、UNESCO)は教育、科学の研究、文化を支援し、文化遺産を保護することを重点活動の一つとしている。ここでは記録物も遺産として保護の対象となっており、世界の記憶(Memory of the World、以下MoW)プログラムがその活動を担っている。このMoWプログラムは紙や羊皮紙といったものに記されたものだけではなく、デジタルによって作成された記録も保護の対象としており、その保護のための活動がUNESCOを中心に行われている。

　2003年のUNESCO総会では「デジタル遺産の保護の憲章」が採択され、デジタル資料が保護される遺産であることが表明された。MoWプログラム20周年記念であり、「デジタル遺産の保護の憲章」から10年たった2013年には「デジタル時代の世界の記憶」をテーマにした会議が開催され、資料のデジタル化や電子情報の長期保存に関して提言をした「バンクーバー宣言」が出されている。その後も2015年の「デジタル形式を含む記録遺産の保護及びアクセ

スに関する勧告」、「PERSIST プロジェクト：情報社会の持続可能性を世界
規模で高めるためのプラットフォーム」、「デジタル遺産の長期保存のための
選別ガイドライン」の策定等、UNESOCO はデジタル資料の保存のための活
動を行い続けている。

　本章では、このように継続的に行われている UNESCO における国際的な
デジタル遺産保存の活動についてのべていく。

2　UNESCO と記憶遺産プログラム

2-1　記憶遺産プログラムのはじまり

　UNESCO は 1992 年のフェデリコ・マヨール（Federico Mayor Zaragoza）事務
局長時代に、「世界の記憶」プログラムを開始した。これは記録遺産の保全と
アクセスが危険な状態にあるという意識から、記録を保護、保存することを
目的として始められた。記録を対象とした活動であることから、文書と書籍
の国際組織である国際アーカイブズ評議会（International Council on Archives：
ICA）と国際図書館連盟（International Federation of Library Associations and
Institutions：IFLA）が、専門機関として協力をしている。

　現在、このプログラムは

- 最も適切な技術による世界の記録遺産の保全を促進すること。
- 記録遺産への普遍的なアクセスを支援すること。
- 記録遺産の存在と重要性の意識を世界規模で高めること

の 3 つを目的として活動を行っている。

　MoW の活動で特に有名なのは、日本では「記憶遺産」とも呼ばれる活動で
あろう。これは UNESCO が 1995 年に始めた活動で、重要な記録物を国際的
に登録する制度である。2024 年 11 月時点で 496 件が登録されている。その
対象には文書、書籍の他にレコード、ネガフィルム、映画、ガラス甲板そし

てオランダのデ・ディヒタレ・スタット（De Digitale Stad：DDS）[1]もふくまれていることから、その対象が紙媒体の文書だけではなく、アナログの記録そしてデジタルにも及んでいることがわかる。

　MoWプログラムにおける記録遺産とは、「documentary heritage」が原文である。MoWプロジェクトが開始された1992年当初はまだデジタル資料については俎上に上っておらず、保存をし、アクセスを促進させるための手段としてはマイクロフィルム化が挙げられていた[2]。しかしながら、2000年ごろからのデジタル技術の発展とともに、対象に含められるようになり、2002年の「記録遺産保護のための一般ガイドライン」（General Guidelines to Safeguard Documentary Heritage）で、

　　本プログラムは、パピルスの巻物や粘土板から、フィルム、録音、デジタルファイルまで、記録された歴史全体を記録遺産の対象[3]

とデジタルもまたその対象であると明示されるようになった。

　UNESCOでは活動のために規範となる文書[4]を策定し、普遍的原則を定めて、加盟国に対して活動を推進している。デジタル資料の保存に係るUNESCO規範文書としては、これまでに2003年の「デジタル遺産の保護の憲章（Charter on the Preservation of the Digital Heritage）」、2011年のデジタル情報保存についての「モスクワ宣言（The Moscow declaration on digital information preservation、以下、モスクワ宣言）」、2012年の「UNESCO/UBCバンクーバー宣言（UNESCO/UBC Vancouver Declaration、以下、バンクーバー宣言）」、2015年に出された「デジタル形式を含む文書遺産の保存とアクセスに関する勧告（Recommendation concerning the preservation of, and access to, documentary heritage including in digital form、以下、2015年勧告）」が出されている。

　現在、MoWプログラムは、この第38回UNESCO総会で採択された「2015年勧告」を活動の参考文書の一つとしているが、この中で記録を、

アナログ又はデジタルによる、情報コンテンツとそれら情報を記録する媒体によって構成されるものです。保存可能であり、通常、移動可能です。内容は記号や符号(文章など)、画像(静止画又は動画)、音声などで構成され、複製や〔媒体〕変換しうるものです[5]。

としており、紙媒体やアナログ資料だけではなく、デジタル資料も含まれていることを明確に述べている。

2-2　MoWとデジタル遺産

　1990年代後半からのデジタル技術の発展により、いわゆるデジタル資料が増大した。これにはアナログ技術により作成された資料のデジタル化と、最初からデジタルデータとして作成されるボーン・デジタル資料の両方が含まれる。このようなデジタル資料の増加の流れを受けて、2000年前後にはこれらの情報を保存し、アクセスを維持するためのプロジェクトが多く開始された。

　例えば、1998年には英国の大学研究図書館連合(Consortium of University Research Library：CURL)によるCEDARS(CURL Exemplars in Digital Archives)やオランダ国立図書館を中心したヨーロッパ国立図書館が連携したNEDLIB(Networked European Deposit Library)が実施されている。1999年にはカナダのブリティッシュ・コロンビア大学を中心にInterPARES(International Research on Permanent Authentic Records in Electronic Systems)プロジェクトが始められ、、デジタル資料保存のための仕組みであるOAIS参照モデル(Reference Model for an Open Archival Information System)の原案が宇宙データシステム諮問委員会(Consultative Committee for Space Data System)から出された。2000年には米国議会図書館(LC)主導で全米デジタル情報基盤整備・保存プログラム(National Digital Information Infrastructure and Preservation Program: NDIIPP)が開始されたほか、2001年に英国を中心にしたデジタル保存に関する啓蒙普及団体であるデジタル保存連盟(Digital Preservation

Coalition、以下、DPC）が発足、2002年に欧州共同体（EC）の専門家による
レポート「明日の記憶を保存する：デジタルコンテンツを将来の世代に保
存する（preserving tomorrow's memory ─ preserving digital content for future
generations）」が出され、2003年に国際インターネット保存コンソーシアム
（International Internet Preservation Consortium：IIPC）が設立されている。

　こういったデジタル資料に対する保存とアクセス維持に向けた議論や活動
が世界的に進む中で、UNESCOでもMoWプログラムの対象にデジタル資料
を含めるための議論がなされるようになった。2001年11月に開催された第
31回UNESCOパリ総会では、デジタル化資料の増大とその保存について言
及され、UNESCO事務局長に対して、デジタル遺産に関する要素を検討し
たディスカッション・ペーパーの作成と第164回執行委員会への提出が要請
された。「中期戦略 2002-2007（Medium-Term Strategy）」でも様々な媒体に収め
られた「デジタルメモリー」[6]を保護するための、ネットワークの構築などに
ついて触れられている。

　憲章案の作成にあたっては、1993年に「電子情報へのアクセスの保存
（Preserving Access to Digital Information: PADI）」を、1996年にウェブデータを
保存するPANDORAを開始しており、早くから電子情報の長期にわたる保存
とアクセスの保証に関する活動を行っていたオーストラリア国立図書館が委
託された。

　オーストラリア国立図書館を中心とする議論は、国立図書館や欧州委員
会を交えた形で2002年から進められた。そして2002年9月には憲章案が
出され、加盟国に配布された。同年11月からはオーストラリア、ニカラグ
ア、エチオピア、ラトビアで「地域検討会」が開催され、また、WTO、WHO、
WIPOの他、ICA、IFLA等々にも意見が求められ、討議が進められた。こう
して、2003年10月17日第32回のUNESCOの総会にて「デジタル遺産の保護
の憲章」が受諾された。

2-3　デジタル遺産の保護の憲章（2003年）

「デジタル遺産の保護の憲章」では、増えてきたデジタルの形式によって作成、配布、入手、保持されるようになった「テキスト、データベース、静止・動画像、音声、グラフィックス、ソフトウェア、ウェブページ等」を「デジタル遺産」と呼び、それらが「損失の危機にさらされて」おり、「保存することは、世界的関心事であり差し迫る問題である」と述べている[7]。本文では、デジタル資料を危うくする、ハードウェアやソフトウェアの陳腐化だけでなく、資源、責任、保守・保全の方法に関する不確実性、支援する法律の欠如といった様々な要因を指摘している。更に意識の変化、アドボカシー、政策、法的枠組みについての言及もある。このため、加盟各国には、デジタル遺産保存に関して調整的役割を担う機関を1つまたは複数指定し、専門性に基づいた形で、以下のような対策を講じるべきとしている。

(a) デジタル遺産に係るハードウェア・ソフトウェア開発業者、創造者、出版社、製作者、配給者、及び、その他の民間セクター提携者に対して、国立図書館、公文書館、博物館などの公的な遺産機関とデジタル遺産の保存に関する協力を結ぶことを促す。
(b) 関係機関や専門的協会間で、研修や研究開発を行い、知識や経験を共有する。
(c) 公私を問わず、大学及びその他の研究機関に対し研究データの保存を確証するよう奨励する。

この「デジタル遺産の保護の憲章」はMoWプログラムに沿ったものとなっており、説明責任を果たし、定義された原則、方針、手順、基準に基づいて行われなければならないとしている。

「デジタル遺産の保護の憲章」はUNESCOの憲章であるため、内容は一般的なものにとどまっており、全部で12条と量も多くはない。そのため、具体的な対応のために、憲章の策定で中心となったオーストラリア国立図書

館が170ページにわたるガイドライン（Guidelines for the preservation of digital heritage、以下、憲章ガイドライン）を策定している。

憲章ガイドラインは、用語、デジタル遺産とは何か、デジタル保存とは何か、技術的な観点での説明と、かなり丁寧なつくりとなっている。何よりも行動を取ることが先決であるという意識、そして情報のライフサイクルの意識を持ちつつ、「持続的で直接的な行動」[8]が必要であると指摘している。

「デジタル遺産の保護の憲章」は、UNESCOの文書としてデジタル遺産のみを対象にした初の規範文書となる。この文書は、2005年のオランダ国立図書館の「デジタル遺産保護：原則と方針（Preserving Digital Heritage: Principal and Policies）」の参考となったり、UNESCOとIFLAやICAなどでワークショップなどの活動で用いられたりするようになった。

3　2010年代以降の動き

2000年からの10年間がデジタル資料の重要性の認知と、その保存やアクセシビリティの維持についての文書策定、そして国レベルの機関での活動の土台作りの段階であったとすると、2012年前後からはUNESCOにおけるデジタル資料保存活動の第二段階に入ったと言えるだろう。この時期になると、MoWプログラム20周年となることもあり、改めてMoWのあり方や活動について議論が交わされるようになっていった。その中で、デジタル資料を含めた記録遺産保護のための規範文書が作成され、具体的なロードマップと共にさまざまな国際的なプロジェクトが開始されるようになっていった。

3-1　モスクワ宣言

2011年に第4回国際世界記憶遺産会議がワルシャワで開催された。ここではMoWのアジア太平洋委員会の議長であったエドモンドソン（Ray Edmondson）が「世界の記憶の法的地位：条約のための時間（The legal status of Memory of the World - time for a Convention）」というプレゼンテーションを行い、

MoWプログラムの更なる認知向上を訴えた。そして同年2011年の10月に開催された「みんなのための情報プログラム（The Information for All Program）」の会議で、世界のデジタル情報が危うい状態にあり、すべての国が「デジタル情報の長期的な保全の理念を精緻化し、規制的な法的基盤と効率的な政策を確立」し、「デジタル情報保全のためのインフラを構築」することが必要であるとする「デジタル情報の保存に関するモスクワ宣言（The Moscow declaration on digital information preservation）」が出された。この「みんなのための情報プログラム」の会議は、UNESCOの情報・コミュニケーション部によるデジタル・デバイドをなくす活動の一環であるため、デジタル情報の保護についてはMoWに対して、さらなる活動を行うよう推奨する形となった。

3-2　デジタル時代の世界の記憶国際会議

　翌年の2012年にはカナダ・バンクーバーでUNESCOの「世界の記憶」プログラム20周年記念の国際会議「デジタル時代の世界の記憶（Memory of the World in the Digital Age）」が開催された。このデジタル化及び保存をテーマにしたこの会議では、デジタル資料をどう扱っていくかが焦点となっていた。

　この会議はInterPARESプロジェクトを率いるカナダのブリティッシュ・コロンビア大学が共催しており、デジタル情報の保存はポリシーが欠落したままの状態にあり、永続性や真正性の面で危機に瀕していることから、適切な対応をしなければ、「デジタル・アルツハイマー」[9]に直面してしまうとし、デジタル資料の保存に関するイニシアチブの構築、「デジタル遺産の保護の憲章」の改訂、ロードマップ及び、実務のためのガイドラインの作成を目指すこと等が述べられた。そしてこの会議の最後では、UNESCOとブリティッシュ・コロンビア大学による、デジタル資料へのアクセス保証と、アナログ資料のデジタル化とその長期保存についての提言をまとめた「バンクーバー宣言」の草案がUNESCO事務局長に提出されることが決定された。

3-2-1 バンクーバー宣言（2012年）

「バンクーバー宣言」ではデジタル情報が失われているのは、その価値が過小評価されているため、法的・制度的枠組みがないため、また保存の担当者の知識・技術・資金が不足しているためであると指摘している。そしてアナログ資料のデジタル化に関する問題と真正・信頼できる・正確なデジタル資料の継続性、アクセス、保存に関する問題を扱うことで、デジタル資料損失という課題を解消していこうとしている。それぞれの課題を担う主体に、例えば文化遺産の専門的機関へは機関間の協力や納本制度、環境・管理体制の戦略の策定、信頼性、真正性、著作権の所有権、理解の拡大について、進めていくようにという形でかかれている。とりわけ課題を担う対象者を文化遺産機関や専門団体だけではなく、UNESCOや加盟国、さらに産業界にまで広げ、それらに対して活動を促す形となっている点は特徴としてあげられるだろう。

3-2-2 デジタル遺産の長期的なアクセスのためのデジタルロードマップ

「デジタル時代の世界の記憶」会議と「バンクーバー宣言」を受け、活動に必要なステップを明確にする目的で作成されたのが「デジタル遺産の長期的なアクセスのためのデジタルロードマップ（A Digital Roadmap for Long-Term Access to Digital Heritage）」である。これはまず、2013年10月にフランスのマルセイユで準備ワークショップが開催された。この準備ワークショップのタイトルは「バンクーバー・ロードマップ：デジタル持続可能性のための協力を促進するために産業界と政府を問題に巻き込む」であった。12月にはオランダのハーグでUNESCOデジタルロードマッププロジェクトの会議が、ICAやIFLA、オランダ国立図書館等のコンソーシアムによって開催された。ワークショップの名前からわかるように、デジタル資料の保存のためには、文化遺産機関だけではなく、国、政府、社会組織、産業界が協力しなければならないとし、彼らを巻き込むための活動を見据えてこの「デジタル遺産の長期的なアクセスのためのロードマップ」は作られた。

第3章　UNESCOにおけるデジタル資料の保存に関する活動｜松永 ──── 099

3-3　デジタル形式を含む記録遺産の保護及びアクセスに関する勧告

　エドモンドソンのプレゼンテーションもあり、MoWでは更なる積極的な活動のために、条約や勧告という高い次元の規範文書の作成を目指した。2012年のMoWの専門家会議では勧告の作成にあたり、この時点のタイトルを「世界の記憶を守る ── 文書遺産の保存とアクセスに関するUNESCO勧告」としていた。専門家たちはデジタル資料の問題の重要性を認識はしていたが、デジタル資料はあくまでも文書遺産の一つの形式でしかないため、デジタルを強調する必要はないと考えたためである。その後、「バンクーバー宣言」の影響もあり、最終的にはデジタルをタイトルに出した「デジタル形式を含む記録遺産の保護及びアクセスに関する勧告」となった。この勧告は2015年11月の第38回UNESCO総会で提出され、受諾された。

　「2015年勧告」は、5章構成で、まず記録遺産の特定を行い、その後、MoWプロジェクトの目的ともなっている保存・アクセスに求められることを述べる。そして保存とアクセスのために政策措置と国内的及び国際的な協力を行うように求めている。

　「2015年勧告」は序で文書遺産の保護、アクセスのために考慮すべきポイントを挙げている。その中でデジタル形式の遺産については、次のような点を目的としてあげている。

　　　技術の急速な進化並びにデジタル遺産(マルチメディア作品、双方向の
　　　ハイパーメディア、オンライン対話並びに複合システム、モバイル・コ
　　　ンテンツ及び将来新たに出現する形式からの動的データ・オブジェクト
　　　のような複雑なものを含む。)の対象を保存するための様式及び手続を作
　　　成するため

　この勧告を見ると、資料の選定や指針の策定、対策といった点で専門機関である文化遺産機関の果たす役割を非常に重要視していることがわかる。加盟国には、文化遺産機関の文書遺産保護活動が行いやすいような政策を進め、

世間への働きかけを行い、民間部門や他国とも協力し、文化遺産機関を支援することが推奨されている。

「デジタル遺産の保存に関する憲章」と「2015年勧告」の2つの規範文書は、MoWプログラムにとって、デジタル文書遺産の価値を明確にし、リスクに対する認識を高め、デジタル文書を遺産として保護し、保存し、アクセスの維持をするために国際的な政策と活動を実施する責任を課しているという点でも非常に重要であるといえよう。

3-4　PERSISTプロジェクトとガイドライン
3-4-1　PERSISTプロジェクト

PERSISTは、情報社会の持続可能性を世界規模で高めるためのプラットフォーム（Platform to Enhance the Sustainability of the Information Society Transglobally）の略称で、UNESCO、IFLA、ICA等によるデジタル遺産の長期保存のためのイニシアチブである。技術的な陳腐化によってアクセスできなくなるデジタル遺産の持続的なアクセシビリティと利用に関連する政策、戦略、実践に焦点を当てている。これもまた「バンクーバー宣言」をうけて開始された活動で、2013年12月にハーグで開催されたUNESCO国際会議で正式に発足した。その後、2016年3月、アブダビで開催されたPERSIST会議において、正式にMoW計画の一部となり、2020年にMoWの保存小委員会の一部となっている。

2020年には、PERSISTはMoWプログラムとデジタル資料保存のためのポリシーや政策の状況を調査し、政策立案に与える影響に焦点を当てた対話イベント「危機に瀕する文書遺産：デジタル保存における政策ギャップ（Documentary Heritage at Risk: Policy Gaps in Digital Preservation）」を開催、その報告書を公表したりしている。

PERSISTプロジェクトでは、デジタル遺産の長期保存とアクセスを実現するために主要関係者間での対話や行動を支援するために、政策、技術と調査そしてコンテンツの3つのワーク・グループが設定されている。政策ワー

ク・グループは、UNESCOとMoWが主導となって、持続可能なデジタル保存を実現するための協力の重要性について、政府やICT業界を含むすべての関係者の認識を高める活動をする。技術と調査ワーク・グループは、レガシーソフトウェアについて、記憶機関とICTコミュニティ間の協力強化を焦点としており、ICAが主導している。そして、IFLAが中心となっているコンテンツ・ワーク・グループは、コンテンツ・キュレーションとデジタル保存の分野において、世界中の記憶機関における実践を強化することを目的に活動している(図1)。

3-4-2　長期保存のためのデジタル遺産の選別のためのガイドライン

「デジタル遺産の保護の憲章」では「デジタル遺産を保存するためには、作成からアクセスに至るまでの、デジタル情報のライフサイクル全体を通じて対策を講じる必要がある。」と述べている。PERSISTプロジェクトのコンテンツ・ワーク・グループもこの考え方にのっとり、日々、新しいデジタル資料が生み出される中で、保存できる量には限りがあることから、どういった戦略をもってデジタル資料を選別していくかのポリシーを策定するための指針が必要と考えた。そしてミュージアム、図書館、アーカイブといった文化遺産機関を対象に、指針を作成することとなった。策定にあたり、最初にコンテンツ・ワーク・グループは、こういった機関がどのようなデジタル資料を対象にしているか調査を行った[10]。そして2015年に「長期保存のためのデジタル遺産の選別のためのガイドライン(the Guidelines for the selection of digital heritage for long-term preservation、以下、選別ガイドライン)」の草案を策定、翌年にガイドラインを公開した。

2015年の選別ガイドラインでは、国際的な機関が戦略を立て、ネットワークを構築することをすすめる。そしてデジタル資料の保存のためには法的な環境を整備する必要性を説く。デジタル資料の選別基準については重要性(Significance)・サステナビリティ(Sustainability)・可用性(Availability)とし、その基準に当てはめて判断するという形で書かれている。また文化遺産機

図1　PERSISTロードマップイメージ図　IFLA, https://cdn.ifla.org/wp-content/uploads/2019/05/assets/hq/topics/cultural-heritage/digital_roadmap_-_report.pdf

関ごとの特性とともに課題について述べている部分がある。これは策定にあたってMLA機関での用語の違いが課題となったことも関係しているだろう。

「選別ガイドライン」については、2021年9月に第2版が公開された。これはデジタルに関する技術進展は早いため、状況に合わせる必要があると判断されたためである。改訂にあたっては、電子資料の長期保存に関する国際会議iPRES2021でワークショップも開催され、最終的にオンラインで開催された第2回「世界の記憶」グローバル・ポリシー・フォーラムの会期中に公開された。

第2版の「選別ガイドライン」でも、中心となる3つの評価基準（重要性・サステナビリティ・可用性）そのまま引き継がれている。大きな変更点は、文書の構成であろう。大きく二部構成となっており、第一部は選定の決定がデジタル保存に与える影響（impact）を扱い、デジタル保存特有の課題、選定方

針を設定する際に考慮しなければならないこと、これらの決定を導くために使用できるツールについて紹介している。第二部はデジタル環境と収集を深く掘り下げるとして、選定決定における法的環境の影響に関してまとめている。

さらに興味深いのは、付録であろう。付録では、近年話題となっているテーマについて、参考となる資料があげられている。例えば付録2のソフトウェアソースコードについては、UNESCOは2017年からは「ソフトウェア遺産プロジェクト（Software Heritage Project）」をフランス国立情報学自動制御研究所（the French National Research Institute for the Digital Sciences：INRIA）と活動をし、2018年には専門家の会合でパリ・コール（Paris Call）を出しているが、そういった部分について述べられている。このほかにも研究データ、SNS、そしてAIが付録では取り上げられている。

「選別ガイドライン」は、2017-2019年の世界図書館情報会議のセッション等、デジタル情報の保存を推進するためのトレーニングやワークショップ、また「世界の記録」登録申請の参考資料として用いられている。また第1版の刊行から5年で第2版が出されているので、今後もデジタル技術の進展に合わせて、改定されていくものと思われる。

3-5　デジタル保存についての意思決定者へのガイドライン

MoWでは、デジタル遺産保護のためには、文化遺産機関の担当者への支援だけではなく、意思決定者がデジタル資料の保存の重要性を認識しなくてはならないということを、常々述べてきた。PERSISTプロジェクトのロードマップでも意思決定者に対しての説明をするための助けが必要であると明言されている。

意思決定者にデジタル資料の保存の重要性を訴えるためという目的のため、2019年にはPERSISTプロジェクトとDPCが共同し、アドボカシーを行うためのガイドラインとして「デジタル保存についての意思決定者へのガイドライン（Executive Guide on Digital Preservation、以下、意思決定者へのガイドラ

イン）」を策定した。

　「意思決定者へのガイドライン」は機関内でデジタル保存に関する意思決定
や方針を策定する際の参照とするためのもので、「機関の種類」「機関にとっ
ての動機」「デジタル保存とは何か」「デジタル資料を保存しないリスク」「デジ
タル資料の保存がもたらすチャンス」「デジタル保存には何が必要か」「事実と
数字」の7つの章と説明するためのスライド、上申書のテンプレートで構成
されており、実務者が上司などに説明する際にテンプレートを用いて行いや
すい形となっている。

4　まとめ

　UNESCOは2002年に「デジタル遺産の保護は、ほとんどの機関にとって未
知の領域である」[11]と述べた。それから20年以上にわたり、デジタル資料
を文書遺産としてみなして、保護し、保存し、アクセスを維持し、その重
要性を伝えるための活動を続けている。デジタル資料の保護を明確に打ち
出した「デジタル遺産の保護の憲章」から、「モスクワ宣言」、「バンクーバー
宣言」、そして「2015年勧告」といった規範文書を中心に、ロードマップの策
定やPERSISTプロジェクト、選別と意思決定者へのガイドライン、ワーク
ショップ活動等、様々な取り組みをし続けている。このようにUNESCOは
加盟国、政府、そして産業界への理解を促し、そして文化遺産機関の助けと
なる活動をしている。特に文化遺産機関に対しては、専門家との連携を意識
しており、共同して「選別ガイドライン」「意思決定者へのガイドライン」を作
成している。これはMoWプロジェクトに当初からICAやIFLAが関わって
いること、この文書遺産保護の活動に対する専門家の知識や中立性などへの
尊重した結果である[12]。この一連のUNESCOのデジタル遺産保護に向けた
世界的な取り組みは、日本におけるデジタル資料の保存活動の際の大きな参
照となるだろう[13]。

注

1) 1994年にアムステルダムから始まった、インターネット上で市民のための公共的空間の構築をした活動。

2) UNESCO (1992), p. 94.

3) Edmondson (2002), p. 6.

4) UNESCOの規範文書の種類としては、条約、勧告、憲章、宣言がある。条約は、加盟国による批准、受諾、加盟を条件とする国際条約としての効力を持ち、最も効力がある。次のレベルは勧告で、特定の問題を解決するための原則と規範を総会で定めて加盟国に対して必要とされる立法措置といった措置を講じるよう求める力がある。勧告はUNESCOの最高統治機関から出されたものであるため、大きな権威を持つとされる。憲章、宣言は法的拘束力を持たず、批准を必要としないが、署名やその他の意思表示を伴うこともある。憲章や宣言を批准する国や政府は、文書の内容に同意し、それを遵守するという国家の意思を表明することになる。

5) 文部科学省 (2021), p. 3.

6) UNESCO (2002), p. 52.

7) 文部科学省 (n.d.a)

8) National Library of Australia (2003), p. 21.

9) Duranti, L. and Shaffer, E. (2013), p. 4.

10) van der Werf, T., and van der Werf, B. (2020)、Helmus, W. and de Niet, M. (2016)

11) UNESCO Executive Board (2002), p. 8.

12) UNESCO (2016), p. 164.

13) UNESCOの保存に関する活動のうち、「デジタル遺産の保護の憲章」や「2015年勧告」、「世界の記憶」については文部科学省のサイトに日本語仮訳がある。

参考文献

Buckley, R. (2017) PERSIST: A Global Dialogue on Digital Preservation, *Digital Preservation Coalition blog*, 1 December. (https://www.dpconline.org/blog/wdpd/persist-a-global-dialogue-on-digital-preservation) (最終アクセス：2024年1月30日)

Haux, D. H., Dominicé, A. M. and Raspotnig, J. A. (2021) A Cultural Memory of the Digital Age?, *International Journal for the Semiotics of Law*, 34, 769-782.

Digital Preservation Coalition (2019) Executive Guide on Digital Preservation. (https://www.dpconline.org/digipres/dpeg-home) (最終アクセス：2024年1月30日)

de Lusenet, Y. (2007) Tending the garden or harvesting the fields: Digital preservation and the UNESCO Charter on the Preservation of the Digital Heritage, *Library Trends*, 56 (1), 165-182.

Duranti, L. and Shaffer, E. (eds.) (2013) The Memory of the World in the digital age: Digitization and preservation, an international conference on permanent access to digital documentary heritage, Conference proceedings, 26-28 September, Vancouver. Paris: UBC/UNESCO. (https://unesdoc.unesco.org/ark:/48223/pf0000373728.locale) (最終アクセス：2024年1月30日)

Edmondson, R. (2002) Memory of the World: general guidelines to safeguard documentary heritage, UNESCO. (https://unesdoc.unesco.org/ark:/48223/pf0000125637) (最終アクセス：2024年1月30日)

Fricker, D. (2018) PERSIST – UNESCO's Commitment to Digital Heritage, *Digital Preservation Coalition blog*, 20 November. (https://www.dpconline.org/blog/wdpd/persist-unesco-commitment-to-digital-heritage) (最終アクセス：2024年1月30日)

Helmus, W. and de Niet, M. (2016) Policies to support sustainable preservation, UNESCO and beyond, World Library and Information Congress Columbus, 15 August 2016. (https://unescopersist.files.wordpress.com/2016/10/20160815-wlic-persist-policy-taskforce.pdf) (最終アクセス：2024年1月30日)

IFLA/UNESCO (1999) Survey on digitisation and preservation, IFLA. (https://cdn.ifla.org/wp-content/uploads/files/assets/pac/ipi/ipi2%20vers2.pdf) (最終アクセス：2024年1月30日)

IFLA (2014) PERSIST workshop on digital preservation strategies at ICA Conference, IFLA, 26 November. (https://www.ifla.org/news/persist-workshop-on-digital-preservation-strategies-at-ica-conference/) (最終アクセス：2024年1月30日)

INRIA (2019) Paris Call: Software Source Code as Heritage for Sustainable Development, CI-2019/WS/3. (https://unesdoc.unesco.org/ark:/48223/pf0000366715.locale=fr) (最終アクセス：2024年1月30日)

石田亨 (2003)「デジタルシティと異文化コミュニケーション──社会情報学に向けて」『Accumu』12.

Jarvis, H. (2020) The Pathway to the Recommendation Concerning the Preservation of, and Access to, Documentary Heritage Including in Digital Form, in Edmondson, R., Jordan, L., Prodan, A. C., *The UNESCO Memory of the World Programme*, Springer International Publishing, 59-72.

松村多美子 (2004)「デジタル資料保存の国際的イニシアチブ──ユネスコのデジタル

遺産保存憲章」『情報管理』47(7), 471-475.

松尾美里(2013)「ユネスコ「デジタル時代の世界の記憶――デジタイゼーションと保存」参加記」『アーカイブズ学研究』18, 83-90.

Memory of the World Experts' Meeting(2012) Recommendations, Warsaw, Poland, 7-10 May.

文部科学省(n.d.a)「デジタル遺産の保護に関する憲章(仮訳)」(https://www.mext.go.jp/unesco/009/1386520.htm)(最終アクセス：2024年1月30日)

文部科学省(n.d.b)「デジタル形式を含む記録遺産の保護及びアクセスに関する勧告(仮訳)」(https://www.mext.go.jp/unesco/009/1393877.htm)(最終アクセス：2024年1月30日)

文部科学省(2021)「「世界の記憶」登録の手引き(仮訳)」(https://www.mext.go.jp/content/20211006-mxt_koktou01-100014749_2.pdf)(最終アクセス：2024年1月30日)

National Library of Australia(2003) Guidelines for the preservation of digital heritage. Doc. No: CI-2003/WS/3. Paris.(https://unesdoc.unesco.org/ark:/48223/pf0000130071)(最終アクセス：2024年1月30日)

Parent, I. and McGuire, C.(2012) Guidelines for the selection of digital heritage for long-term preservation: What, Why, When,17th International Conference on Digital Preservation iPRES 2021, Beijing, China.

Prodan, A. C.(2020) Memory of the World, Documentary Heritage and Digital Technology: Critical Perspectives, Edmondson, R., Jordan, L., in Prodan, A. C., *The UNESCO Memory of the World Programme*, Springer International Publishing, 159-174.

UNESCO(n.d.) Memory of the World(https://www.unesco.org/en/memory-world)(最終アクセス：2024年1月30日)

UNESCO(1992) Records of the General Conference, Twenty-sixth session, Paris, 15 October to 7 November 1991, Vol. 1 Resolutions. Paris.

UNESCO(2002) Medium-Term Strategy 2002-2007, Contributing to Peace and Human Development through Education, the Sciences, Culture and Communication, resolution adopted by the General Conference, 31st session, 3 November 2001, in Records of the General Conference, vol. 1 Resolutions, 31st session, 15 October - 3 November 2001.

UNESCO Executive Board(2002) Report by the Director-General on a Draft Charter on the Preservation of the Digital Heritage, 9 April 2002, 164 EX/21.(https://unesdoc.unesco.org/ark:/48223/pf0000125523)(最終アクセス：2024年1月30日)

UNESCO(2003) Charter on the Preservation of Digital Heritage, adopted by general conference on 15 Oct 2003. Paris.(https://en.unesco.org/about-us/legal-affairs/charterpreservation-digital-heritage）（最終アクセス：2024年1月30日）

UNESCO（2011）Moscow Declaration on Digital Information Preservation, adopted by the International Conference on Preservation of Digital Information in the Information Society: Problems and Prospects, 3-5 October 2011, Moscow.（https://unesdoc.unesco.org/ark:/48223/pf0000383397）（最終アクセス：2024年1月30日）

UNESCO/UBC（2012）Vancouver declaration. The Memory of the World in the digital age: Digitization and preservation.（https://www.ifla.org/wp-content/uploads/2019/05/assets/hq/news/documents/vancouver-declaration-2012.pdf）（最終アクセス：2024年1月30日）

UNESCO（2015）The preservation of, and access to, documentary heritage including in digital form.（https://www.unesco.org/en/legal-affairs/recommendation-concerning-preservation-and-access-documentary-heritage-including-digital-form）（最終アクセス：2024年1月30日）

UNESCO（2016）The records of the 38th session of the General Conference（Vol. 1）. Paris.（https://unesdoc.unesco.org/ark:/48223/pf0000243325）（最終アクセス：2024年1月30日）

UNESCO（2021.a）Draft Programme 2nd Memory of the World Global Policy Forum 21-22 September Paris.（https://en.unesco.org/sites/default/files/programme_2ndglobalpolicyforum_sept2021_en.pdf）（最終アクセス：2024年1月30日）

UNESCO (2021.b) Documentary heritage at risk: Policy gaps in digital preservation.（https://en.unesco.org/sites/default/files/documentary_heritage_at_risk_policy_gaps_in_digital_preservation_en.pdf）（最終アクセス：2024年1月30日）

UNESCO PERSIST Programme（n.d.）（https://unescopersist.org/）（最終アクセス：2024年1月30日）

the UNESCO/PERSIST Content Task Force1（2021）Guidelines for the Selection of Digital Heritage for LongTerm Preservation Edition II.（https://repository.ifla.org/bitstream/123456789/1863/1/Guidelines%20For%20the%20Selection%20Of%20Digital%20Heritage%20For%20Long-Term%20Preservation%20%e2%80%93%202nd%20Edition.pdf）（最終アクセス：2024年1月30日）

van der Werf, T., and van der Werf, B.（2014）The paradox of selection in the digital age. Paper presented at: IFLA WLIC 2014 - Lyon - Libraries, Citizens, Societies: Confluence for Knowledge in Session 138 - UNESCO Open Session. In: IFLA WLIC 2014, 16-22 August 2014, Lyon, France.

van der Werf, T., and van der Werf, B.（2020）Documentary Heritage in the Digital Age: Born Digital, Being Digital, Dying Digital, in Edmondson,R., Jordan, L., Prodan, A. C., *The*

UNESCO Memory of the World Programme, Springer International Publishing, 175-189.

van Gorsel, M., Leenaars, M., Milic-Frayling, N. and Palm, J. (2014) Evaluation and Strategies of Digital Preservation & UNESCO's Role in Facing the Technical Challenges, 2nd Annual Conference of the ICA, Girona, October 2014.（https://www.girona.cat/web/ica2014/ponents/textos/id100.pdf）（最終アクセス：2024年1月30日）

コラム1

日本における長期保存の課題

2021年度国内実態調査から見えてきたこと

**国立国会図書館電子情報部電子情報企画課
次世代システム開発研究室**

1　はじめに

　近年のデジタル技術及びIT技術の進展、デジタルアーカイブの推進と活用のための著作権法の改正、直近では2022年の博物館法の改正など、図書館、博物館・美術館、文書館・資料館等の「アーカイブ機関」(本コラムでは広義の社会・文化・学術等の記録機関全般を指すこととする。)が、デジタルアーカイブに関する取組を行う環境が整ってきた。また、実際に取り組んでいるアーカイブ機関も増えてきている。しかし、デジタルアーカイブを意識した取組を行うアーカイブ機関であっても、対象とするデジタルコンテンツやメタデータといったデジタルデータの保存については、あまり関心がないことが国立国会図書館の調査で見えてきた。

　本コラムでは、国立国会図書館が実施した日本国内のアーカイブ機関を対象にしたアンケート調査から、日本のアーカイブ機関における長期保存の取組の現状と課題について紹介する。

2　アンケート調査の概要

　2021年度、国立国会図書館は、日本国内のアーカイブ機関のデジタル資

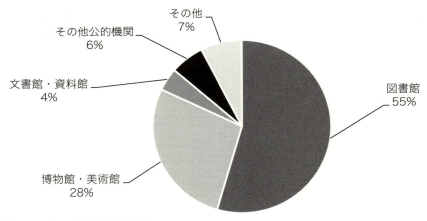

図1　アンケート回答機関の内訳

料の収集、組織化、公開及び保存に関する実態を把握するためのアンケート調査を実施した。調査結果は国立国会図書館デジタルコレクションで集計データと一緒に公開している[1]。

　アンケートの送付先は5,409機関で、そのうち2,921機関から回答を得た。回答のあったアーカイブ機関の内訳は、図1の通りである。この割合は、国内のアーカイブ機関の館種割合と概ね同じであることから、実態に近い結果が得られたと考えられる。

　アンケートの質問は、内閣府知的財産戦略推進事務局のページで公開されている「デジタルアーカイブのための長期保存ガイドライン（2020年版）」[2]を意識して用意したもので、構成は表1のとおりである。

3　デジタル資料の所蔵・提供状況

　最初に、アーカイブ機関がデジタル資料を所蔵・提供している状況を紹介する。このアンケート調査では、デジタル資料を「ウェブページ、電子文書、電子書籍、電子写真・動画、研究データ等のデジタルデータ。紙やマイクロ

表1　アンケートの構成

質問番号	質問(大項目)のテーマ
1	機関の基本情報
2	所蔵している資料・コレクション
3	デジタル資料の整備概況及び保存に関わる活動
4	デジタル資料の保存・長期利用保証の方針・計画
5	保存・長期利用保証のための主な技術
6	デジタル資料の目録(メタデータ)の整備
7	他機関との連携・情報共有等の活動
8	特徴的な取組及び計画(自由記述)
9	デジタルアーカイブ・機関リポジトリ等の提供サービスの詳細

フィルム、ビデオテープ等のアナログ資料からデジタル化して得たデータも含む。」と定義して、その所蔵や提供状況について質問した。

　デジタル資料を所蔵していると回答したアーカイブ機関は、アンケート回答機関(2,921機関)全体の約7割だった(図2)。自由記入で所蔵数も質問しているが、各機関が回答したデジタル資料の所蔵数の平均点数は約2万3,700点で、中央値は3,000点だった。また、所蔵していると回答が最も多かったデジタル資料の種類は「記録映像」で1,050機関が所蔵しており、あとは「図

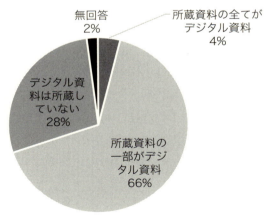

図2　デジタル資料の所蔵状況

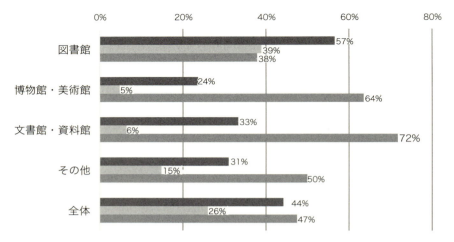

図3　デジタル資料の収集方法（館種別）

書」「雑誌・論文」「映画」「写真」「楽曲」といったコンテンツが続く。

　図3は、館種別のデジタル資料の収集方法を示したものである。それぞれ、回答機関の館種ごとの総数を母数として回答割合を示している。図書館は、「パッケージ系電子出版物（CDやDVD、USBメモリなどの記録媒体に記録され、提供されるデジタル資料）の受入」が多く、博物館・美術館、文書館・資料館は、「自機関での資料のデジタル化／ボーンデジタル資料として作成」することによるデジタル資料の取得が多いことが分かる。

　図4は、館種別におけるデジタル資料の整備・提供状況である。デジタル資料の目録の整備状況、来館者への公開又はウェブ等での公開といった提供状況を尋ねた結果である。文書館・資料館が他の館種よりも、いずれも少しだけ高い数値だったが、収集方法ほどの館種による大きな差は見られなかった。

　図3と図4に関し、デジタルアーカイブという観点でアンケート回答機

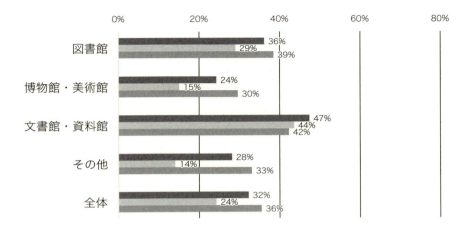

■ デジタル資料の目録(メタデータ)を整備している
■ 来館者に公開している(館内限定)
■ ウェブ等で公開している(館外からの利用可)

図4　デジタル資料の整備・提供状況(館種別)

関「全体」を見てみよう。おおよそ半分のアーカイブ機関が「自機関での資料のデジタル化／ボーンデジタル資料として作成」に取り組んでいる。しかし、その目録を整備している機関やデジタル資料をウェブ等で公開している機関は、全体の3〜4割のみである。母数をデジタル資料を所蔵するアーカイブ機関(2,041機関)にしぼった場合であっても、デジタル資料の目録整備、デジタル資料のウェブ等の公開を行っている機関は、いずれも5割にとどまっており、デジタル資料の活用に課題があると言える。

4　デジタル資料の長期保存に係る取組状況

これまで、アーカイブ機関におけるデジタル資料の所蔵・提供状況を見てきたが、次に、本書のテーマである「保存」に関して、アーカイブ機関はどういった取組を行っているのか、見ていきたい。なお、本節で示すアンケート

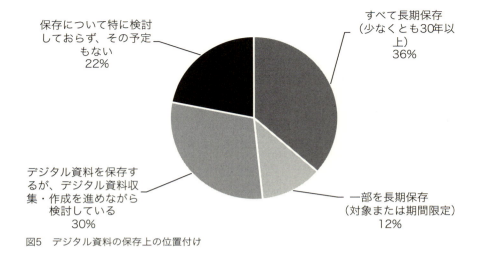
図5　デジタル資料の保存上の位置付け

結果の割合は、いずれもデジタル資料を所蔵していると回答のあった機関数（2,041機関）を母数としている。

4-1　方針・計画、体制、予算等

　そもそも、アーカイブ機関はデジタル資料をどの程度の期間保存することを想定しているのか。少なくとも30年以上保存する場合を「長期保存」と定義し、質問した結果が図5である。デジタル資料を所蔵するアーカイブ機関の半数近くは、その資料の全部又は一部を長期保存する想定であるが、残り半数の機関は保存期間の想定がない状況であった。

　また、デジタル資料をどのように保存・管理し、長期利用保証のための対策をどう行っていくか、具体的な方針・計画はあるか質問した結果が図6である。ウェブページ等で方針・計画を公開している機関は9％、非公開だが策定している機関と、今後策定予定の機関を足しても3割に満たない。つまり、デジタル資料を所蔵するアーカイブ機関の7割は特に何も定めていないことが分かった。

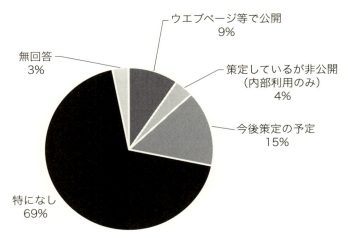

図6　デジタル資料の保存に関する方針・計画の策定状況

　では、体制と予算はどうだろうか。
　デジタル資料の保存の実施体制・人材育成の取組について尋ねた結果が図7である。こちらもデジタル資料を所蔵するアーカイブ機関の7割近くが、体制整備や人材育成のために特に何もしていないとのことだった。デジタル資料の「保存担当者（兼任含む）がいる」機関は2割、人材育成の取組としては「研修・勉強会への参加」をしていると回答した機関は1割超であった。この研修・勉強会の内容については、資料のデジタル化、研究データ管理、画像の保存、権利処理等に関することといった自由記述の回答があった。

　デジタル資料の保存・管理の予算は措置されているか尋ねた結果が図8である。デジタル資料を所蔵するアーカイブ機関のうち、予算が「ある」と回答したのは3割弱であった。図7と合わせて、ヒト・カネともに確保されているアーカイブ機関は少ないことが分かった。

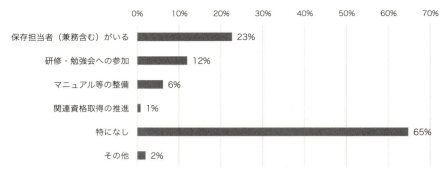

図7　デジタル資料の保存体制・人材育成の取組状況

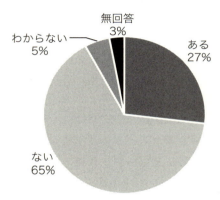

図8　デジタル資料の保存・管理に関する予算の有無

4-2　具体的な保存対策の取組

　デジタル資料の保存に、計画策定や人的・財政的な観点から組織的に取り組んでいるアーカイブ機関が少ないことは分かった。では、デジタル資料の何らかの保存対策を実施している機関はどのくらいあるだろうか。

　図9は、実施しているデジタル資料の保存対策について尋ねた結果である。デジタル資料を所蔵しているアーカイブ機関の6割は特に何もしていないとのことだった。一方、具体的な保存対策を行っている機関は少数ではあるが確実に存在することが分かった。デジタル資料を持つアーカイブ機関のいず

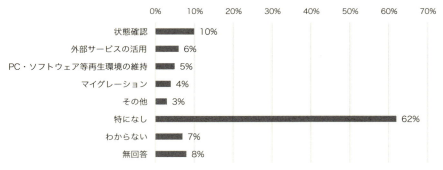

図9 デジタル資料の保存対策に係る取組内容

れも1割以下ではあるが、アンケートの自由記述も含め、取り組んでいる内容を紹介する。

　保存対策の取組で最も多かった回答は「状態確認」で10%だった。その具体的内容（自由記述）には、デジタルデータの動作確認、媒体の劣化状態を検査するエラーチェックのほか、記録媒体であるメディアの外観の確認などが挙げられていた。次に多い回答は「外部サービスの活用」の6%で、クラウドサービスの利用や民間事業者のデジタルアーカイブシステムの利用が挙げられていた。「PC・ソフトウェア等再生環境の維持」については5%で、ハードウェア・ソフトウェアの更新により新しい環境に更新することのほか、旧式のOS等を保持してそれにしか対応していない記憶媒体やソフトウェアの再生に対応することを挙げている機関もあった。「マイグレーション」と回答した機関は4%で、その内容として、TIFFやPDF/Aなど長期保存に適したフォーマットへの変換のほか、LTOやODAなどの長期保存のための媒体への変換に取り組んでいることを挙げる機関があった。

　また、図4に示す質問で「デジタル資料の目録（メタデータ）を整備している」と回答した機関に対して、どういったメタデータをデジタル資料の保存・管理のために作成しているかを尋ねる質問（自由記述）も行った。回答で

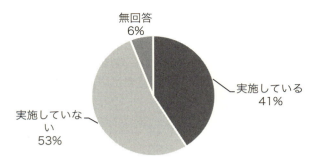

図10 デジタル資料のバックアップの実施有無

は、デジタル資料のファイル形式、デジタル化実施日、権利情報、ライセンス情報、URLなどの公開に関する情報等が挙げられていた。

なお、デジタル資料の保存・管理に関する取組について「特になし」と回答した機関であっても、データのバックアップ等のデジタル資料が消失することを防ぐための対策は実施しているかもしれない。図10は、バックアップの実施有無を尋ねた結果である。デジタル資料を所蔵するアーカイブ機関のうち、そのバックアップを行っている機関は4割であった。図5で見たとおり、アーカイブ機関が所蔵するデジタル資料を長期に保存することを想定していない可能性はあるが、日本におけるアーカイブ機関の取組状況としてはやや留意すべき数字と考える。

5 日本におけるデジタル資料の長期保存に係る課題

これまで見てきたように、デジタル資料を持つアーカイブ機関において、デジタル資料の保存・管理に関し、人的・財政的な確保といった組織的な観点からみて、また、具体的な保存対策の実施といった実践的な観点からみても、具体的に取り組んでいる機関は非常に少ないことが分かった。その原因はどこにあるのだろうか。

アンケートでは、次の質問を設けて、アーカイブ機関が感じている課題・懸念点について確認した。

「今後デジタル資料を扱う必要性がさらに高まることが予想されます。こうした状況に対して、デジタル資料の収集、所蔵資料のデジタル化、デジタル資料の保存・提供の上で、課題や懸念点はありますか(デジタル資料をお持ちでない機関もお答えください)。」

その結果が図11である。「予算不足」「人員不足」に続いて「方針・計画がない」が三番目に挙げられている。「ノウハウ・情報がない」といったことが上位にくることを想像していたが、実際は「方針・計画がない」が上位に来たことに、日本における課題が見えてくるように思う。アーカイブ機関は、方針・計画を作るに至らず、まずは何から手を付けてよいか分からない、といったことがあるのかもしれない。

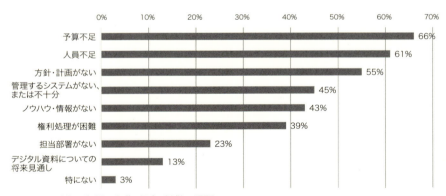

図11　デジタル資料の収集・保存・提供の課題

6　おわりに

本コラムで紹介したアンケート調査の報告書には、同時期に合わせて実施

した12機関へのインタビュー調査の結果も含まれている。その中には、デジタル資料の保存に関する取組の詳細のほか、地域での連携・情報共有や分野横断的な連携といった、デジタル資料の保存・提供のための連携・協力活動に関する取組も紹介されている。

デジタル資料の保存に取り組むためには、館種を超えて、地域を超えて、様々な機関が協力して取り組んでいく必要があると考える。アナログ媒体の資料の収集・保存・提供においては、書籍と絵画、文化財など、所蔵資料の特徴の違いから館種を横断した情報共有が他館種のアーカイブ機関の抱える課題解決につながることは少なかったかもしれない。しかし、それがデジタル媒体の資料の収集・保存・提供となったときに、館種を超えて共通する課題に悩むアーカイブ機関の姿が見えてくるように思われる。前述した「デジタルアーカイブのための長期保存ガイドライン（2020年版）」や、別稿「第5章　国立国会図書館におけるデジタル資料の長期保存に関する取組」で紹介している国立国会図書館の遠隔研修「デジタル資料の長期保存に関する基礎知識1, 2」、そして本書の様々な事例を参考にして、先ずは、自らの方針・計画を作り、それを共有することからはじめることをアーカイブ機関の方々にはぜひお勧めしたい。

注・参考文献
1)　国立国会図書館「デジタル資料の長期保存に関する国内機関実態調査（令和3年度）（https://dl.ndl.go.jp/pid/12300247/1/1）（最終アクセス：2024年3月31日）
2)　デジタルアーカイブジャパン推進委員会実務者検討委員会「デジタルアーカイブのための長期保存ガイドライン（2020年版）」（https://www.kantei.go.jp/jp/singi/titeki2/digitalarchive_suisiniinkai/pdf/guideline2020.pdf）（最終アクセス：2024年3月31日）
※本ガイドラインは2023年9月、同委員会が策定した「「デジタルアーカイブ活動」のためのガイドライン」（ジャパンサーチにウェブ版〈https://jpsearch.go.jp/news/20231005〉が公開）に集約された。

第 **2** 部

組織における長期保存の実践

第4章

現場から考えるデジタルアーカイブの課題と長期的な継続を図るための具体策

山崎博樹

1　はじめに

　近年、団体、企業、自治体、大学等、様々な機関がデジタルアーカイブを積極的に構築、公開するようになった。このようにデジタルアーカイブが進展してきた理由は、次の3点があると考えられる。1点目としては、高レベルのスキャンニング機器、大規模ストレージの価格低減、高速のインターネット回線等の普及などのハードウエア環境整備がある。2点目としては、現代の社会が広範囲で専門的な知識や情報を求め、企業や個人がこれらを活用するようになったことがある。具体的には学校教育、防災対策、観光にもデジタルアーカイブが活用されるようになった。3点目としては、政府が先進国と比較して遅れてきたデジタル化の分野について、政策として積極的な取り組むことになった点がある。具体的には、毎年策定されている「知的財産推進計画」及び数々のガイドライン、著作権制度の改正、ジャパンサーチの構築、「デジタル田園都市国家構想」などがある。

　一方で、デジタルアーカイブの構築や継続には、様々な課題があることも明らかになってきた。筆者は平成15年度から国立国会図書館関西館電子図

書館課(以下、NDL)にレファレンス協同データベース事業構築のために秋田県から出向したが、NDLでは平成14年度から電子情報の長期的な保存の調査研究を進めており、この調査研究の副担当としても携わることができた。当時、米、豪、ヨーロッパ等ではデジタルデータ保存の研究が進められていたが、日本国内ではこれらの認識は高くなく、デジタルアーカイブシステムの継続的な運用に問題が生じ、データそのものの陳腐化もあり、消滅可能性の恐れがあった。

　現在、デジタルアーカイブ構築のために国立国会図書館や内閣府知的財産戦略本部では様々な実践、指針、ガイドラインが公開されている。さらにここ10年間、筆者は総務省地域情報化アドバイザーとして、全国の自治体のデジタルアーカイブ構築をサポートするための活動を続けてきており、訪問時には様々な課題について具体的な相談を受けてきた。これらの状況や経験を背景として、本章では、デジタルアーカイブの継続性を担保するため、始めに具体的な課題を事例として列挙し、次にそれらに対策する方法について言及していきたい。最後に図書館を中心とした構築事例を紹介する。

　「デジタルアーカイブ」という言葉の概念については広義や協議も含めて様々な捉え方がある。そこで本章としての定義を次のように記載しておきたい。

　資料(物=紙資料・フィルム資料、美術品、工芸品、博物資料等)を保存と利活用に耐えられるようにデジタル化したデジタルデータ及びデジタルデータをインターネット等で介して公開し、利活用を促すための継続的に運用・管理、保存を行うデジタルアーカイブシステムから構成される(図1)。

2　デジタルアーカイブに関する現場の課題

　ここでは、デジタルアーカイブの相談のため筆者が各自治体を訪問した際に聞いた現場の担当者の言葉を紹介する。

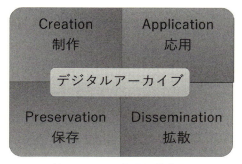

図1　デジタルアーカイブ4層の構造図

2-1　データの質、フォーマット、保存メディア

「マスターデータを作成していなかったため、今後の対応が不安だ。」

「高精細なコンテンツを求められるようになったが、対応できず閉鎖することになった。」

「保存していたメディアの劣化やメディアを取り扱う機器がなくなったことにより、保存していたマスターデータの取り出しができなくなった。」

「ベンダー任せで構築してしまったため、他機関との連携等、今必要としている機能がない。」

既に原本を廃棄したしまった、又は廃棄はしていないが劣化が進んでしまった等、タイムマシンでもない限り解決できない事例もある。また、導入当初の検討や準備不足が、その後のデジタルアーカイブの運営に影響を与えてしまい、廃止にいたったり、縮小されてしまったケースも少なくない。

2-2　データ利用促進、予算

「当初はアクセスがあったがコンテンツの追加がされていないため、利用が少なくなってしまった。」

「構築時は補助金があったが、小さな団体のため、年々維持費用が機関として大きな負担となっている。」

　機関や自治体では、行政サービスが特定のごく一部の住民の利用に限られ、毎年の利用が少なくなった場合、より効果が高く緊急度のある分野に予算を回さざるを得ない。デジタルアーカイブは構築するだけでなく、日々の運営活動が必要である。その面が足りないため継続性に赤信号が出ている例である。

2-3　人材の確保

「自治体内にデジタルアーカイブの専門家がおらず、適切な導入を図ることができなかった。」
「当初は担当者が1名いたが、その後、転勤や退職で不在となり、後継者が育成できなかった。」

　様々な課題に対応する人材が少なく、育成されたとしてもその人数が少ないため、継続的な人材が確保できない場合、当然、効果的な運用や技術進歩に合わせた変革ができなくなる。人材は長期的に計画を立て、ある程度の知識を持った人材を複数人持つ必要がある。

3　デジタルアーカイブの継続性の要素

　デジタルアーカイブを継続させていくために、2項の課題を基に5つの提言を行う。

3-1　デジタルデータの作成（品質、フォーマット）

　デジタルデータは、デジタルアーカイブのベースになるものである。システムと違い更新予算の確保が難しく、長期間にわたり使用することが想定さ

れる。将来の技術進歩を考えた仕様によるデジタル化、適切な機器によりデジタル化を行う必要がある。また外製する場合には、対象資料に応じた経験のある業者に依頼することが肝心となる。ただし、デジタルデータは永遠のものではない、長期的に考えれば将来の技術進歩を想定し、原本資料を安易に廃棄せず、保存・修復を行っておくことを疎かにしてはならない。

3-1-1　デジタルデータ解像度

デジタルアーカイブの画像データはより高い解像度(dpi値)が望ましいが、データハンドリング、運用費用とのバランスを考えると資料の内容に応じた適切な解像度を設定する必要がある。静止画像であればここ数十年は対象サイズにもよるがA4サイズで400dpi程度の解像度が設定されてきたが、ディスプレイやスマホの高解像度化やコンピュータやスマホのCPU処理速度の高速化、撮像機器の高性能化が進み、見直しが必要となってきている。今後は、デジタル化予算が許す限り、A4サイズ／フルカラーで600dpi以上の解像度が必要であろう。ただし、単純に解像度が高ければ良いということでない。デジタル化機器としてはスキャナーやデジタルカメラを用いることになるが、例えば資料を破壊させずに撮影可能なフェイスアップスキャナーは数万円の民生品レベルから数千万円の業務レベルまであり、当然画像品質は変わってくる(図2)。デジタル化時に特有に生ずるデジタル信号の干渉によるノイズも考慮しなければならない。

参考として次のとおり解像度及び色数について説明しておく。

◎解像度
A4サイズ400dpiとか600dpiのように記載される。
文字が読める又は元々の写真解像度を再現できるかで決定する。
例えば地域新聞等をデジタル化する際は活字文字が小さいことが多いため、400dpi以上の高解像度を設定する必要がある。このdpiとは1イン

図2　大型ブックスキャナーの例

チ当たりのピクセル数を指す。

◎デジタル化するファイルサイズの計算方法
A4サイズ400dpi　フルカラーとした場合
A4サイズ210mm×297mmをインチ化　8.27インチ×11.69インチ
それぞれに400をかける。8.27×400×11.69×400＝15,468,208ピクセル
これに色数24ビットをかけると371,236,932ビット
ビット(0か1)をコンピュータのバイトに換算(8ビットは1バイト)し、さらにメガバイトに換算する。結果約45MBとなる。

◎色数

白黒（2値）

　白の点と黒の点で構成　文字のみで利用、写真には適さない。

白黒（8ビットグレイスケール）

　白黒を256段階で表現白黒写真や地域資料に豊富にある墨書き文書にも対応している。

カラー（256色以下）

　カラー表現は可能であるが階調が不十分で高レベルなカラー資料には向かない。

カラー（4096色以上）

　一般的なカラー写真に利用、フルカラーと呼ばれる約1600万色（24ビット）もある。

3-1-2　データフォーマット

　デジタルデータの作成あたっては、保存用のマスターデータと公開用（運用）データの2種類を決めておく必要がある。例えば静止画像の場合、マスターデータとして可逆圧縮方式の画像フォーマットとしてTIFF（Tagged Image File Format）、JPEG 2000があり、通常はどちらかを選択する。マスターデータは可逆圧縮かつ低圧縮率となるため、ファイルサイズが大きく、データ保存のためのメディアが大きくなるとともに、運用のためには大きな環境を必要とする。JPEG 2000はISOの規格（ISO/IECの規格書15444）として制定されたフォーマットで、保存データとしての利用に加えて、動的にJPEGやPDF等に変換生成し、送信ができるため配信フォーマットとしても用いられている。現在、国立国会図書館、国立公文書館、動画フォーマットとしては映像制作の分野で用いられている。行政機関ではPDFデータを用いているケースがあるが、PDFはAdobeが維持している格納型のフォーマットである。フォーマットの改訂が定期的に行われるため、過去のバージョンのPDFが使えないケースがある。そのためできるだけ保存を前提としてい

るPDF/Aを用いる必要がある。

　なお、可逆圧縮とは、画像を圧縮してデータ量を小さくしても元のデータに戻すことができることを指す。また、非可逆圧縮は一度圧縮すると一部データの廃棄や破壊が行われ元のデータに戻すことができないことを指す。

　公開用データを相手の通信環境や視聴機器によって、送信することが必要となる。公開用データとしてはJEPG等の非可逆圧縮形式やPDF等が想定される。非可逆圧縮は前述のとおり配信時の負荷をさげるため目立たない情報を捨てる技術である。ただし、JEPG等の非可逆のフォーマットでは圧縮率によっては、ブロックノイズが生じる等データ品質が悪化することになるので注意が必要である。さらに、一定の圧縮率で圧縮した場合でも、画像によって画質が異なることがある。そのため画像毎の適正な圧縮率を設定するため、PSNRで客観的に評価し、さらにSSIMを用いより主観的な評価を行うことで、運用データの品質を保つ方法がとられている。

　因みに動画フォーマットとしては、一般的に国際規格であるデジタルフォーマットはコンテナとしてMP4やAVI等が広く利用されているが、その中に存在しているコーディックによって視聴できるかどうかのマッチングがある。また動画データの質としては解像度やビットレートで違ってくるが、動画を制作する場合は撮影機器と視聴機器を考えて仕様を決めていく必要がある。

3-1-3　デジタルデータ撮像機器

　撮像機器がRGB各色256階調を確保されているか、ダイナミックレンジが狭くないか、必要な光学解像度が設定可能か、色被り、色ズレがないか等をチェックする。デジタルアーカイブの対象とする資料は貴重なものが多く、何度もスキャンすることは原資料の劣化を進めることになる。対象となる資料形態や資料サイズによって撮影機器を選択することになる。マイクロフィルムやカメラフィルムはフィルムスキャナーを用いるが、通常は原本資料のデジタル化時と比べて、解像度を数倍程度高く設定する。上面スキャナーは

図3　エッジスキャナーの例

単行本等厚みのある資料をデジタル化する際に資料を傷めにくいので、サイズが一定以下の場合に用いる。ただし、上面スキャナーは上面に設置されているカメラのレベル差がかなり大きいため、適切な撮影機器を選ぶことが重要となる。厚みの無い資料の場合はフラットベットスキャナーや非接触型大型スキャナーを用いる。一定サイズの単行本をスキャンニング可能なエッジスキャナーという機器もある(図3)。特に大きなサイズである絵図や巻物等の資料のデジタル化の場合は、業務用のデジタルカメラを用い、必要に応じて分割して撮影を行う。デジタルカメラの場合も他の機器同様にカメラの能力差があると同時にライティングに注意を払う必要があるため、経験のある業者に依頼するのが一般的である。

3-1-4　デジタルデータの保存

デジタル化作業終了後、作成業者にデータを納入してもらう場合は一定品質以上の光ディスク又はHDDを指定することになるが、別途、長期的に保存するため光ディスク、LTOテープ、HDDに保存する。デジタルアーカイブシステムへの活用データとしては、冗長化されたシステムや適切なクラウドにデータを置くことが前提となる。ただし、HDDのへのデータ保存は、HDDが物理的に故障することが想定されるため、数年レベルで新しい

メディアに移行することを想定しておかなければならない。さらにデジタルフォーマットが陳腐化することも考えられるので、その動向に注意を払い、予算化しておく等、新しいデジタルフォーマットに変換するマイグレーションも考慮しておく必要がある。

3-2メタデータ及び識別子
3-2-1メタデータ要素と記述

　メタデータは、2003年に国際規約となったDCMES（Dublin Core Metadata Element Set ISO15836）をベースとして作成されることが一般的となっている。DCMESは15のメタデータ要素（タイトル、作成者、主題、内容記述、公開者、寄与者、日付、資源タイプ、フォーマット、識別子、出処、言語、関係、時空間範囲、権利情報）となっている。国立国会図書館では、これをベースに拡張、整理したDC-NDLを公開しているので参考とすることができる。DCMESの15の基本要素及びそれぞれの組織で求められる要素を検討し構成する。特にデジタルデータの作成者、作成日、権利情報は重要である。これらは時間経過によって失われがちである。さらに実際の作成にはこれらの記述方式・記述形式（シンタックス）が必要となる。また、近年は連携型のアーカイブシステムを構築するケースが増えてきた。この場合、対象とする連携機関のメタデータ要素や記述方式を調査し、横刺しで検索するためのマッピングを行う。例えば図書館では資料タイトルであっても文学館ではタイトルがない資料もあるため、関係者同士で協議を行うことが必要となる（表1）。

◎DCMESの15の基本要素

Title	リソースに与えられた名前。
Creator	内容に主たる責任を持つ人や組織など。
Description	内容の説明。要約、目次、文書の内容を表現した画像。
Subject	トピック。通常、主題を示すキーワードや分類コード。
Publisher	利用可能にしているエンティティの責任表記。

表1　メタデータのマッピング例

	要素読み	定義	図書館	資料館	公文書館	博物館	埋蔵文化財	美術館
Title (タイトル)	タイトル1	タイトル、シリーズタイトル、別タイトル、各巻タイトル、作品名、資料名等	タイトル	タイトル	資料名	資料名	遺構名	作品名
	タイトル1よみ		タイトルよみ	タイトル読み	資料名よみ	資料名読み	遺構名よみ	作品名よみ
	タイトル2		シリーズタイトル	サブタイトル	資料群名		遺跡名・次数	作品名(シリーズ)
	タイトル2よみ		シリーズタイトルよみ	サブタイトル読み	資料群名よみ		遺跡名よみ	作品名(シリーズ)よみ
	タイトル3		別タイトル	サブタイトル2	表題名	他の呼称	報告書名(主)	
	タイトル3よみ		別タイトルよみ	サブタイトル2読み	表題名よみ	他の呼称読み	報告書名(主)よみ	
	タイトル4		各巻タイトル			学名	報告書名(副)	
	タイトル4よみ		各巻タイトルよみ			学名読み	報告書名(副)よみ	
	タイトル5							
	タイトル5よみ							
	タイトル6							
	タイトル6よみ							
Creator (作者)	作成者1	著者、編者、翻訳者、監修者、担当者、作家名、デジタルクリエーター等	著編者1	著者名	部課係名	制作者・著作者等	撮影者、	作家名
	作成者1よみ		著編者1よみ	著者名読み	部課係名よみ	制作者・著作者等読み	撮影者よみ	作家名よみ
	作成者2		著編者2		作成	先覚者名		
	作成者2よみ		著編者2よみ		作成よみ	先覚者名読み		
	作成者3		著編者3		差出			
	作成者3よみ		著編者3よみ		差出よみ			
	作成者4		デジタルクリエーター		受取			
	作成者4よみ		デジタルクリエーターよみ		受取よみ			

Contributor　内容に寄与している人や組織の責任表記。

Date　リソースのライフサイクルにおける出来事の時又は期間。

Format　リソースの物理的あるいはデジタル化の形態。

Identifier　リソースへの曖昧さのない参照。

Language　リソースを記述している言語。

Type　リソースの性質、ジャンル。カテゴリー、機能、分野、内容集約度。

Relation　関連するリソースへの参照。

Source　リソースの派生元リソースへの参照。

Coverage　リソースの範囲、対象。場所(地名、緯度経度)、時間区分。

Rights　リソースの権利に関する情報。知的所有権、著作権、財産権。

3-2-2　識別子

長期間にわたりデータを保存・管理するために、個別のデータを判別し認識できる識別子(一意の管理番号等)を決める。管理番号は管理機関名、ファイル種別、フィル番号等を一定のルールで定め数字等で表現したものである。識別子の付与には他にURI(Uniform Resource Locater：統一識別子)がある。これは外部からデジタルアーカイブのデジタルデータに直接参照できる仕組みである。普段目にするURLはURIの一部と考えていい。また国際標準規格としてDOI(Digital Object Identifier)があり、学術論文等国際的な利用を促進する際に付与されてきたが、今後は通常のコンテンツにも付与することを検討する必要がある。

3-2-3　解題・解説の記述

デジタルアーカイブに付与されるメタデータのひとつとして、解題、解説がある。ただし解題、解説は、十分に記述されていないケースが多く見受けられる。背景としては解題、解説の作成は手間がかかり、さらにその資料の知識も必要となることがある。しかし、この記述が不十分となれば、利用は研究者が中心となることは避けらない。地域の住民、特に現在、情報提供が必須となっている学校教育の活用が進まなくなることは長期的な利用に結びつかず、継続的な運用を図ることが難しくなる。デジタルアーカイブ公開時にはすべてのコンテンツへの記述は難しいと考えられるため、地域ボランティアや研究者と協力し、長期的、継続的に記載を充実していくことが求められる。

3-3　デジタルアーカイブシステム

3-3-1　システム導入手順

デジタルアーカイブシステムの構築には、最初にシステムの目的を定めた基本構想を策定する。次に、機関側で構築目的や基本的な必要要件が定められた要求定義の作成を行う。この要求定義に基づき、通常は基礎的な技術知

識を持つシステム担当者により要件定義が作成される。要求仕様書、契約、設計と進むことになる。この間にステークホルダーとの協議を行う。ステークホルダーは次のような組織や個人が対象となる。

教育委員会、図書館、博物館、美術館、資料館、情報システム担当、財政、企画担当、教育機関(大学、学校)、国立国会図書館等の国のアーカイブ機関

3-3-1-1　基本構想

基本構想は、デジタルアーカイブシステム導入を進めるための方向性を示すものである。

方向性については組織単位で違ってくると思われるが、例えば地方自治体であれば次のような内容で検討を行っておく。

・所蔵資料、情報の広域的な活用を図る。
・最新情報の提供を行うとともにストックされた情報や資料を併せて提供する。
・地域の文化、歴史に関する情報を提供して、学校教育や地場産業を支援する。
・デジタルアーカイブの構築や維持に際して住民との協働を行い、生きがいづくりを図る。

3-3-1-2　要求定義

要求定義は システム開発作業のはじめに、組織がデジタルアーカイブシステムに何を求めているのかを明確にしていく内部作業のことを言う。ここでは技術的な記述は行わないため、現場のニーズをヒヤリングしていく大事なフェーズとなる。システムに実現してもらいたいイメージを記述すると言っていいだろう。筆者のこれまでの経験からするとこの要求定義が不十分

か行われない場合が多くある。組織としてコンセンサスが得られないまま、システム構築が行われるため、開発段階で混乱が生じることとなる。以下に要求定義の具体例を挙げておく。

- ・要求定義：画像はきれいにみたい。
- ・要件定義：画像は高画素、フルカラー又はグレイスケールとする。

3-3-1-3　要件定義

要件定義は、要求定義を開発者目線として文章化したものである。要件定義の中には機能要件と統計やセキュリティ等の管理的な機能である非機能要件を記述する。最終的に要件定義は要求仕様書としてまとめられ、プロポーザル等で用いられ、契約後の設計に進んでいくことになる。この時、必要に応じて各ベンダーに対してRFI（Request for Information）を行い、最新技術等のヒヤリングを行う。作成にあたっては一定の技術的な知識が必要となる。なお、要件定義には次のようなものがある。

- ・機能要件：検索方法、画像フォーマット、データ登録、データ連携、その他……
- ・セキュリティ：データ保存、外部侵入、監視等
- ・拡張性：将来の増加への対応
- ・移行性：データ移行、保存
- ・運用性：トラブル対応、運用時間、設置環境

3-3-1-4　要求仕様書

要件定義をもとに要求仕様書を作成し、プロポーザルや入札で契約を行う。契約されたベンダーは要求仕様書をベースとして、基本設計、詳細設計、開発を行うことになる。

3-3-1-5　ベンダー評価及びベンダーロックイン

ベンダーを評価するためには次のような項目を用いる。

・提案書の要求の充足（フィット＆ギャップ評価）
・費用（予算範囲内か）
・追加提案
・技術力
・導入実績
・拡張性
・人財、対応

　参考のためにフィット＆ギャップとプロポーザルの例を挙げておく（図4）。

　このデジタルアーカイブシステムは、できるだけ標準的な仕様書で作成される必要がある。ベンダーの独自システムに依存（ベンダーロックイン）した場合、デジタルアーカイブシステムの移行や他機関との連携が困難になることがある。

フィット＆ギャップ評価の例

要件定義とベンダーＲＦＰ回答を項目単位で比較し、評価点に反映

◆　カスタマイズなしに実現　　適合率　100％
◆　テンプレート設定で対応　　　　　　100％
◆　開発が必要（保証）　　　　　　　　60％
◆　大規模開発が必要　　　　　　　　　30％
◆　実現ができない　　　　　　　　　　0％

これに機能優先度の比重（重み）をかけ算して作成
　　例　機能優先度　1　比重１０×100＝1,000

図4　フィット＆ギャップとプロポーザルの例

3-3-2 機能

国際規約で定められている機能、ベンダーの技術的な制約のために実装できない機能等を実装しないとデジタルアーカイブの継続性に危惧が生じる。継続性に必要と考えられる機能について以下に記述しておく。

3-3-2-1 クラウド

オンプレミスはシステムやデータを自機関に設置されたサーバで運用、保管するのに対し、クラウドではクラウドサービス提供事業者のデータセンターでデータやシステムが管理される。データの保存性とセキュリティとサービス品質保証としてはクラウドサービスの方が通常は優れている。ただし、クラウドサービスも様々なレベルや機能があるため、適切な選択が求められる。安易なクラウド選択でデータの消滅やシステムの停止が起こることは稀なことではない。

3-3-2-2 API（Application Programming Interface）

システム上にAPIという窓口を作り、他のシステムとデータのやり取りができるようにすることである。自機関内の他のシステムやジャパンサーチ等の統合型デジタルアーカイブと連携することで、自機関のデジタルアーカイブの継続性に寄与できる。汎用型のAPIと企業独自のAPIがある。ただし、APIは利用が突然できなくなるケースもあるため、定期的なチェックを行う必要がある。

3-3-2-3 IIIF（International Image Interoperability Framework）

デジタルアーカイブに収録されている画像を中心とするデジタル化資料を相互運用可能とするための国際的な枠組みである。アプリケーションを超えた画像交換を図る等、現代のデジタルアーカイブには必須の機能となっている。

3-3-2-4　固定リンク

固定リンク(パーマリンク、パーマネントリンクとも呼ばれる)は変化しないURLである。固定されたページとして、独自のURLを持つページになり、検索エンジンでインデックス化され、アクセスの増加が見込まれる。

3-3-2-5　デジタルデータのキュレーション

通常の検索に加えGoogle mapや国土地理院地図情報等の地図、年表からデジタルデータにリンクされれば、学校教材や観光支援への活用が進み、そのことがデジタルアーカイブの有効性を示すことになり、利用者の拡大にも繋がっていくことになる。組織の意基盤システムや他のアプリケーションとの連携も求められている。

3-3-2-6　画像表示

画像の拡大、縮小、回転、拡大時の全体同時表示等様々な技術が開発されている。ただし拡大はファイルフォーマットに大きく依存するので、大判サイズの高精細表示のためにJPEG 2000等の高機能フォーマットを活用することがある。

3-3-2-7　著作権表示

クリエティブコモンズライセンスに代表されるライセンス表示は必要不可欠となっている。メタデータに記載するのは当然であるが、デジタルデータ自体に透かしとして付与できれば権利者のコンテンツの提供のハードルを下げ、再利用性が高まる。なお、透かしには可視型と非可視型があり、組織の状況によってどちらかを使うかの判断を行う。このライセンス表示で、PD(パブリックドメイン)、CC0、CC-BY等のオープンデータの割合を増やすことができれば、企業や個人での利用促進が格段に広がることになる。

3-3-2-8　最新技術の活用

平成31年1月1日の著作権改正施行により博物館、図書館は様々なデジタルデータの活用が可能になった。「著作物の所在（書籍に関する各種情報）を検索し、その結果と共に著作物の一部分を表示する。」（文化庁HP原文のまま）は、具体的には地域資料の文字部分をOCRソフトによりテキスト化し、それを用いて全文検索を行い、そこに対応する画像の一部（スニペット）を閲覧させることができることになった。これによって今までメタデータの検索に頼っていた資料の検索が画期的に改善される可能性がでてきた。さらに様々な組織の資料は、閲覧室、書庫、展示室等別々の場所に保管されているケースが多い。これらを一括してブラウジングすることは難しかったが、VR技術を使うことで、VR空間の中で一時的に一定のテーマで資料を集め、背表紙画像を仮想書架に並べ、探すことが技術的に可能になった。

3-3-2-9　その他の課題

システム構築後に長時間経ち、ベンダーが開発から撤退した等の理由により、デジタルデータを再構築する必要があるが、その際に当時ベンダー側の担当者や組織側の担当者の退職や転任により協力が得られないことも想定されるため、システム構築の際には様々な仕様書やドキュメントを保存しておく必要がある。

3-4　運用及び広報
3-4-1　デジタルデータの追加

開設時に登録したコンテンツのみで利用を維持することは、非常に困難である。デジタルアーカイブへの定期的なコンテンツの追加は、リアル資料の購入や企画展示と同じ意味を持つ。コンテンツの追加について、機関内で中長期的な計画を立てる必要がある。

3-4-2　運用経費

　一般的にデジタルアーカイブは、オンプレミスよりクラウドが使われている。クラウドの場合、デジタルデータの追加は運用経費の増加に直結する。またクラウドはPasS（Platform as a service）が多く使われているが、必須となるセキュリティ対策、システムの多様性等によっても運用経費は大きく変わってくる。そのため、運用経費が下がれば良いということではなく、必要な機能を精査して、運用経費を確保することが重要である。

3-4-3　マイグレーション

　デジタルフォーマットが永続性を持っていないため定期的にデジタルフォーマットの変換をするマイグレーションが必要となる。筆者が勤務していた秋田県立図書館では、平成8年にデジタルアーカイブの運用を始めた。当初はマスターデータをTIFFとしていたが、その後、公開画像の解像度及びデータ容量の増加に伴いLizardTech社のMrSID（Multiresolution Seamless Image Database）に変換、最終的に継続性を担保するためISO規格であるJPEG 2000に変換している。

3-4-4　利用分析

　アクセス件数等の数値は必ず求められる。加えてデジタルアーカイブの利用時間や利用者層の分析、利用度の高いコンテンツの確認も必要となってくる。この場合Googleアナリティクスのように無料で分析できるアプリケーションも利用できる。

3-4-5　デジタルアーカイブの他機関利用での共同利用

　例えば同一自治体内でデジタルアーカイブシステムを共同運用すれば統合型アーカイブへの「つなぎ役」としての機能を持ち、利用者にとってもいくつものデジタルアーカイブを検索する手間を省くことができる。単独機関での運用と比較し、トータルで運用経費軽減に繋がる。また、複数の組織で運用

することでデジタルアーカイブ事業を廃止することが難しくなる。

3-5　広報及び人材育成

　デジタルアーカイブを公開するには大きな努力が必要なため、公開することで仕事が終わったと感じてしまうことがある。ネット上で公開しただけでは、利用は限定され、アクセスは低下する。筆者は、これまでデジタルアーカイブをプロジェクターで表示し解説を交え紹介するセミナー、ポスターサイズでパネル化し機関内外でリアル展示等のイベントを行ってきた。これによりデジタルアーカイブを見るためにタブレットを購入された高齢者の方もいた。継続的な広報活動はデジタルアーカイブの継続に必須となるものである。

　中小レベルの組織であれば、デジタルアーカイブの専任担当者を置くことは難しい。専門家を確保できたとしても人事異動等でデジタルアーカイブの運用ができなくなることも多い。そう考えると複数の人材を育成が必要であり、そしてどのレベルまで学ぶかが大事となる。担当者てシステムの開発を行うわけではない。むしろ求められるサービスの想定や運営ができることが最も大事なことになる。ただし、基礎的な技術用語の理解は開発ベンダーとの打ち合わせや、契約に役立つため、最低限の技術レベルの理解は必須となる。筆者の団体(IRI知的資源イニシアティブ)では、これまでこの基礎レベルの理解を図るための講習を自治体向けに開催しているので、必要があれば講習会の共催が可能である(表2)。

4　デジタルアーカイブの事例

4-1　音声、動画、写真、文字を組み合わせて提供

　この事例としては秋田県立図書館デジタルアーカイブを紹介する。民話の音声、地域のお祭り動画、歴史資料の翻刻文章を組み合わせることにより、地域を多面的に表現され新たな資料のつながりを可視化している。

表2　IRI自治体向けデジタルアーカイブ講習会のカリキュラム

日	No.	講義タイトル	内　容	講義時間(分)	担当講師
12/19	1	図書館とICTについて	図書館におけるICT（デジタルアーカイブ含む）の意義・必要性について	10:00〜11:30（90分）	野末 俊比古
	2	デジタルアーカイブ構築ステップについて	デジタルアーカイブ構築のための準備とステップについて	11:45〜12:45（60分）	山崎 博樹
	3	デジタルアーカイブの状況について	国の動向、国立国会図書館の事業について（ジャパンサーチの説明動画の配信および質疑）（＊1）	13:50〜15：05（75分）	原田 隆史山崎 博樹
	4	デジタルデータの作り方について	デジタルデータ作成のための基礎知識について	15:20〜17:00（100分）	岡本 明
		交流会	講師と受講生の交流会	17:00〜18:00（90分）	
12/20	5	デジタルアーカイブシステムについて（1）	最新技術、関連技術などについて	10:00〜11:30（90分）	原田 隆史
	6	デジタルアーカイブシステムについて（2)-1	デジタルアーカイブシステムが持つ機能について①	11:45〜12:30（45分）	原田 隆史
	7	デジタルアーカイブシステムについて（2)-2	デジタルアーカイブシステムが持つ機能について②	13:30〜14:15（45分）	岡本 明
	8	デジタルアーカイブに関わる法律について	著作権について文化庁裁定について	14:30〜16:00（90分）	原田 隆史
	9	まとめ、質疑		16:15〜17:30（75分）	山崎 博樹原田 隆史岡本 明
			講義時間計（9コマ）	11時間10分	

4-2　地域内の他機関のデジタル化資料と合わせた統合検索の提供

　この事例については秋田県立図書館、県立長野図書館、鳥取県立図書館等を紹介する。他機関の資料と図書館資料を同時に検索することにより地域の文化・芸術・歴史が簡単に複合して利用できる環境を提供している。例えば美術館の絵画と図書館の関連本、博物館の歴史物が同時に見ることができることは互いの資料価値を高めることに繋がる（図5）。

4-3　住民への地域資料広報、地域を知る機会の提供

　この事例としては秋田県公文書館デジタルアーカイブを紹介する。地域資料を広く公開し、地域住民の地域への興味を掻き立てる。デジタル化された地域資料を歴史講演会等で表示しながら解説する、デジタル資料からレプリ

 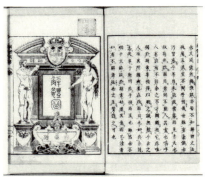

　　　　県立近代美術館　　　　　　　　　　県立図書館
図5　同じ画家(小田野 直武)の資料を違う機関で検索した例

カの作成を行い館内で展示を行っている。

4-4　他のアプリケーションとの連動

　事例としてStroly(https://stroly.com/ja/)を紹介する。このシステムを使うと古い地図と現在の地図を交互に連携して表示させることができる。全国各地の観光団体、自治体で街歩き等に活用している。これらにより、資料の価値を高め、住民の興味を高めることができる。

4-5　地域新聞の見出しテキスト化

　図書館内で所蔵する古い地域新聞を新聞社と協議してその見出しをテキスト化して公開している。図書館には過去の地域新聞記事を探す方が多いが、中央新聞と違いデータベースで簡単に探せないことがある。このデータベース化により、地域新聞の利用が促進される。

4-6　住民との協働

　この事例としては、地域の風景を古い写真と新しい写真を比較して提供し

図6　大阪府豊中市「北摂アーカイブス」の例

ている「北摂アーカイブス」を紹介する。現在の地域を知る資料を住民の協力を得て収集し、図書館所蔵する資料とリンクして提供する。フォトエディターと呼ばれる地域住民と共同して作成されていることも特徴である。このプロセスの中で住民が地域を知ることの促進につながる（図6）。

4-7　学校教育への活用

この事例としては、北広島市教育委員会の「郷土資料教材化事業」電子書籍版「小学校社会科副読本」を紹介する。紙と違って、変更が容易であり、印刷も必要ないため、地域内の児童生徒に継続して提供が可能になる各自治体で学校にタブレットやコンピュータが配布されつつあるが、地域のことを知るためのデジタル教材はまだ不十分であるため、図書館が中心となって子ども向けのデジタル資料を提供し、地域学習のサポートを行っている。

4-8　ビジネスへの活用

この事例としては大阪市立図書館でオープンデータの取り組みで実現され

ており、地域内の企業等様々な活用が行われている。様々な地域資料をオープンデータとして提供することにより、地域企業がそれをパッケージの一部や製品の広報活動、観光促進として活用が可能となっている。

5　おわりに

　筆者は30年前からデジタルアーカイブに取り組んできた。当時は、インターネットの黎明期であり、ひとつの画像を表示させるのに30分もかかることが普通であった。デジタルアーカイブという言葉も普及されておらず、電子図書館とかエレクトリックライブラリーと呼ばれていた。その後、電子図書館はもっと違う範囲を指す概念となり、現在はデジタルアーカイブという和製英語が一般的になっている。また、国や大学に限らず、地方自治体、民間企業、ボランティア団体がデジタルアーカイブに取り組むようになった。

　総務省や内閣府知的財産戦略本部でもガイドライン等が策定、公開され、デジタルアーカイブ学会が設立される等、日本国内でもようやくデジタルアーカイブへの機運が盛り上がってきたようだ。

　デジタルアーカイブの進展することで、文化の継承・保存、ビジネスの活性化、教育・研究活動への情報提供等、様々な効果が生まれる可能性がある。その事自体は、大変歓迎され、期待できることである。しかし、一方、本章で紹介したとおり、様々な課題や事情でデジタルアーカイブの利用が進まず、存続できずに消えたデジタルアーカイブもあることも事実である。費用や手間をかけてきたデジタルアーカイブが消滅することは社会にとっても大きなマイナスとなる。そのためにはデジタルアーカイブを出来るだけ長期的に継続する方法を学び、考えていかなければならない。

　デジタルアーカイブを守るための特効薬はない。組織の実情に合せた様々な準備、知識、調査、検討が必要であり、その必要性についての理解も未だ不十分と言える。特に外部との連携、協同、内部の協力は不可避であり、今後デジタルアーカイブも単独で成り立つものではなく、様々なシステムと連

携してより幅広い基盤とならなければならない。本章ではすべての課題や対策については紹介できなかったが、その一部については提言した。本章を通じて、デジタルアーカイブへの取り組みについて、少しでも関心を持っていただけたとしたら幸いである。

参考資料

国立国会図書館「国立国会図書館デジタル資料長期保存基本計画2021-2025」

「電子情報の長期利用保証に関する調査研究」(https://www.ndl.go.jp/jp/preservation/dlib/index.html)(最終アクセス：2024年1月30日)

岡本明(2016)「失敗に学ぶデジタルアーカイブ～アーカイブの運営のノウハウを共有する～」『専門図書館』(275), 2-8.

デジタルアーカイブジャパン推進委員会及び実務者検討委員会「デジタルアーカイブのための長期保存ガイドライン2020」(https://www.kantei.go.jp/jp/singi/titeki2/digitalarchive_suisiniinkai/pdf/guideline2020.pdf)(最終アクセス：2024年1月30日)

デジタルアーカイブジャパン推進委員会実務者検討委員会「「デジタルアーカイブ活動」のためのガイドライン 2023」(https://www.kantei.go.jp/jp/singi/titeki2/digitalarchive_suisiniinkai/pdf/guideline_2023.pdf)(最終アクセス：2024年11月22日)

内閣府知的財産戦略推進事務局(2023)「知的財産推進計画」(https://www.kantei.go.jp/jp/singi/titeki2/kettei/chizaikeikaku_kouteihyo2023.pdf)(最終アクセス：2024年11月20日)

柴山明寛(2022)「総論：デジタルアーカイブの消滅と救済」『デジタルアーカイブ学会誌』6(4).

山崎博樹(2022)「デジタルアーカイブの長期的な継続性を図るために、何をするべきか、5つの観点による提言」『デジタルアーカイブ学会誌』6(4).

蛭田廣一編(2021)『地域資料のアーカイブ戦略』日本図書館協会.

白川克・濱本佳史(2021)『システムを作らせる技術』日本経済新聞出版.

未来の図書館研究所編(2023)『図書館員の未来カリキュラム』青弓社.

中井万知子(2023)『夢見る「電子図書館」』郵研社.

知的資源イニシアティブ「デジタルアーカイブ講習会」(https://www.iri-net.org/wp-content/uploads/f59e644eee21812fc046941db089adec.pdf)(最終アクセス2024年1月30日)

第5章

国立国会図書館におけるデジタル資料の長期保存に関する取組

国立国会図書館電子情報部電子情報企画課
次世代システム開発研究室

1　はじめに

　近年、国立国会図書館(以下「NDL」という。)は、デジタル形式のコンテンツや資料(以下「デジタル資料」という。)を多く収集・所蔵するようになった。NDL は日本における唯一の納本図書館として、所蔵する資料を貴重な文化的遺産として保存し後世に残していくという役割を担っており、従来の紙資料だけではなくデジタル資料の長期保存(digital preservation)についても、先導的な役目を果たすことが求められている。本章では、NDL におけるデジタル資料の長期保存(本節において長期保存とは、長期にわたって利用を保証するための保存をいう。)について、特に、光ディスク、フロッピーディスク等の有形の媒体に情報を固定した電子出版物(以下「パッケージ系電子出版物」という。)に関する取組を中心に紹介する。

2　国立国会図書館におけるデジタル資料の収集・所蔵状況

　NDL は 2000 年から継続的に所蔵資料のデジタル化を進めてきたことに加え、同年には納本制度によりパッケージ系電子出版物の収集を開始した。さらに、インターネットの発展に対応して、2002 年からインターネット情

報を収集・保存する事業に取り組み、2010年には、国等の公的機関が発信するインターネット情報の制度的な収集・保存を開始した。2013年からは、民間で出版された無償かつDRM（技術的制限手段）のない電子書籍・電子雑誌等をオンライン資料収集制度により収集・保存しており、2023年からは有償又はDRMの付されている電子書籍・電子雑誌等についての収集も開始したところである。このように近年、NDLでは収集するデジタル資料の蓄積が急速に進んでいる。また、所蔵資料のデジタル化の成果物である画像データや音声データ（「デジタル化資料」と呼ぶ。）も大量に所蔵するようになってきた。

　現在、NDLが所蔵するデジタル資料は、主なものを挙げると次のとおりである。なお、調査の実施時期がそれぞれ異なる点にご留意いただきたい。

①パッケージ系電子出版物
　　光ディスク（CD、DVD、Bu-ray、MD等）約87万枚、磁気ディスク（FD、MO等）約1.2万枚等を所蔵している（2020年7月時点）。
②インターネット資料・オンライン資料
　　デジタル形式で収集されたウェブサイトは約25万件、電子書籍・電子雑誌、博士論文の電子データは約164万点にのぼる（2023年12月時点）。
③デジタル化資料等
　　資料デジタル化やマイグレーション（ここでは媒体変換を指す。詳細は7を参照）の成果物であるデジタルデータは約389万点、300テラバイト以上にのぼり、それらを収めた光ディスクが約18万枚以上ある（2024年1月時点）。

3　デジタル資料の特性と長期保存における課題

　NDLは、国立図書館として、国民の文化的財産・知的資源としての国内出版物を収集・保存し、後世に伝えるという役割から、所蔵する膨大なデジ

タル資料を永く保存するとともに、その長期的な利用も保証しなければならない。しかし、デジタル資料の長期保存においては、紙資料とは異なった、デジタル資料の特性を踏まえた保存・管理のための取組が必要である。

例えば、デジタル資料の長期保存には、次のような特性と課題がある。

①物理的な破損等に弱い

紙の資料と比べて情報が密集しており、微細な変形、破損、衝撃、汚損等によってデータ全体が読み取れなくなることがある。

②電子媒体の寿命が短い

媒体の長期的な物理的・化学的な安定性にはまだ不明な点も多いが、概して紙の資料と比べてその寿命は短いと見積もられている[1]。

③データの欠損に弱い

0と1が並んだビット列を、特定のファイルフォーマット規則にしたがってコンピュータが解釈するというデジタルデータの特性上、例えばフォーマット判定のための情報を格納した領域等、一部のデータが欠損するだけで、残りのデータ全体が利用不可能になることがありえる。

④データの書き換えが容易である

媒体によっては痕跡なく容易にデータを書き換えることができる。書き換え可能な媒体の場合、利用提供や職員による操作等の際に、意図しないデータの改変や削除が起こるリスクがある。十分に気をつけていてもOSが自動でシステム的なファイルを新たに作成したり、ウイルス対策ソフトが削除したりすることもある。

⑤利用環境の維持が必要である

記録媒体の再生装置(ハードウェア)だけでなく、データの利用に必要となるソフトウェアやそれが動作するOS等も維持しなければ、資料が実質的に利用できなくなることがある。

4 「国立国会図書館デジタル資料長期保存基本計画2021-2025」の概要

NDLは、2016年3月、所蔵するデジタル資料の長期保存に継続的・計画的に取り組むため、「国立国会図書館デジタル資料長期保存基本計画」を策定した。その後、2021年3月には後継計画として「国立国会図書館デジタル資料長期保存基本計画2021-2025」(以下「基本計画」)[2]を策定した。この基本計画に基づきNDLは、膨大なデジタル資料の長期保存を全館的な課題と位置付け、各部門が協力して各種の施策を進めている[3]。

基本計画の構成は表1のとおりである。以下、計画の要点をかいつまんで解説する。

表1　基本計画の構成

項番	見出し	主な内容
1	背景	基本計画の策定に至る、デジタル資料の収集や長期保存をめぐる課題等の背景
2	本計画の位置付け	他計画との関係、計画期間等
3	目的	基本計画が目指す、国立図書館としての役割・使命等
4	対象資料	基本計画の対象とする資料群の明示
5	基本方針	長期保存に係る基本的な考え方や優先順位等
6	保存対策	具体的な施策の内容
7	技術的調査研究	調査研究を行う対象技術について
8	連携・協力及び人材育成	関連会議への出席、関係機関との情報共有等
9	進捗管理等	計画の実施体制等

「4 対象資料」では、基本計画の対象となるデジタル資料として、①パッケージ系電子出版物、②インターネット資料・オンライン資料、及び③デジタル化資料等、の3種類を定めている。すなわち、納本されたパッケージ系電子出版物だけでなく、NDLが収集したウェブサイトや電子書籍、さらには紙資料等のデジタル化に伴って作成されたデジタルデータも、本計画の対象としている。

「5 基本方針」では、長期保存の取組を組織全体として進めることを最初に示した上で、基本的な方針を7項目にわたって定めている。特に、保存対策を行う資料の優先順位付けについては、①再生環境の陳腐化並びに媒体の脆弱性及び劣化状況に応じた保存の緊急性、②資料の唯一性・希少性、③長期保存への社会的ニーズ、④保存のための対策手段の確立状況及び対策に要するコスト、の4つの基準をもとに総合的に判断する方針を明確に打ち出している。さらに、この判断基準に基づき、まずはパッケージ系電子出版物について優先的に保存対策を実施することとしている。

「6 保存対策」では、NDLが具体的に行うべき保存対策について、次の9項目を挙げている。

① 資料の状態検査
② メタデータの整備
③ 適切なファイルフォーマットの選択
④ マイグレーション等の実施
⑤ 保存環境の整備
⑥ 再生環境の維持
⑦ 対策後の利用環境等の整備
⑧ 原資料等の保存環境の維持
⑨ 長期保存の必要性及び各種情報の周知

長期保存の各種施策は技術的側面が強い取組であり、国際的な技術動向のフォローも欠かせない。そのため、上記の具体的な保存対策の実施とは別に、「7 技術的調査研究」では、長期保存のための技術研究や、海外動向も含めた調査も併せて継続的に行うことを定めている。

以下、この基本計画に基づきNDLが進めているデジタル資料の具体的な保存対策について、最近の取組を中心に紹介していきたい。

5　光ディスクの状態検査

　ひと口にデジタル資料の長期保存といっても、NDLは膨大な数を所蔵するため、どこから手を付けるべきか、まずは対象資料に当たりをつけていく必要がある。資料の状態検査はその有効な手段の一つである。特に、2の①で紹介したパッケージ系電子出版物のうち、NDLが最も多く所蔵する光ディスクについては、資料の状態を正確に把握することが、マイグレーション作業の優先順位の決定や、保存環境の整備に資することになる。

5-1　光ディスクの状態検査の手法

　光ディスクに関しては、JIS Z6017（電子化文書の長期保存方法）、JIS X6257（長期データ保存用光ディスクの品質判別方法及び長期保存システムの運用方法）等で、状態の検査手法が規格化されている。この検査手法は、光ディスクを読み取った際に生じたエラー数を測定するというものである。光ディスクは、データの読み取り時にある程度誤りがあってもそれが訂正できるように、誤り訂正符号を用いてデジタルデータを記録しており、ここでいうエラー数とは、この誤り訂正の際に検知されたエラーの数のことを指す。ディスクの変形、記録面の劣化、傷といった光ディスクの読み取りの際の様々な障害要因は基本的にはこのエラー数に反映されるため、この値をもとにすれば、媒体の劣化状況を総合的に判別することが可能である（ただし、上記の状態検査を規格に則った形で行うためには、専用の機器が必要となる。2021年時点で市場に存在していた機器のリストは後述する表3記載の2021年度「光ディスクの状態検査の手法に係る調査」報告書に記載しているが、追記型、書換型のディスクだけでなく再生専用型のディスクまで検査可能な機器は、2023年度現在、新規の入手が難しい）。

5-2　光ディスクの状態検査の実施

　2018年度、このエラー値による検査手法を用いて、所蔵する光ディスク

のサンプル調査を行った。調査の結果、またその後の有識者へのヒアリング及び文献調査の結果からは、基本的にCD-ROMやDVD-ROM等の再生専用型光ディスクは、NDLの書庫のように温湿度の管理された環境であれば品質劣化が進行しにくいと考えられること、一方で、追記型・書換型のディスクすなわちCD-R/RW、DVD-R/RWについては、再生専用型光ディスクとは劣化傾向が異なる可能性があることが確認できた(実際にDVD-R等ではより大きなエラー数を示すディスクが比較的多く発見された)。もっとも、NDLの所蔵する光ディスクの本格的な状態検査はこれがほぼ初めての試みであったため、確認されたエラーが経年劣化によるものなのか、元々そうだったのかについては、未だ十分な情報は得られていない。

　また、2の③で紹介したデジタル化資料のデジタルデータを格納した大量の光ディスクについても、状態検査を実施している。現在、次節に述べるとおり、デジタル化資料のデジタルデータの媒体移行作業を進めている。その作業の優先順位策定のため、デジタル化の実施時期や作業者ごとの傾向を把握できるロット単位でサンプリングしたディスクについて上記と同様の状態検査を実施し、調査対象の中で高いエラー値を示したロットのディスクを優先して媒体変換している。

6　デジタル化資料等の保存環境の整備

　従来、NDLにおけるデジタル化資料(2③)の保存においては、次のような課題があった。

- 保存用データ(可逆圧縮の画像データ)は基本的に光ディスクに収め、図書館資料として書庫で保存していたが、その維持・管理に高いコストを要すること
- 保存用データを格納した光ディスクのサンプル調査の結果、基準値以上のエラー値を示したディスクがあり対応が必要と判定されたが、膨大な

枚数（18万枚以上）に上るため、悉皆的な状態検査が困難であること
・資料デジタル化作業の外注に際して、納品媒体を光ディスクとしていることがコスト増の要因の一つになっていること

　こうした課題を踏まえ、2022年度以降は原則として次のような取扱いとすることを定めた。まず、デジタル化資料の保存用データ（非可逆圧縮である提供用データと比べ、データサイズは約20倍に上る）については、格納媒体として従来の光ディスクやハードディスクから、大容量の磁気テープ媒体であるLTO（Linear Tape-Open）に移行することとした。パッケージ系電子出版物からマイグレーションしたデータについては、利用者に閲覧させるための提供用データとしても用いることから、デジタル化資料の提供用データやインターネット資料・オンライン資料（2②）と同様に、パブリッククラウドサービスのストレージ（以下「クラウド」）及びハードディスクに二重に登録して保存することとした[4]。

　現在、デジタル化資料の保存用データについては、コスト等を総合的に勘案し、LTOへの移行を開始している。2021年度から職員による試験的な移行作業を実施し、技術的な検証を行った。さらに、関西館で保存している、デジタル化資料の保存用データを収めた既存の光ディスクについて、順次、LTOへのデータ移行を進めている。なお、LTOは定期的に規格のバージョンアップが行われるが、後方互換性に一定の限界がある[5]。そのため、今後、規格のバージョンアップに応じて、古いLTOから新しいLTOへの媒体変換も適宜実施していく想定である。

7　パッケージ系電子出版物のマイグレーションの実施

　マイグレーションとは、電子媒体に記録されたデジタルデータを複製し、より安全な媒体に移行することをいう。ただし、厳密にはマイグレーションという言葉は、データの電子媒体からの単純な複製だけでなく、陳腐化した

ファイルフォーマットからの変換作業も意味する。現状NDLでは後者の意味でのマイグレーションはあまり実施していないため、本章では単純な複製による媒体変換を指すこととする[6]。マイグレーション作業の主目的は、あくまで長期保存のために、不安定な媒体からデータを救い出すことにあるが、同時に、もともと別々の媒体に記録されていたデータを共通の一元的な保存システムに移行することによって、利用に当たっての資料の出納作業にかかる時間が軽減できる等、無視できない利点があると考える。

7-1　媒体ごとに進めるマイグレーションの実施状況

NDLは、保存対策を行う資料群の優先順位付けのため、基本計画「5 基本方針」(第4節を参照)で掲げた「再生環境の陳腐化並びに媒体の脆弱性及び劣化状況に応じた保存の緊急性」の基準に鑑み、媒体として不安定であり、かつ、マイグレーションの技術的方法が確立している資料群から優先的にマイグレーションを実施することとした。具体的には、USBメモリ、書換型光ディスク、MOディスク、MD、フロッピーディスク(以下「FD」)について、他の資料群に先んじてマイグレーションを開始した。これらの媒体で主に共通する懸念としては、媒体が容易に書き換え可能であることが特筆される。また、MOディスク、MD、FDに共通する課題としては、すでに再生機器の入手が難しくなっていることが挙げられる。

USBメモリ、MOディスク、書換型光ディスクの媒体のマイグレーションは、Windowsのエクスプローラで行う場合と同様の単純なコピー(ファイル複製)で実施した。コピー作業時には、その品質担保のためコピーした前後のハッシュ(任意のデジタルデータから別の固定長の値を生成する関数や、その生成された値のこと。)[7]の比較を行っている。単純なファイルコピーを手法として選定した理由は、上記メディアの資料は官公庁の報告書や学会の論文集等が主であり、基本的には単なるファイルの格納媒体として用いられていることが多いことと、比較的早い時期に作業を開始したため、後述のイメージ化等に関する知見がまだあまり蓄積されていなかったことによる。

158 ──── 第2部　組織における長期保存の実践

2019年度に開始したFDのマイグレーション作業からは、データの単純な
コピーではなく、イメージ化を行う方針とした。イメージ化とは、電子媒体
全体のビット列を、個々のファイルに切り分けたりせずそのまま忠実に取
り出したうえで、イメージファイルと呼ばれる1つのファイルとして保存す
ることである。FDのイメージファイルは専用のツールがないと利用できな
い場合が大半であるが、それでもイメージ化を行った理由は、USBメモリ
等の媒体と比べて、FDは刊行年代が古いため現在の端末で普通に読めるよ
うなファイルを格納している資料がごく一部にとどまり、ファイルを認識
すらしない媒体も多々見られたため、単なるコピーによる複製では十分で
はないと判断したからである。その後、FDデータの保存のためのデバイス
Pauline（ポリーヌ）[8]を2021年度に導入したことで、FDのマイグレーション
の実施が加速した。Paulineを用いることで、より詳細な、ビット列になる
前の信号のレベルでのデータ取得が行えるようになった。現在はイメージ化
とPaulineを用いた詳細なデータ取得を使い分ける形としている。Paulineの
導入により、これまでは作業できなかった5.25インチFDのマイグレーショ
ンも可能となった。PaulineやKryoFlux[9]等、FDの保存のための既存のデバ
イス及びマイグレーション手法についての詳細や、具体的な作業マニュアル
等については、表3にある2022年度の「フロッピーディスクの長期保存対策
に関する調査」報告書を参照されたい。
　これらの媒体についての2022年度末時点におけるマイグレーションの実
施状況は表2のとおりである。
　2023年度には、上記の媒体のマイグレーションが概ね完了したため、
2000年までに刊行された光ディスク（図書の付属資料及び光ディスク自体が
本体である機械可読資料）合計約1.5万枚を主たる対象としてマイグレーショ
ンを進めている。手法としては、USBメモリのようにファイルを単純にコ
ピーする方法と、FDのようにイメージ化する方法を、資料によって使い分
けている。例えば、CDについて、Windowsで認識できないファイルシステ
ムを含む、音声トラックを含む、単純な複製ではエラーが出る、といった場

表2　2022年度までのマイグレーション実施状況[10]

媒体種別	所蔵数	2022年度までの実施数	備考
USBメモリ	600	505	未実施の100点弱は、USBプロテクトキー等マイグレーション不可能なもの。
MO	36	36	
書換型光ディスク	1,000	385	書換型光ディスクの所蔵数はサンプル調査からの推計。
MD	1,177	144	未実施分は音楽CD等と重複するタイトル。
FD	12,400	11,371	未実施分も順次マイグレーションする予定。
カード型CD	95	90	未実施分はデータの取り出しができなかった資料。

合についてはイメージ化することとしている。

7-2　マイグレーションの実施から見えてきたこと

　デジタル資料の長期保存においては、媒体の脆弱性や寿命といった問題が注目されることが多い。しかし、これまでマイグレーション作業等を進めてきた結果、それまで想定していなかったことも判明してきたので、その知見をここで共有させていただく。

　3の①で述べたように、電子媒体は、紙の資料と比べて情報が密集しており、紙の資料では問題ないような微細な変形、破損、衝撃、汚損等によって全体のデータが読み取れなくなることがある。このようなデジタル資料は実際にマイグレーションの過程で見られた。特に多かった例として、FDの変形と光ディスクの汚れがあった（図1・図2）。

　図1の3.5インチFDは、ケース（シェルとも。磁気記録円盤を格納したプラスチック製のカバー）にわずかに反りがあり、おそらくはこれが原因でデータ読取エラーが発生したと考えられる。

　なお、FDの国内での劣化原因としてよく知られる例としては盤面のカビ被害があるが、NDLでの作業において盤面に目視でカビが確認された例はほぼなかった。

160 ──── 第2部　組織における長期保存の実践

図1　歪みのある3.5インチFD

　図2は図書の付録CDである。この資料は、CDが格納されていたビニールが盤面に付着してしまっていたため、ドライブに読み込んでもCDを認識せず、データが全く読み出せない状態となっている。ただし、この資料については盤面の付着物を除去すれば読み出しができることを期待できるため、現在その方法を検討しているところである。

　なお、NDLは現在まで1万枚以上の光ディスクについてマイグレーション作業を行っているが、内部の記録面そのものが変色・脱落するといった、純粋な経年劣化とみなせる例については、幸いまだ確認されていない。

図2　盤面に汚れがあるCD

第5章　国立国会図書館におけるデジタル資料の長期保存に関する取組｜国立国会図書館————161

8　技術的調査研究

　これまで、基本計画に沿って進めてきた具体的なデジタル資料の保存対策について紹介してきた。これらの取組は、長年、NDLが調査研究を行ってきた成果の反映でもある。本節では、2016年以降実施してきた調査研究の概要と、その中でも、最近特に力を入れているエミュレーションに関する調査研究の内容を紹介する。

8-1　これまでのNDLにおける調査研究の概要

　NDLはデジタル資料の長期保存のための調査研究活動を2002年度から継続的に実施しており、NDLウェブサイトの「電子情報の長期利用保証に関する調査研究」のページで各年度の調査報告書を公開している[11]。現在公開している近年の主な成果は、表3のとおりである。

　このうち、2021年度に実施した「デジタル資料の長期保存に関する国内機関実態調査」については、本書収載のコラム「日本における長期保存の課題——2021年度国内実態調査から見えてきたこと」で詳しく紹介しているので、そちらを参照いただきたい。

8-2 エミュレーションに関する技術調査

　前節7でパッケージ系電子出版物のマイグレーションの取組を紹介したが、それらのデータを再生・利用できるようにするためには、データの利用環境を維持する必要がある。そして、その利用環境の維持のためには、さらに特定のソフトウェアが、そのためにはOSが…となるため、最終的には特定の機種のコンピュータの維持が必要となってしまう。しかし、これは現実的には極めて困難である。その困難をある程度緩和できる技術が、エミュレーションである。エミュレーションとは、「ある特定の電子資料あるいはソフトウェアを、設計が異なるコンピュータ環境でも再生できるようにすること」[12]をいう。例えば、この技術を用いれば、現在の64bitのWindows 11端

162 ————　第2部　組織における長期保存の実践

表3　NDLが近年実施したデジタル資料の長期保存に係る主な調査

実施年度	実施した調査	概要
2022	フロッピーディスクの長期保存対策に関する調査	デジタル資料の中でも劣化リスクの高いFDの保存に関する基礎知識、マイグレーションの技術的動向、手法・手順、マイグレーション成果物の利用環境の構築手法等についての調査
2021	デジタル資料の長期保存に関する国内機関実態調査	国内の図書館、博物館・美術館、公文書館等2,921機関から回答を得た、長期保存に係る大規模調査（アンケート及び一部機関へのインタビュー）の報告
	光ディスクの状態検査の手法に係る調査	光ディスクの媒体種別（ROM、R、RW等）の判別や状態検査の手法についての技術調査
2020	電子情報の長期保存におけるエミュレーション技術の利用に関する調査	旧式環境のためのデジタル資料の再生環境を現在の環境上に再現するエミュレーション技術についての技術調査及び海外機関の取組等についての調査
2019	電子情報の長期保存対策に係る調査	長期保存の最新動向の把握のための、文献調査、海外機関へのアンケート及びインタビュー調査
2018〜2019	光ディスクを対象とした媒体劣化状況分析調査	NDLが所蔵するCD及びDVDの劣化状況分析調査
2017	国立国会図書館パッケージ系電子出版物を対象とした長期保存対策調査	USBメモリ、MO、CD/DVD等のマイグレーション手法の調査と保存メタデータの検討
2016	恒久的保存基盤の構築に向けた技術調査	デジタル資料への長期アクセスを保証する恒久的保存基盤の構築にあたって必要と想定される技術要素についての海外の研究動向調査

末の中で動作する1つのソフトウェアとして、32bitのWindows 98を動作させる、といったことが可能となる。この、エミュレーションを可能とするソフトウェアのことを、エミュレータと呼ぶ。

　表3に示したNDL調査のうち、エミュレーション技術に関係する2020年度と2022年度の調査について以下紹介する。

　2020年度は、用語の定義、一般的な作業手順、関連する事項等のエミュレーション技術に関する基本的な事項の調査と、現在利用可能なエミュレータ、世界の図書館等での利用例等を調査した。

　そのような試みの中で特に目立つものとして、Webブラウザを用いた

エミュレーション環境の提供がある。従来エミュレータは、個別にOS内のアプリケーションとして立ち上げることが多く、利用にあたっては多少専門的な知識が必要であったが、あらかじめ設定した環境を自動で準備し、資料の検索画面からシームレスに遷移することを可能とすることで、ユーザがそのような苦労をすることから解放される。代表的な例としては、Internet Archiveの取組[13]や、イェール大学図書館がOpenSLXやSoftware Preservation Network等の協力の下で運用しているEaaSI(Emulation as a Service Infrastructure)[14]がある[15]。

　2022年度は、FDの長期保存に関する調査の一環として、FDのマイグレーション成果物をどのように利用するか、という観点からエミュレーション技術について調査した。2022年度の調査では、資料本体の情報から確認できた当館所蔵FDの利用環境をリストアップし、その環境の入手難易度の評価を行った。また、リストアップした環境のうち優先度が高いもののサンプルを抽出し、実際にエミュレータを用いて動作を検証した。

9　連携・協力及び人材育成

　長期保存は一つの機関のみで完結するものではない。他機関の取組についての調査、最新の学術成果のフォローや各種標準等の国際的な動向への目配りに加え、機関同士の情報交換や技術協力といった横の連携を積極的に行うことが望ましい。NDLは、iPRES(電子情報保存に関する国際学術会議)[16]への毎年の参加や、担当者レベルでの機関を超えた勉強会の実施等、外部との情報共有・連携に努めている。前節8-1で紹介した技術的研究の各種調査報告書をウェブ上で公開しているのは、この一環でもある。

　2023年2月、NDLは、これまで紹介してきたデジタル資料の長期保存に関する取組の知見をさらにわかりやすく共有できるよう、研修教材として「デジタル資料の長期保存に関する基礎知識」を作成し、図書館員向けの遠隔研修として公開した[17]。内容は、記録メディアの特性の違いやそれらの保

存に当たっての課題、デジタル資料の保存方針・計画から保存システムまで関連する情報を紹介している。この図書館員向け遠隔研修のページ[18]には、「資料デジタル化の基礎」や「デジタル化資料の権利処理と利活用」といった研修教材もあるので、一度ご覧いただきたい。

10　おわりに

本章では、NDLにおけるデジタル長期保存の具体的な取組について、特に基本計画とパッケージ系電子出版物の保存対策を中心に紹介した。すでに述べたことではあるが、NDLの今後の課題としては、第一に数量の問題がある。所蔵する膨大なデジタル資料の劣化・陳腐化が絶えず進行する一方、有限のリソースで保存対策を行わなければならないため、優先順位を適切に定め、着実かつスピーディに取組を進める必要がある。次に、マイグレーションによって保全したデジタルデータをどのように利用提供できるかという点も重要である。エミュレーションの項で述べたように、技術的な課題をクリアしつつ利用提供環境を整備していくことが求められている。

今後も、NDLの所蔵資料の保存対策を引き続き進めるとともに、国の唯一の納本図書館として、デジタル資料の長期保存に関する啓発に努め、国内機関における長期保存への機運も併せて高めていければと考えている。

注

1)　例えばカナダのCanadian Conservation Institutionの調査によると、記録層に金を用いた特殊なCD-R等では100年を超える寿命を持つものがあるものの、一般的な読取専用のCDは50年から100年程度、読取専用DVDの場合は10年から20年程度、DVD-RW等については5年から10年程度が寿命であるとしている。

　　　Canadian Conservation Institution (2020) Longevity of Recordable CDs, DVDs and Blu-rays　── Canadian Conservation Institute (CCI) Notes 19/1（https://www.canada.ca/en/conservation-institute/services/conservation-preservation-publications/canadian-conservation-institute-notes/longevity-recordable-cds-dvds.html）（最終アクセス：2024年3月31日）

2)　国立国会図書館(2021)「国立国会図書館デジタル資料長期保存基本計画 2021-2025」(https://www.ndl.go.jp/jp/preservation/dlib/pdf/NDLdigitalpreseravation_ basicplan2021-2025.pdf)(最終アクセス：2024年3月31日)

3)　現在の基本計画も、2025年度以降は必要に応じ改訂を行うものとしている。

4)　ただし、パッケージ系電子出版物からのマイグレーションデータは、資料によっては光ディスク等の媒体を作成して利用に供する場合もある。

5)　LTO Generation Compatibility Details(LTO Ultrium)(https://www.lto.org/lto-generation-compatibility/)(最終アクセス：2024年3月31日)

6)　ただし、MDのマイグレーション作業においては、MD内でのデータ格納方式に近いと思われるATRAC形式ではなく、より汎用性の高いWAVE形式で音声を抽出するといったフォーマット変換も外部委託にて実施している。

7)　ハッシュは元のデジタルデータが1ビットでも異なると違う値が生成される性質を持つため、受入時点のデータをもとにこの値を計算しておき、その後同じハッシュ関数で再計算した際に値が異なっていれば、どこかの時点でデータに変更があったことがわかる。ただし、ほとんどの場合、変更箇所の特定や訂正まではできない。

8)　ルドン・ジョゼフ(2020)「フロッピーディスク保存の新デバイス「ポリーヌ」について」(https://current.ndl.go.jp/e2294)(最終アクセス：2024年3月31日)

9)　KryoFlux Products & Services Ltd.(https://kryoflux.com/)(最終アクセス：2024年3月31日)

10)　その他、SDカード、スマートメディア、書換型でないCD・DVDについても作業を実施済であるが、数量が少なかったり、2022年度時点では試行的な作業であったりするため、表からは除いている。

11)　国立国会図書館「電子情報の長期利用保証に関する調査研究」(https://www.ndl.go.jp/jp/preservation/dlib/research.html)(最終アクセス：2024年3月31日)

12)　日本図書館情報学会用語辞典編集委員会編(2020)「エミュレーション」『図書館情報学用語辞典 第5版』丸善出版, 20.

13)　MS-DOS用、Windows3.1用、Macintosh用のゲームを中心としたソフトウェアを、インターネットからWebブラウザ上で利用可能。

　　　The Internet Archive Software Collection(https://archive.org/details/software)(最終アクセス：2024年3月31日)

14)　EaaSI(https://www.eaasi.info/)(最終アクセス：2024年3月31日)

15)　Internet ArchiveがWebブラウザ上で動作するエミュレータを用いてユーザのクライアント端末上にエミュレーション環境を用意しているのに対し、EaaSIは、サー

バ側に作成したエミュレーション環境の画面をユーザのブラウザに転送するという方式を取っており、実現の方式は両者で大きく異なる。

16) International Conference on Digital Preservation（https://ipres-conference.org/）（最終アクセス：2024年3月31日）

17) 国立国会図書館（2023）「デジタル資料の長期保存に関する基礎知識」（https://www.ndl.go.jp/jp/library/training/remote/digitalpreseravation.html）（最終アクセス：2024年3月31日）

18) 国立国会図書館「遠隔研修のページ」（https://www.ndl.go.jp/jp/library/training/remote/index.html）（最終アクセス：2024年3月31日）

第6章

文化財デジタルデータの
長期保存と管理

高田祐一

1　なぜ文化財デジタルデータを残すのか

　地域の方々、学芸員、司書、文化財行政専門職、研究者など文化財に関わる人たちは文化財を未来に継承するために活動している。それは文化財の未来への継承が文化の多様性を保ち、地域のアイデンティティの核になる面があるからである。その文化財は、様々なカタチがある。有形／無形、動産／不動産、小さなモノから地区全体を範囲とするもの等、多様である。さらに経時的変化、災害によるダメージ、調査による影響などにより、一定の形質を保たない。そして、文化財に関わる人たちは「価値」（金銭的価値ではない）の評価、劣化状況の現状把握などのために、調査し記録を残す。文化財の価値の一つにその由来があり、しっかりとドキュメント化しておくことが必要である。埋蔵文化財においては、遺跡の発掘調査は不可逆的な行為であり、現状を変更することになるため、調査成果となる記録は非常に重要なものである。文化財そのものとともに、付随する記録類も一緒に継承していく必要がある。

　その記録類について、以前は紙媒体の図面類、写真はフィルムなど物理的な媒体であった。物理的媒体である以上、保管環境にさえ配慮すればある程度の期間の保存が可能であった。しかし現代はデジタル時代である。デジタ

168 ───── 第2部　組織における長期保存の実践

ルカメラを始め調査に使う機器類はデジタル化されている。原稿執筆にはパソコンを使用し、刊行物の作成はDTP（Desk Top Publishing）である。文化財に関わる記録類がデジタルデータとなっているのである。周知のとおりデジタルデータは、配慮しなければ簡単に消失する。文化財に関わる記録類のデータが消失した場合、当該文化財に関する「価値」にも影響し、将来にわたって文化の一部を失うことにもなる。よって、文化財そのものの保護とともに文化財デジタルデータの保護にも同等に対応していく必要があると言える。

　文化財といっても前述の通り非常に幅が広い。文化財を対象とする営みも、地域住民としての営み、学術的調査研究、文化財行政としての措置など様々である。記録についてもアナログ的、デジタル的手法が混在している。そのため文化財デジタルデータの長期保管には、技術的課題、制度的課題、文化財分野特有の課題があり、一概に論じることは難しい。そのため、本章においては筆者の活動分野である埋蔵文化財行政を中心にした内容が多くなるがご寛恕願いたい。

2　文化財デジタルデータとは

2-1　文化財デジタルデータの範囲

　文化財に関わる記録類は主に調査時に生成される。調査には対象とする文化財、調査目的や、調査の工程などによって機材が使い分けられる。文化財そのものをデジタル化する際には図1[1)]のように、特性に合わせて機材選択がなされる。当然、アウトプットとなるデータ形式も異なる。調査時においては、すべての中間生成物が長期保管対象となる。調査成果を取りまとめる際には、図化や図の仕上げのためのリソースの制限や紙面的都合のためすべての記録を掲載することはできず、取捨選択して画像などを掲載する。しかしそれは調査者による都合であり、すべての記録は本来的に公開対象である。実際にはすべてを公開できないため、多くの機関は掲載しなかった資料記録

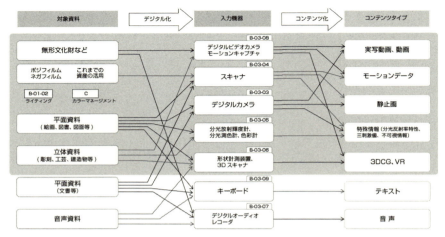

図1　デジタル化の工程（東京大学大学院情報学環・凸版印刷株式会社「共同研究プロジェクト デジタル化に関するハンドブック」(https://www.center.iii.u-tokyo.ac.jp/publications/handbook/(最終アクセス：2024年1月10日))

も保管している。利用者側からの視点では、報告書等によって公開された記録のみが利用可能である。この記録がいかに多く長期保管されアクセスできるかによって、未来の二次利用によるアウトプットの量や質にもかかわってくる（図2）。この量と質の如何によって社会の文化的豊かさにも繋がるといえる。

2-2　データ長期保管への課題

文化財を未来へ継承していくことは、永久的あるいは超長期的なスパンで対応を考えていくことでもあるため、社会に普及した技術との一定のタイムラグは生じうる。記録類の保管方針について、保守的にアナログを主体にならざるをえないのは理解できる。一方、社会全般にデジタル化が浸透している以上、文化財分野の思惑とは関係なく否が応でもデジタル化に向き合わざるをえない状況があり、デジタル化に適切に対応しなければ、逆に記録類が失われていくという状況になった。そこで文化庁は2016年5月からデジタル

Hierarchy Of Visual Understanding?
Just playing. Something in this?

考古学におけるアウトプットの階層
（対比試案）

increasing organisation
increasing meaning(?)
組織化
意味の増加 (?)

応用された知識　wisdom　叡智　　　???　＝単　著（monograph）
APPLIED KNOWLEDGE
books, paradigms, systems,
churches, philosophies
schools of thought, poetry,
belief systems, traditions,
principles, truths
weave, embody, discriminate, synthesize

knowledge　知識　　　mapping　＝論　文（research paper）
組織化された情報　ORGANIZED INFORMATION
chapters, theories, axioms,
conceptual frameworks, complex stories
facts
structure, interpret, evaluate, desconstruct

information　情報　　　design　＝報告書（report）
つなぎ合わされた要素　LINKED ELEMENTS
sentences, paragraphs, equations, concepts, ideas,
questions, simple stories
contextualise, compare, converse, connect, filter, prioritise, order, frame

data　データ　　　visualization　＝調査記録（research data）
離散的（断片的）要素　DISCRETE ELEMENTS
words, numbers, code, tables, databases
categorise, calculate, collate, quantify, collect

David McCandless // v 0.1 // work in progress
InformationIsBeautiful.net

図2　情報科学における「可視化の階層」と考古学におけるアウトプット（野口淳（2020）「発掘調査報告書とデータの公開利用　−「記録保存」と情報のフロー、再現性・再利用性−」『デジタル技術による文化財情報の記録と利活用2　オープンサイエンス・データ長期保管・知的財産権・GIS（奈良文化財研究所研究報告24）

技術の導入について検討し、『埋蔵文化財保護行政におけるデジタル技術の導入について』（報告）1〜3を取りまとめた[2]。その報告1では必要な環境整備として下記を掲げた。

①埋蔵文化財の記録として必要な情報を取得できる精度を持った機材の確保
②大容量データを取扱うことができるパソコン等の機器と、必要なソフトウェア（画像加工ソフト等）の確保
③デジタルデータを適切に取扱うことができる人員の配置と育成

第6章　文化財デジタルデータの長期保存と管理｜高田

④デジタルデータを長期保存するためのシステムの構築
⑤将来的なデータの増加やシステムメンテナンスを見越した予算措置

　基本的な考え方を示すものであるが、地方公共団体や調査組織においては、技術的問題のみならず予算および体制に及ぼす影響が大きい。この5点に適切に対応するには文化財分野特有の事情を考慮する必要がある。対象文化財の幅の広さ、調査から公開活用までの工程の多さ、行政の予算単年度主義によるシステム保守費確保の影響、担当者の人事異動による継続性への影響、デジタルリテラシー向上のための組織的リカレント教育の不足、組織間での情報引継ぎ等々、課題は多い。
　このような課題は、世界共通である。下記のイギリスのニューアム博物館の事例は示唆に富む[3]（図3）。

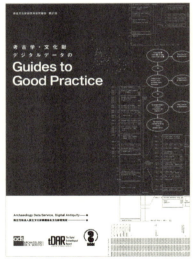

図3　『考古学・文化財デジタルデータのGuides to Good Practice』（奈良文化財研究所刊行）

　ニューアム博物館考古学サービスはデジタルデータを大量に保有していましたが、1998年にサービスを閉鎖した際、データの適切な管理・保

存体制が整っていなかったために問題が発生しました。データの多く
は、古いファイル形式や専用ソフトウェアで保存されていました。その
ため、現在のコンピュータシステムでは読み取ることができず、約10
～15％のデータにアクセスできなくなってしまいました。さらに、プロ
ジェクトとデータの対応関係の文書化が不十分であったため、残った
データを再利用できるかどうかも分からない状況になりました。この
ケースから分かるように、当時のデジタルデータは、長期保存の視点が
欠如していました。ファイル形式の陳腐化対策が講じられておらず、メ
タデータの記録も不十分でした。考古学分野に限らず、デジタルデータ
の恒久的な保存と利活用の重要性が広く認識されていなかった結果とも
言えます。ニューアム博物館のデジタルアーカイブは、デジタル情報資
源の適切な保存と管理体制の欠如が、重要なデータの喪失につながるリ
スクがあることを物語る、教訓的な事例と言えるでしょう。

アメリカのソイル・システムズ（SSI）社の事例も示す[4]。

ソイル・システムズ（SSI）社は20年以上にわたり、アメリカ南西部で
大規模な考古学プロジェクトを実施してきた民間調査組織でした。SSI
社が2008年に廃業するまで、プエブロ・グランデ遺跡をはじめ、多数
のプロジェクトで得られたデジタルデータを蓄積していました。しか
し、廃業に伴いこれらのデータが適切に保存される体制が整わず、100
以上の考古学プロジェクトのデジタルデータが失われる危機に直面し
ました。その理由は、1）旧式の独自ファイル形式でデータが保存され
ていた、2）データがローカルサーバーに集中していた、3）データを適
切なリポジトリに移行するリソースが不足していた、ことにありまし
た。SSI社のデータ救出プロジェクトでは、サーバーからデータを復旧
し、長期保存用の標準フォーマットに移行する作業が行われています。
このケースは、各組織の考古学データが抱える共通の課題を示してい

す。旧式フォーマット、社内システムへの集中、保存体制の不備などにより、重要なデジタルデータが次々と失われる恐れがあるということです。

　デジタルデータの恒久的な保存と利活用の重要性を認識し、組織として適切な対策を講じることが求められる。そのためには組織の廃業や担当者の交代など、環境変化に伴うデータ喪失のリスクに備え、データ管理体制を整備することが重要である。そして、デジタルデータの長期保存には、標準的なファイル形式への変換とメタデータの適切な記録が不可欠である。

2-3　人材育成

　文化財デジタルデータの整理・保管は、第一義的に所管の文化財専門家が担当することが望ましい。文化財は定性データが多く体系的な整理には担当者でなければ難しい。そして調査をしながらデータ整理をする必要があるためである。またデータの長期保管には、組織カルチャー、体制、予算状況、メンバーの志向などが強く影響する。データ保管ポリシー、使用機器の選定など担当者が自らの環境に合わせて計画や構成を組み立てる必要がある。

　これまでの専門家は文化財の幅広い知識に加え、特定の専門領域を深めることが求められた。これからの専門家は、それに加えデータを扱うコンピュータスキルが求められる[5]（図4）。文化庁は、2017 年から 2019 年にデジタル報告1〜3を作成し考え方を示したが、実践的で具体的な方策については継続的な検討が必要である。例えば全国埋蔵文化財法人連絡協議会による文化庁への要望において次のことが申し入れられている[6]。

　　四　デジタル環境の標準化を統一的に進める施策について　デジタル技術の導入に関する指針に基づき、機器・ソフト等の環境整備や技能修得、データの適正な管理・保管が必要となるため、都道府県に対し、デジタル化に向けた具体的な検討を行い、法人運営に必要な支援を積極的

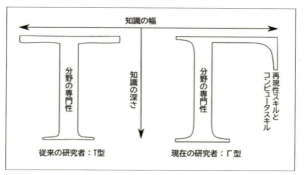

図4　これからの専門家モデル

に行うよう助言を願いたいこと。また、デジタル化に伴う技能修得にあたっては実効性のある研修の実施を願いたいこと。

　これらの動きのなか、奈良文化財研究所文化財情報研究室では、文化財担当者向けの研修として「文化財デジタルアーカイブ課程」を開講している。デジタル技術を用いて、調査記録類（画像含む）および報告書のデジタル化や文化財コンテンツの公開活用を行うための必要な知識やスキルを習得するための研修であり、コンテンツのデータベース公開、オープンデータ化、著作権などの知的財産権も扱っている。文化財デジタルアーカイブ課程は、全体動向として行政的位置づけを確認したうえで、4観点で構成している（図5）。

①使うため／残すために電子化する。電子データがないことには始まらないため、電子化について学ぶ。
②将来使うために長期保管する。データを長期保管するには、ソフト面ハード面で留意事項が多数ある。媒体・体制等実務に学ぶ。
③使うためのルール。デジタルデータやコンテンツは、知的財産権に関係する。内部規約や公開用規約について学ぶ。
④データを武器にする。負のお荷物ではなく今後の武器として活用するに

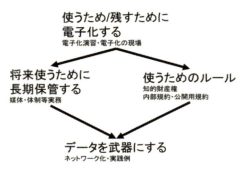

図5　奈良文化財研究所「文化財デジタルアーカイブ課程」の4観点

はいかにしたらよいかを学ぶ。

　文化財デジタルアーカイブ課程では、技術的課題、知的財産権への対応、刊行物電子化の実技なども扱うため、非常にコマ数が多いことが特徴である（図6）。文化財デジタルアーカイブ課程以外に、奈良文化財研究所ではデジタル関係の研修がいくつかある。各研究室と調整し、データを生み出す、分析する、まとめる、貯める・使うと分類し、作成からアーカイブまでフォローできるようにした（図7）。文化財のデジタルアーカイブには、当該文化財への理解に加え、デジタルに関するリテラシー、著作権など知的財産権に関する知識も必要となる。研修内容からわかるように幅広いスキルと知識が必要となる。

　文化財デジタルデータの範囲は広く、多様なデータが生成されるが、現状では一部しか公開できておらず、公開できなかったデータについても調査機関が維持管理する必要がある。文化財の継承にはデジタル化への適切な対応が不可欠であり、文化庁は必要な環境整備として機材の確保・ソフトウェアの確保・人員の配置・システムの構築・予算措置の5点を掲げた。海外の事例からは、ファイル形式の陳腐化対策、メタデータ記録、データ管理体制の整備が重要であることが分かる。デジタルデータの整理・保管には、文化財

令和4年度文化財担当者専門研修「文化財デジタルアーカイブ課程」 日程表案					
	9:00	10:00	12:00　13:00	15:00	17:00
7月 25日 (月)	受付・オリエンテーション・開講式	研修趣旨、デジタル総論（高田祐一）	埋蔵文化財保護行政におけるデジタル技術について（※芝康次郎）	デジタルアーカイブにおける著作権等の権利処理（※数藤雅彦）	
26日 (火)	文化財3次元データ概論（※野口淳）	史跡復元BIMと史跡メタバース（※桑山優樹）	各種の規約を読み比べてみる（※福島幸宏）	【演習】規約作成演習（※福島）	
27日 (水)	著作権と肖像権とプライバシーにまつわるエトセトラ（※矢内一正）	図書館からみた発掘調査報告書（※矢田貴史）	報告書の公開活用（高田）	報告書抄録と位置情報、WebGIS（高田）	【演習】報告書電子化・公開演習（※宮崎敬士）
28日 (木)	システムの方向性と文化財データ・テキストデータのあり方（※古川淳一・※伊藤由美子）	データベース（高田）	特別史跡岩橋千塚古墳群における三次元計測のとその活用（※金澤舞）	オープンデータのファイル形式電子ファイルの長期保管の実務（高田）	総合討論（高田・※野口）
29日 (金)	【演習】図面記録類の電子化 フィルム、紙図面、拓本 スキャナー、カメラ（栗山雅夫・高田）	11:45〜閉講式			
期間：令和4年7月25日(月)〜7月29日(金)　　担当：奈良文化財研究所 文化財情報研究室					

図6　令和4年度文化財担当者専門研修「文化財デジタルアーカイブ課程」日程表

専門家による幅広い知識とコンピュータスキルが必要とされ、奈良文化財研究所では文化財担当者向けの研修を行っている。文化財のデジタルアーカイブには、当該文化財への理解に加え、デジタルリテラシーや知的財産権に関する知識も必要となるため、幅広いスキルと知識が求められるのである。

3　文化財デジタルデータを長期保管するために

3-1　写真の長期保管

写真は記録媒体の性質上、経年劣化を止めることはできない。特にカ

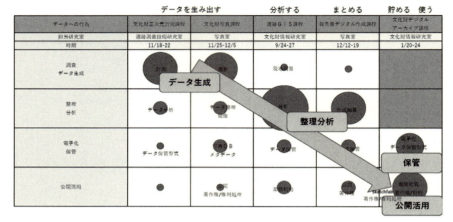

図7　奈良文化財研究所デジタル関係研修　役割整理表

ラーポジフィルムについては、温度25℃以下、湿度30〜50％の条件下では、フィルムにほとんど変化が認められない期間は10〜20年程度に過ぎないといわれる。そのため、1970年代のものは相当に変色が進行している可能性がある[7]。現在のところ、劣化の進行を止めるには冷凍凍結であるが、全点を対象に冷凍凍結処理をするのは現実的ではない。そのため、現時点でのデジタル化が実際的な対応となる。

奈良文化財研究所では、所蔵する7万点のカラーポジフィルムのデジタル化事業を1996年から継続して実施している[8]。その目的は大きく2点ある。

1点目は、カラーフィルムの変退色を防ぎ、現像直後の画像をデジタルデータとして長期保存すること。カラーフィルムは時間の経過とともに退色が進行するため、整理ができた時点で早期のデジタル化が不可欠となる。

2点目は、写真資料の利活用に伴う環境変化への曝露を回避し、フィルム自体の劣化リスクを低減すること。特に貴重で重要な写真ほど頻繁に持ち出されるため、温湿度や光の影響による劣化のリスクが高まる。デジタルデータに置き換えることでこの問題を解決する。

このように、画像情報の長期保存と実物資料の保護の2つの観点から、高

画質の4×5インチカラーフィルムを優先的にデジタル化している。作業では当初、Kodak社のPhotoCD入力システムを使用していたが、メーカー側のサポート終了に伴い、TIFFフォーマットへの変換作業が必要となった。現在はアーカイブ品質のTIFFデータを取得し保管管理している。

3-2　媒体とフォーマット

データの長期保管を実現するには、ファイルフォーマットの寿命と保管媒体の寿命に配慮する必要がある。一般に保管媒体よりフォーマットの寿命の方が長いが、長期保管に適したフォーマットを選択することが不可欠である。そのための基準は3つある[9]。

①仕様がオープン・標準化されていること。仕様がオープンであれば、複数のアプリケーションで使用できるため、持続可能性が高まる。
②プレーンテキストファイルであること。ASCIIプレーンテキストまたはXMLであれば、人間にとって可読性が高い。それは当該ソフトウェアが使用不可となった場合に移行の可能性が高まる。
③可逆圧縮であること。不可逆圧縮の場合、データが失われ「品質低下」を引き起こす可能性がある。

使用に不便な形式は、将来的に利活用のメリットも減少するため、その他の形式と合わせて複数の形式で保管するのも選択肢となる。また、その際は、デファクトスタンダードとなっている形式がのぞましい。もしその製品が廃絶となった場合でも、社会的影響の大きさから互換性のある形式が登場する確率が高いためである。陳腐化した形式であってもコンバージョンを繰り返すことによって、データ自体を将来にわたって継承していくことが可能である。ラスター画像を参考にファイルフォーマットについての整理を参考に示す(表1)。

現在、様々な保管媒体がある。大別すると、磁気テープ、光ディスク、

表1　ラスタ画像に関するファイルフォーマット

フォーマット	属性・説明
.tif .tiff	TIFF Version 6。デファクトスタンダードであり、アーカイブ用の画像を保存するために非圧縮形式で広く使用されている。撮影情報を埋め込むEXIFメタデータとジオレファレンス用のGeoTIFFメタデータをサポートしている。
.png	PNG（Portable Network Graphics）。W3Cが開発。GIF形式の代わりに開発された。EXIFメタデータをサポートしていない。インターネット利用を目的としているため、RGB以外の色空間をサポートしていない。
.jpg .jpeg	Joint Photographic Expert Groupが開発した。写真画像用に開発された。効率的な非可逆圧縮が特徴。
.jp2 .jpx	JPEG 2000はJPG形式の替わりとなる形式。JPG形式に比べ普及していない。
.gif	GIF（Graphics Interchange Format）。CompuServe社が開発した。Webにおいて静止画像とアニメーション画像で広く使用されている。可逆圧縮を提供している。
.bmp	BMP（Bit-Mapped Graphics）。Microsoft社が開発した。Windowsアプリケーションで標準的に使用されている。
.psd	Adobe社のPhotoshop用ファイル形式。画像編集の業界標準。
.cpt	CPT（Corel Photo-Paint image）。Corel社が開発した画像編集ソフトのファイル。Corel Photo-Paintは、Adobe社Photoshopの競合製品。
.dng	DNG（Digital Negative）。Adobe社が開発。オープンフォーマット。RAWファイル形式。Adobe社は、RAWファイルからDNGに変換するソフトを公開している。仕様をオープンソースで公開している。
raw (various extensions)	各メーカー固有の形式である。

HDD、クラウドサービスなどである。それぞれ長短があるため、特性を理解したうえで媒体を選択する必要がある。PhotoCDの事例にあるように特定の企業や特許に依存した媒体は、長期保管への不安定要因となるため、広く普及した媒体を選択した方が良い。媒体は物質的に劣化が免れない。そのため定期的な移し替え作業が必要であり、長期的なデータ管理計画が必要となる。媒体にあるデータが消失する際は、災害などによる物理的なダメージに加え、過失による消去、悪意ある攻撃による消失など様々である。そのために、データのバックアップを実施し、「3-2-1ルール」にて運用することが重要である[10]。常に3つのデータコピーを作成し、2つの異なる媒体にて保管

標準規格	データ保存に関する推奨事項
	TIFF(Version 6)は非圧縮のデータ長期保存に適合する。ただしLZW圧縮アルゴリズムを使用しているTIFFファイルは、長期保存に不適切である。
ISO/IEC 15948:2004。 RFC2083。 W3C勧告。	可逆圧縮が必要な場合、GIF形式よりPNG形式を使用した方が良い。 JPG形式より利点があるものの、写真画像でPNG形式を使用するのは非推奨である。
ISO/IEC 10918	非圧縮のオリジナルデータの長期保存には不適合。TIFF形式およびPNG形式よりも大幅にファイルサイズを圧縮できるものの非可逆圧縮のため。ただし規格の公開と普及の観点から圧縮データの長期保存には適合。
ISO/IEC 15444。 ITU-T Rec.T.800	可逆圧縮と拡張性の点から、保存に適する形式か調査されている。
	長期保存にはTIFF形式を推奨。圧縮が必要な場合はPNG形式を推奨。
	データ長期保存に不適合。
	データ長期保存に不適合。サードパーティーがサポートできない。
	データ長期保存に不適合。サードパーティーがサポートできない。
	データ長期保存に不適合。
	データ長期保存に不適合。TIFFを推奨する。

し、1つはオフライン環境で保管するルールである。これらの組み合わせや保管計画は、媒体の長短を考慮しながら組織の予算・人員体制やデータ量などによって検討する必要がある。

3-3　著作権および知的財産権への対応

　一般的に文化財データは、可能な限り多くの人々に利活用されることが推奨される。しかしながら、対象物自体あるいは記録そのものに著作権が発生している場合がある。将来のデータ利用を円滑にするため、以下の権利手続きが重要である[11]。

・発注者や資金提供者との契約段階で、成果物の著作権帰属を明確にする。可能な限り公開を前提とし、機密情報の取り扱いルールも定める。
・データ作成時に、制作者や関係者を特定し、著作権や利用許諾の状況を文書化する。
・第三者が権利を保有するデータについては、ライセンス条件を確認し、必要に応じて利用許可を得る。許可が得られない場合は、メタデータのみをアーカイブに収録する分散型の対応も検討する。
・アーカイブ収録時に、各データの権利者、アクセス条件、利用規則などを正確にメタデータとして記録する。
・長期的な権利保護のため、著作人格権への配慮や、クレジットなど貢献者への適切な処遇を心がける。

　こうした手順を経ることで、将来のデータ活用における権利トラブルのリスクを最小限に抑え、円滑な二次利用を可能にすることができる。

4　おわりに

　文化財デジタルデータの長期保存と管理は、文化の継承という視点から極めて重要な課題である。本章で述べたように、データの経年劣化や陳腐化、著作権の問題など、克服すべき技術的・制度的課題は多岐にわたる。しかし、適切な対策をとることで、貴重な文化財デジタルデータを次世代に確実に引き継ぐことができる。各機関では、標準化された形式でのデータ保存、定期的な媒体の更新、バックアップ体制の構築など、具体的な長期保存対策を講じる必要がある。さらに人材育成や予算措置など、総合的な環境整備が不可欠である。技術進展が早い現代においては、関係者一人一人が、文化財デジタルデータの重要性を認識し、確実な継承に向けて尽力することが何より肝心といえる。

注

1) 東京大学大学院情報学環・凸版印刷株式会社「共同研究プロジェクトデジタル化に関するハンドブック」(https://www.center.iii.u-tokyo.ac.jp/publications/handbook/(最終アクセス：2024年1月10日))

2) 文化庁(2017・2018)『埋蔵文化財保護行政におけるデジタル技術の導入について』(報告)1〜3.

3) 奈良文化財研究所企画調整部文化財情報研究室(2022)『考古学・文化財デジタルデータの Guides to Good Practice(奈良文化財研究所研究報告31)』

4) 注3)と同じ。

5) Ben Marwick(2020)「考古学における研究成果公開の動向－データ管理・方法の透明性・再現性－」『デジタル技術による文化財情報の記録と利活用2 オープンサイエンス・データ長期保管・知的財産権・GIS(奈良文化財研究所研究報告24)』

6) 全国埋蔵文化財法人連絡協議会(2021)『全国埋文協会報』101 .(http://www.zenmaibun.com/PDF/2021_101.pdf)(最終アクセス：2022年1月21日)

7) 日本学術会議(2017)「持続的な文化財保護のために ——特に埋蔵文化財における喫緊の課題」『史学委員会　文化財の保護と活用に関する分科会』(https://www.scj.go.jp/ja/info/kohyo/pdf/kohyo-23-t248-4.pdf)(最終アクセス：：2024年1月5日)

8) 中村一郎(2020)「奈良文化財研究所におけるフィルムのデジタル化」『デジタル技術による文化財情報の記録と利活用2 オープンサイエンス・データ長期保管・知的財産権・GIS(奈良文化財研究所研究報告24)』

9) Archaeology Data Service / Digital Antiquity「Guides to Good Practice」(https://archaeologydataservice.ac.uk/help-guidance/guides-to-good-practice/)(最終アクセス：2024年12月9日)

　　高田祐一(2020)「文化財デジタルデータ長期保存のためのファイル形式」『デジタル技術による文化財情報の記録と利活用2 オープンサイエンス・データ長期保管・知的財産権・GIS(奈良文化財研究所研究報告24)』

10) US-CERT(United States Computer Emergency Readiness Team)「Data Backup Options」(https://www.cisa.gov/sites/default/files/publications/data_backup_options.pdf)(最終アクセス：2024年12月9日)

11) 注3)と同じ。

第7章

デジタルデータの
保存、管理、活用

コラボレーションについての視点

中西智範

1　はじめに

　広く社会からのデジタルアーカイブに対する期待が高まる中、デジタル
データの長期保存は、デジタルアーカイブを運営する組織にとって頭を悩ま
せるテーマである。デジタルアーカイブの運営には、ヒト・モノ・カネのリ
ソースが必要であるが、特にデジタルデータの保存や管理に対しては、そこ
に課題を感じていたとしても、コスト負担の面からも問題を先送りにしてし
まいがちである。これは、特に国内で顕著な傾向にあると感じており、保存
のための技術やノウハウの普及が不充分なことや、課題解決に向けた議論の
場が少ないといった事実にも起因するのではないだろうか。

　本章では、早稲田大学坪内博士記念演劇博物館(以下、演劇博物館)の実践
活動の紹介を通じ「コラボレーション(協働)」の役割について焦点を当てる。
コラボレーションは、本書第1部で紹介される「DPCデジタル保存ハンド
ブック(以下、DPCハンドブック)」において、サブセクションのひとつとし
て構成されているため、本章と対応させて読まれたい。なお、DPCハンド
ブックでは、コラボレーションを「組織外部とのコラボレーション(External

184 ──────第2部　組織における長期保存の実践

collaboration)」と「組織内部でのコラボレーション（Internal collaboration）」の2要素に分類しており、本章もそれに合わせて展開している。

　本章の構成を紹介する。2節では舞台芸術分野における近年の状況、特にコロナ禍をきっかけにした大きな変化を俯瞰する。3節では収集アーカイブと組織アーカイブという2つの分類に従い、組織としてのアーカイブの機能や特徴について見ていく。4節および5節が、演劇博物館の実践活動の紹介となる。4節は舞台芸術分野のアーカイブを担う人材の育成を目指した取組みを例に、組織外部とのコラボレーションについて着目する。5節はデジタルデータの長期にわたるアクセスを保証するための方針や戦略文書の策定による各種対策を例に、組織内部におけるコラボレーションに着目する。なお、2・3節は、4節以降のデジタルデータの長期保存の内容への導入として、舞台芸術分野の特殊性を紹介するものである。

　組織がデジタルデータの長期保存の課題に取組むにあたって、デジタルストレージやファイルフォーマットなどの技術的要素への対策だけでは対処することはできない。組織を構成するのは人であり、組織全体として課題に立ち向かっていくことが必要であると考える。本章では、コラボレーションという視点から、「人」と「技術」の関係性について論じている。
　実践内容は、舞台芸術分野にフォーカスしており、また試験的な要素が多いことをことわっておきたい。

2　舞台芸術分野におけるデジタルアーカイブへの　期待と現状——コロナ禍

　本章では、広く舞台や特定の空間上で行われる芸術創作活動の分野を総称して舞台芸術とする。やや曖昧な定義としたままだが、本章での詳述は避けることとする。舞台芸術には、演劇や舞踊、音楽などにはじまり、能や狂言、歌舞伎などの日本の伝統的な分野を含む。さらには、落語や漫才などの演芸

分野などを含む、広い概念と捉えられたい。

　舞台芸術分野では、新型コロナウイルス感染症(COVID-19)による公演の中止延期など、創作活動の継続自体にまでおよぶ危機的状況に見舞われた[1]。そのような中、舞台芸術業界が危機的状況から脱却し、安全な状況で再開され再生していくために、劇場や劇団、芸能事務所、制作会社などの企業や団体が互いに連携し協力し合うことを目的に「緊急事態舞台芸術ネットワーク」[2]が発足された。未曾有の危機において、皮肉にも舞台芸術分野ではデジタルアーカイブへの期待が高まったことが大きく注目されるが、その大きなきっかけとなったのは、緊急事態舞台芸術ネットワークが関わり進められた「舞台芸術アーカイブ＋デジタルシアター化支援事業(EPAD事業)」[3]が行う一連の取組みである。

　劇場や劇団、カンパニーなどでは、戯曲[4]や舞台美術などの舞台に関する創作物や、舞台記録映像や舞台写真などの記録の多くは、権利処理の難しさを理由に活用の機会が得られず、滅失や消失の危険に直面している状況にあった。EPAD事業では、それら貴重な資源を収集(収集に対する対価が、提供側の組織や創作者へ還元された)することで、日本での舞台芸術分野のデジタルアーカイブを推進したのである。その成果は、EPAD作品データベース[5]やJapan Digital Theatre Archives[6]、戯曲デジタルアーカイブ[7]など、実際のデジタルアーカイブとして整備された。さらには、ポストコロナを見据え、創作者の収益力向上や対外発信強化など、持続可能な活動基盤を支えるための取組みも行われた。デジタルアーカイブを活用した上映イベント開催や、教育・福祉面での舞台コンテンツ化の実証、舞台公演の収録技術の標準化に向けた検証等の幅広い取組みによって、まさに舞台関係者の実感として、デジタルアーカイブの可能性について考える機会となった。

3 アーカイブの機能

3-1 組織アーカイブと収集アーカイブ

アーカイブは、組織アーカイブ（institutional archives）と収集アーカイブ（collecting archives）に大別することもできる。前者が、個人や組織が生み出した記録を、その作成母体が管理するアーカイブであるとすれば、後者は、さまざまな個人や団体が作成したアーカイブを集めたアーカイブであると分類できる[8]。この分類に従うと、演劇博物館は、舞台芸術に関わるアーカイブ集めた収集アーカイブに分類でき、それに対し、各劇場や劇団・カンパニーが自身の活動の記録を保存することは、組織アーカイブに該当すると捉えることができる。

3-2 収集アーカイブとしての演劇博物館の役割

国内では、舞台芸術分野における文化資源を集積し保存することを目的とした、センター機能またはそれに類する施設は整備されてないため、各劇場や劇団・カンパニーは、原則としてそれぞれの活動母体の中に組織アーカイブを構築することが求められる。近年では、スマートフォンなどのモバイルデバイスの普及などに伴い、舞台稽古などの創作現場でも、手軽に記録が行えるようになるなど、活動全体のデジタルシフトが進み、必然的にデジタルデータの保存や管理が問題となってきている。過去の公演作品の再演機会を得て準備を進めたものの、当時の記録書類をまとめていたハードディスクが読み込めず、企画予算書の作成に苦労してしまうなどのトラブルが予見される。再演のために舞台を再構成する場合には、初演当時の創作活動や制作工程が記録されることが重要となるが、そのための適切な保存や管理の方法は確立していない。あるいはその組織の中に蓄積されていたとしても、その技術やノウハウは、広く一般には普及していない。

演劇博物館は、舞台芸術のさまざまなジャンルを包括し、関連資料の収集や保存、活用を通じた研究や芸術文化の普及を行う専門機関である。博物館

のコレクションを拡充するための寄贈や受入の機能を持ち、収集アーカイブとして活動する。演劇博物館では、2014・15年度にかけて、全国の劇団や劇場、ホール、博物館等の文化施設を対象に、映像資料の収蔵や保存状況に関するアンケート調査を実施した[9],[10]。アンケートでは、施設の87%が舞台記録映像を所有している実態とともに、それらの整理や保存(デジタル化など含む)について、多くの問題を抱えている実情が明らかとなった。芸術文化の振興や継承に欠かせない貴重な史料が失われつつある状況を踏まえ、館内では、広く社会に向けてアーカイブやデジタルアーカイブの必要性を発信することの重要性が検討されるようになった。このような経緯から、次節で紹介する取組みに繋がった。

4　組織外部とのコラボレーション

　演劇博物館では、2022年度より「舞台公演記録のアーカイブ化のためのモデル形成事業(通称ドーナツ・プロジェクト)[11]」を実施している。事業は、アーカイブの意義や可能性を理解し、公演映像など舞台関連資料のデジタルデータの適切な保存や管理の方法、著作権や契約関係の処理、デジタルアーカイブの構築と活用などを担う、アートマネジメント人材の育成を目的としている。舞台芸術に携わる関係者が、自らの力でアーカイブを構築し、デジタルアーカイブを活用した収益力の向上など、持続可能な活動基盤の構築を目標とした教育プログラムの開設や、組織アーカイブを構築するための知識やノウハウの普及活動を行っている(図1)。

4-1　「舞台芸術に携わる人のためのアーカイブガイドブック」について

　ドーナツ・プロジェクトを進めるにあたっては、諸外国における類型の支援活動を参考とすることができた。2009年に設立されたアメリカン・シアター・アーカイブ・プロジェクト(ATAP: The American Theatre Archive Project)は、アメリカ演劇学会がイニシアチブをとり、米国の演劇遺産の保

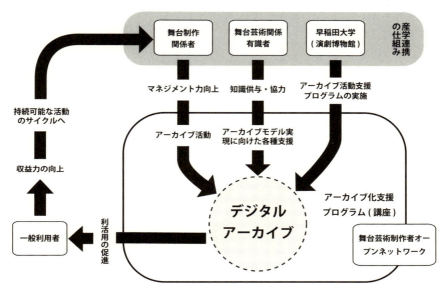

図1　ドーナツ・プロジェクトの事業実施イメージ[12]

存を奨励するための活動を行う、アーキビストで構成されたプロジェクトである[13]。

　ATAPの活動の特徴は、活動中の劇団やカンパニーに向けたアーカイブの質問窓口の設置や各種コンサルティング、普及活動などを行い、劇団やカンパニーなどの内部に組織アーカイブを構築することを提唱している点にある。そのためのリソースとして、組織アーカイブを構築し維持するための基礎的な情報を掲載したマニュアル「PRESERVING THEATRICAL LEGACY: An Archiving Manual for Theatre Companies」を2021年12月に公開している。ATAPのマニュアルには、アーカイブの目的や利点など、アーカイブ活動を開始するにあたっての前提事項から、資料の評価や調査、保管や保存、整理・記述方法、アクセス方法など、広範な情報が含まれている。

　ドーナツ・プロジェクトではATAPのマニュアルを翻訳し、日本国内での普及に活用することを考えたが、日米を比較すると、興行システムや創作表

表1 「舞台芸術に携わる人のためのアーカイブガイドブック」の構成

1	はじめに
2	「舞台芸術」と「アーカイブ」
3	アーカイブは誰の役に立つのか？―アーカイブを作るメリット
4	私たちは何を持っているのか？
5	何を残すべきか？―評価と処分
6	後世に残すためにどのような処理をするか？―どのように整理し、何を記述するか
7	どのように記録を保護するか？―記録媒体ごとの保管・保存方法
8	アクセスと利用および公開
9	アーカイブの計画
10	コラボレーション

現などのいわゆる"スタイル"や"流儀"に違いがある[14]ことや、アーカイブについての基礎的な理解度や、社会的な認知度のレベルに差があるため、ATAPのマニュアルを日本国内で活用するにはハードルが高いことが明らかだった。そのため、ドーナツ・プロジェクトでは、日本の舞台芸術で活用されるべく、新たに「舞台芸術に携わる人のためのアーカイブガイドブック（以下、ガイドブック）」を制作し公開した（2024年1月31日、第1版公開）[15]（表1）。

　ガイドブックの特徴やポイントは次の通り。

・アーカイブについての体系的な知識を提供する：網羅性
・アーカイブズ学や情報学、保存科学、デジタルアーカイブなどの諸学問や研究分野の理論を応用する
・国内における舞台芸術分野の文化的背景を踏まえながら、現代の商慣習や創作プロセスの特殊性を最大限に考慮する：分野の独自性
・アーカイブのメリットや活用法などを具体的に示すことで、取組みへのきっかけや活動のモチベーション維持を促す
・アーカイブ活動の実践のためのツールを提供する：付録集として、チャートや表をサンプルとして掲載

・アーカイブを実践するための詳細な手順書（マニュアル）ではなく、技術情報やノウハウなどを掲載した手引書（ガイドブック）と位置づける
・標準規格や実施事例など、外部の参考文献や情報を積極的に紹介し、外部のリソースとセットで知識を得られるように構成
・ガイドブックの再利用や流通を促進させるため、クリエイティブ・コモンズ・ライセンス「CC BY-NC-SA」を付与

　内容について詳しく紹介したいところだが、紙面の関係上、本章のテーマとなるデジタルデータ保存・管理・活用のエリアに要点を絞り見ていきたい。舞台の創作活動全体におけるデジタルシフトが進む実情を踏まえ、ガイドブックにおいて重視した点が、アナログとデジタルの違いについて理解を深めてもらうとともに、デジタルコンテンツを活用しやすいようにするための対策方法やノウハウの提供である。

■「7. どのように記録を保護するか？」
　デジタルデータの脆弱性や、継続的な管理をおこなうことの重要性、記録媒体の特性や選択基準、デジタルデータの可用性や完全性を維持するために必要なバックアップなどの冗長化対策についての考え方、デジタル化やマイグレーションの考え方、デジタルデータ管理のためのソフトウェアやアプリケーションの例などを掲載している。

■「6.4. 取り込み（管理）」「6.5. 整理・ファイリング」「6.6. 登録・目録化」
　下書きや草稿（ドラフト）、決定稿などのバージョン（版）管理の考え方、デジタルデータに付与するメタデータの記述方法、デジタルデータのフォルダ化（ディレクトリ階層化）など、デジタルデータの管理性向上のためのポイントや、活用場面での実用的な検索の仕組みなどを掲載している。

第7章　デジタルデータの保存、管理、活用｜中西 ―――――― 191

■「9.アーカイブの計画」

　デジタルデータの保存活動を開始するにあたり、事前の計画は重要である。組織全体に向けてデジタルデータ保存の重要性や必要性を説明するとともに、保存活動の実施への理解や承認を得る目的でも計画のプロセスを経ることが必要である。デジタルデータ保存の目的や対象を明確にするためには、自己分析作業を行い、改めて組織の活動内容を理解し直すことが有効であることなど、計画手順を9つのステップに分類している。組織の活動の流れに沿って、どんな記録が生まれているのか、またそれが創作活動や文化的背景から考慮し、どのような理由で重要であるかを判断するなどの工程を経て、アーカイブとして保存すべき対象の特定や、その活用方法などについて検証することが可能となる。

　ガイドブックでは、アーカイブ活動のスタートアップ段階における、内部関係者との相互の関係強化と、方針や計画検討の重要性を強調している。アーカイブ構築により、それぞれの創作や事業活動においてどんなメリットが生まれるか、アーカイブがどのように活用できるかなどについて、具体的なイメージを共有することが重要である。それにより、活動のきっかけを作り、活動継続のためのモチベーションを生み出すことが期待できる。

4-2　ガイドブックの展望

　デジタルデータの保存・管理においては、完全かつ汎用性の高い、だれでもその日から使える、画一化された魔法のようなテンプレートは存在しない。それぞれの活動内容や規模、保有するコンテンツの量や性質にあわせて、利用可能な技術や製品、ソリューションなどを、導入や運用などのコストを考慮しつつ、最適な組み合わせで選択する必要がある。ガイドブック第1版の制作で惜しまれるのは、デジタルデータの保存・管理のための、テンプレートパターンを例示できなかった点である。将来において、いくつかの組織をモデルケースに検証を行うことで、松竹梅などにレベル分けされた標準モデ

ルとして、活用できる可能性が期待できる。

　現実的には、劇団やカンパニーに、アーキビストなどの専門員を配置することは難しい状況にある。ガイドブックは、諸学問や研究分野の理論を応用していることを特徴にあげた。アーカイブ活動の実践で得られたノウハウやアイデアの共有や、各分野のアーキビストの参加、博物館や美術館などの文化機関との協力体制の構築など、舞台芸術関係者を中心としたコミュニティの形成や、コラボレーションの発展を期待したい。

5　組織内部でのコラボレーション

　演劇博物館では、長らく事業活動を支えるためにデジタルアーカイブに関わる取組みを行ってきた。遡ると、1997年12月には、「錦絵検索システム」として、館所蔵の浮世絵資料をホームページ上で検索・閲覧できる仕組みを整備し、翌1998年以降は、私学助成や科学研究費助成などの各種助成金を活用しながら、演劇学や映像学、人文・社会科学分野の研究が、デジタルアーカイブを活用しながら推進された[16]。

　その過程では、資料のデジタル化が積極的に進められ、所蔵品目録や研究データを組み合わせることで、デジタルライブラリーなどの形式で広く外部公開された。その活動に比例して蓄積されるのが、デジタル化により生成された画像や映像等のデジタルコンテンツである。浮世絵や古典籍など、特に貴重な史料は、長期保存の観点から中判デジタルカメラを用いた高精細なデジタル化も実施された[17]。近年では、映像コンテンツなどのボーンデジタルの収集も増えており、保有するデジタルコンテンツは、事業活動に比例し増加することとなる（表2）。

　博物館の機能を、収集・保存・活用に大きく分類した場合、それぞれの機能はバランス良く保たれる必要がある。デジタルライブラリーなどでの外部公開に注力するあまり、デジタルデータの保存の取組みがおろそかになれば、保存媒体の劣化などによる読み取り不能など、データ消失などの問題が生じ

表2　管理されるデジタルコンテンツの概算

集計タイミング		2022年2月	2022年12月	2024年1月
デジタルコンテンツ(※)	ファイル数	約4,880,000	約5,440,000	約5,500,000
	データ量	未確認	約103TB	約313TB
保存媒体	ハードディスク	未確認	281台	343台
	オプティカルディスク・アーカイブ[18]	未確認	26台	40台

※冗長化対策により複製されたデジタルコンテンツは含まない
※2022年12月から2024年1月にかけて、データ量の増加が顕著な理由は、映像コンテンツの管理が進んだため

ることになる。実際、演劇博物館では、デジタルデータの長期保存に対して、長らくの間、積極的な対策が行われていなかった。筆者が同館に着任した2018年10月において、10年超が経過したハードディスクや、DVDなどの光ディスクが大量に保有されており、データの複製などの冗長化対策が取られていないコンテンツや、読み取りエラーの発生する媒体も多くあった。この問題を重く受け止め、デジタルデータの長期保存に向けた重点的な対策を、2019年より開始した。次項からは、その実践内容の紹介とともに、実践を通じて得られたノウハウや課題を紹介したい。

5-1　デジタルデータ長期保存に関わる方針や戦略の策定

　演劇博物館では、デジタルデータの長期保存の対策として、方針や戦略、および計画の文書を作成し、デジタルアーカイブに関わる事業活動のベースとして活用している。本章の執筆現在(2024年2月)、演劇博物館のデジタルアーカイブの関連業務は、雇用契約の期間に定めのある、有期雇用契約で働く嘱託職員が担当している。雇用期間は最長5年であり、デジタルアーカイブに関連する業務は、数名の担当者で分担されている。

　デジタルアーカイブの専門領域においては、デジタル化などの画像処理技術をはじめ、情報学分野の知識、知的財産権などの法的理解といった専門分野などの幅広い知識が求められる。しかしながら、知識やスキル、経験をも

図2　文書作成や運用までの工程

つ人員を常に従事させることは難しく、また職員やスタッフの入れ替わりの場面では、その者のスキルや専門分野の違いによって、保存活動の具体的な実施内容にまで違いが生じることが懸念される。方針や戦略、計画文書の作成は、これら人員の課題に対応するために2018年より開始した。標準規格や標準仕様、標準モデルなどの各種スタンダードやガイドライン等の手法を積極的に取り入れながら、一貫した対策のもとで事業活動を行うことを目標としている(図2)。なお、一連の管理文書は、外部非公開で運用している。

管理文書は、方針と戦略の2つに大別される。DPCハンドブックでは、方針や戦略文書の役割が次のように定義されている[19]。演劇博物館でも、これを参考に管理文書を構成した(図3)。

・方針(policy)と戦略(strategy)の文書は、デジタル資料の管理に関するすべての活動の基盤となる
・方針は最上位レベルの文書、戦略はポリシーの実施をサポートする文書および手順書(procedures)である

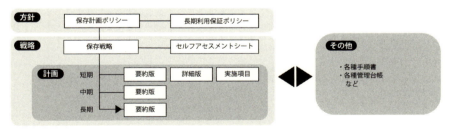

図3　管理文書体系のイメージ(演劇博物館の例)

表3　保存計画ポリシーの構成

1.スコープ　2.関係者　3.前提事項　4.要求事項
5.Advocacy(アドボカシー)
5.1.保存計画活動における行動サイクル
6.デジタルデータ保有量の把握
6.1.デジタル化済コンテンツ
6.2.デジタル化対象(予定)コンテンツ
6.2.1.デジタル化優先度
7.保存・管理に関するコストの算出
7.1.マイグレーション方式の種類
7.1.1.リフレッシュ　7.1.2.複製　7.1.3.変換
7.2.コスト算出要素1(マイグレーション)
7.3.コスト算出要素2(デジタルコンテンツの増加)
8.セルフアセスメント
9.予算計画
10.人員計画
11.戦略の立案
12.協力体制、コラボレーション

■方針文書「デジタルデータにおける保存計画ポリシー」
　保存計画の立案に際して考慮すべき基本的な要素や条件、保存活動の大まかな方向性を示す文書。最上位に位置づけられる文書(表3の内容で構成される)

■方針文書「デジタルデータにおける長期利用保証ポリシー」
　長期に渡って利用可能な状態で保存するための基礎となる考え方や、対策に必要な技術的情報などについてまとめた文書(表4の内容で構成される)

■戦略文書(計画文書含む)
　戦略は、短期・中期・長期の3つの期間に分けて構成される。デジタルデータの長期的な保存・管理の活動には期限がなく、応用できる技術や製品

表4　長期利用保証ポリシーの構成

1.スコープ　2.関係者　3.前提事項　4.要求事項
5.デジタルデータとしての二次資料の基本的な捉え方
6.長期保存のために考慮すべきポイント
6.1.記憶媒体の選択
6.2.記憶媒体の適切な保存（保管）
6.3.再生機器（ハードウェア、ソフトウェア）の選択
6.4.ファイルフォーマット
6.5.デジタルコンテンツの品質要求
7.長期保存のための対策
7.1.定期的なデータ移行（マイグレーション）
7.2.エミュレーション
8.アクセス
8.1.識別子
8.2.アクセスコントロール（検索）
9.運用費用の整備

　などは、将来の技術革新などを理由に先が見通しにくい。そのため、戦略は定期的な見直しがなされることでその実行性を高められると考える（短期：直近1〜2年程度、中期：先3〜5年程度、長期：先6〜10年程度まで）。定期的な見直しの際、組織のデジタル保存における成熟度を測定し、その結果を戦略に反映させるためにセルフアセスメントの工程を組み込んでいる。アセスメントのツールには、第1部で紹介された**DPC Rapid Assessment Model**を活用することとした。計画文書では、表5に示す要素について実施目標を具体化することを定めている。要約版の文書には、戦略のスローガンや戦略マップ[20]、実施活動を示した簡略リストなどの要素でコンパクトに構成することで、関係者内で戦略イメージを共有するためのツールとして利用できる。

5-1-1　文書管理によって期待される効果

　ここでは、方針と戦略文書の管理による期待効果について考えてみたい。

表5　戦略および計画文書に含まれる要素(例)

要素	概要
デジタルデータの継続管理	データのリフレッシュやマイグレーション等についての管理計画や目標
新規デジタル化目標	収蔵資料(コレクション)のデジタル化についての対応優先度を考慮した実施目標
ボーンデジタルの収集目標	収集の対象や量、手順、連絡・調整作業等に関わる難易度等を考慮した実施目標
技術的改善事項	デジタルデータの保存について、技術事項を中心とした改善点などの目標
その他改善事項	技術的要素以外において、デジタルデータの保存のために必要な取組みや計画の目標 例)外部機関との協力関係の構築、例)業務手順書や引継書など各種ドキュメント整備、例)知識・技術向上のための情報収集や勉強会などの活動の実施

端的には「業務の属人化を和らげ、仕事へのモチベーション向上とともに、スキル・経験を継承すること」が期待できる。記録媒体の選択や、保存用ファイルフォーマットの仕様、デジタル化における解像度などの品質要求は、様々な選択肢の中から、組織の予算や人員体制などのコスト、あるいは組織全体の事業計画などを踏まえ、最適な仕様が選択されるべきである。技術的な理論や評価に裏付けられた選択肢を、方針文書内に明示することで、人員の入れ替わりなどの変化に大きく影響されず、状況に応じて適切な選択を行うことが可能となる。また、方針文書として、可視化された技術情報が身近にあることで、組織やチームのアップスキリングのための教材として、効果的な活用も期待できる。

　戦略は、組織やチームのモチベーションアップのための目標管理ツールとして活用したい。チームで業務にあたる場合、担当者ごとに作業やタスクが割り当てられる。戦略文書では、それら作業やタスクが、チームの中間目標から、組織の最終目的へと繋がるイメージを可視化することができる。このことは、担当者の仕事の視野を広げ、日々の仕事の成果が組織全体さらには社会にも貢献する役割をもつのだという実感に繋げることができる。その結

表6　デジタルデータ管理の対策項目

対策項目	概要
記録媒体の選択	ハードディスク（HDD）とオプティカルディスク・アーカイブ（ODA）を使用。
冗長化対策	1ファイルにつき3つの複製を管理する。複製した3ファイルは、それぞれHDD・HDD・ODAに格納する。
完全性対策	各ファイルに対してハッシュ値を取得し管理する。ファイルの複製を行う場合は、複製後にハッシュ値を再取得し、前後で値が同一であることを確認する。ハッシュ値の取得にはQuickHashというアプリケーションを使用。ハッシュアルゴリズムはMD5を採用している。
メタデータ管理	ファイル名は、他と重複しない一意のファイル名を付与する（複製されたファイルを除く）。ファイルは、ある一定の単位でフォルダ化して管理する。フォルダ化された纏まりでハッシュ値を取得する（ハッシュファイルは、管理フォルダと対となる仕組み）。
アクセス対策	利用したいファイルを検索する場合、ハッシュファイルに対して資料番号（※）をキーワードとしてGrep検索を行う。検索処理は汎用のテキストエディタを用いる。

※収蔵品管理システム[21]を運用しており、そこでは資料毎に資料番号が付与された目録情報を管理する

果として、チーム全体のモチベーション向上効果が期待できる。

　現時点での演劇博物館の取組みは、スタートアップの段階にあるため、文書管理の仕組みが実際の業務に確実に組み込まれ、定着しているとは言い難い。文書管理の運用を継続し、定期的な見直しや改善を行うことで実効性を高めていく必要がある。

5-2　デジタルデータの管理の実際

　ここからは、前項の方針や戦略文書をもとに策定した実際のデジタルデータの管理方法を紹介する[22]。演劇博物館では、デジタルデータの保存・管理のための特別な予算措置はとっていない。そのため、大規模なデータストレージや情報処理システム等による管理ではなく、主に人手を介した管理対策を実施している。予算や人員に制限のある機関や、これからデジタルデータの管理に取り組もうとする機関において参考にされたい。

　表6はデジタルデータ管理における主な対策項目を説明している。図4で

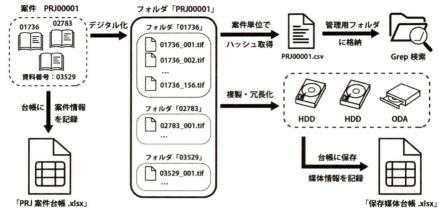

図4　デジタルデータの管理イメージ

は資料デジタル化作業を伴う状況を例に、電子記録媒体とメタデータの管理における全体の流れを示している。続く補足説明とともに図を参照されたい。

　ある貴重書資料のまとまりをデジタル化しようとした場合、それをひとつの管理の単位（「案件」と呼んでいる）とみなし、案件管理番号を付与する（例 PRJ00001）。デジタル化作業の担当者や実施期間、使途予算などの管理情報を「案件台帳」に記録する。デジタル化されたファイルは、案件管理番号をつけたフォルダにまとめ、ハッシュ情報を取得し、ハッシュファイルは管理用フォルダに格納する。その後、ハードディスクに2つ、オプティカルディスク・アーカイブに1つデータが格納されるように複製作業を行う[23]。複製作業後、記録媒体の情報を管理するため、媒体の管理識別番号や案件番号の情報、耐用年数（媒体の期待寿命）、使用データ量や空き容量の情報、最終アクセス日などの管理情報を「保存媒体台帳」に記録する。アクセスのためには、資料番号をキーワードに、ハッシュファイルを格納したフォルダを検索し、対象データが格納された記録媒体を特定しアクセスする。

5-2-1　デジタルデータの管理における課題

　デジタルデータの長期保存は、「管理し続ける」ことによってのみ実現できる。この意味で、筆者は、「長期」という場合の具体的な時間の長さは、あまり話題にする必要はないと考えている。継続的な管理の過程で発生しうる、データ消失やアクセス不能などの様々なリスクに備え、適切な対策を取ることが、管理の基本的な考え方である。当然のことながら、リスクへの対策には、お金や人手などのコストが必要となるが、このリスクとコストの情報は、可視化させることが非常に困難だと感じている。想定されうるリスクを洗い出した後、対処すべきリスクを選択し、リスクに対応するための設備費や人件費等の算出作業を行うこととなる。しかしながら、予見が難しい技術革新や陳腐化をはじめ、情報機器やサービス等のサプライヤー側の状況変化(製品の製造終了やサービス停止など)、または社会・経済状況の変化からうける影響(為替変動などを理由にしたコスト負担の問題)など、様々な不確定要素をコスト算出の計算式に組込む必要がある。およそ計算式において、組織が保有するデジタルコンテンツの量は次数にあたり、リスクへの対応量が係数にあたるイメージとなる。しかしながら、このコンテンツ量は組織の活動に伴いおよそ年次増加してゆき、その度合いは、事業活動に応じて暫時もしくは急激に変化する場合があり、予見が難しい要素ともなりうる。潜在的なリスクの発生時に大きなコストを掛けて対応せざるを得ない状況に陥ってしまう場合を想定し、いわば「コスト貯金」のようなイメージで、単年度の予算の一部を留保しておくような仕組みを備えることも一つの対策方法であろう。デジタルデータの長期保存の目的に準じた、コスト算出のための汎用的な計算式や方程式があれば、どれほど楽だろうと考えるばかりだ。

　デジタルデータの管理は、機関の違いによらず、ある共通した対策が有効である場合も多いだろう。また、課題や問題についても共通する部分が多いことが推測される。そのため、MLAをはじめとする、デジタルアーカイブなどを運営する機関が、実践事例の共有などを通じて連携を強化することが非常に効果的であると考える。近年では、ビジネス領域において、デジタル

トランスフォーメーションの推進や働き方改革などの側面から、リスクマネジメント理論や、ISMS[24)]、ITSMS[25)]などの管理の仕組みの導入が普及してきている。そこでの実践は、デジタルデータの管理においても応用できる可能性が高いことが期待できる。今後は、デジタルデータ長期保存の研究領域でも、産学官連携によるイノベーションの創出を期待したい[26)]。

6　日本におけるデジタル保存の現在地

　ここでは、グローバルな視点から、日本におけるデジタル保存の現状を、短く考えてみたい。

　本書第1部で紹介される、デジタル保存に関するフレームワークや標準技術などの理論は、欧米の取組みにより発展したが、日本国内では、それら理論が浸透している状況とは言い難い。国内では、2000年代前半頃より、政策をはじめとする社会的な要請から、資料デジタル化やデジタルアーカイブ構築などの「活用」面に着目した取組みが多く推進されてきたものの、「保存」面においては積極的な対応が進んでおらず、アンバランスな状態にある。2004年から開催される、デジタル保存に関する国際会議 iPRES（International Conference on Digital Preservation）での議論は、理論を踏まえた実践の成果の共有など、理論そのものから、応用や実行フェーズへと徐々に射程が広げられてきている。更に近年では、コラボレーションやコミュニティ、人材育成といったテーマが活発に議論されている。このように、日本国内におけるデジタル保存の対策の状況は、欧米からかなり遅れた位置にあることをしっかりと自覚しなければならない。

　国立国会図書館では、2002年度から電子情報の長期的な保存と利用保証のための調査研究が進められている。2021年度には、「デジタル資料の長期保存に関する国内機関実態調査」を実施し、国内の各機関における資料デジタル化やデジタル資料の長期保存に係る取組みの現状や課題、優良事例等の把握を目的とした大規模調査が実施され、翌2022年6月に報告書が公開された[27)]。

報告書では、国内においては機関によってデジタル保存の対策レベルの差が大きく、人員や予算、保存計画の面で課題をもつ機関が多いことが報告されている。

問題解決のスタートでは、現状を正しく把握することが重要である。実態調査の成果とともに、日本におけるデジタル保存の課題解決に向けた、さまざまな連携協力や、コミュニティ活性化などの大きなきっかけに繋がることを期待したい。

7　おわりに

本書は「デジタル保存」の領域について、様々な立場の関係者が論考を交わす、近年稀に見る著書である。そのような背景があるためか、率直に言ってこの章の執筆は大変苦労した。対外的に求められることは、電子保存媒体やファイルフォーマットなどの「技術」周辺の情報であろうと想像されても、実は筆者が伝えたいことは「技術じゃない」部分のテーマだというギャップがあったからだろう。

筆者が演劇博物館に籍をおき、仕事をする中では、多くの舞台芸術関係者の方々と接する機会がある。そのような折、関係者それぞれの心の内にある「強い責任感」のようなものを感じる機会がしばしばある。劇作家や演出家、または制作などの立場の違いによって愛や優しさ、ホスピタリティ、プライドなど、人それぞれに違う雰囲気を帯びていたようにも感じられた。この章の執筆にあたる中で、そのようなことを幾度も思い返すことがあった。

舞台芸術において、創作者と観客との接点は劇場であり、最終的には「舞台」に凝集される。観客が立ち会うことができるのは舞台のみだが、関係者は舞台となるまでのプロセスにも関与する。さまざまな人が協力しあい、それぞれに欠かせない役割が与えられ、役割を全うすることで舞台千穐楽を迎えることができる。創作や制作活動のモチベーションは「分かち合うこと喜び」ということが源泉であろうことを、筆者は仕事の中でそれとなく感じ、

それが舞台芸術の纏う魅力であろうと捉えるようになった。このように、舞台芸術の素晴らしさを仕事の中で、身をもって実感できたことは、本当に幸せな経験だったと感じている。

　筆者が「人」に着目して、コラボレーションや人材育成などの側面から課題解決の方法を模索するようになったのは、舞台関係者からの影響も大きいと自覚している。さまざまな出会いと刺激は活動へのモチベーションとなり、原動力となってくれているのだと実感している。本章がデジタルデータの長期保存に取組むためのきっかけとなり、実践におけるヒントを与えることができれば、それに勝る喜びはない。

　　注
1)　新型コロナウイルスと演劇年表データベース（https://archive.waseda.jp/archive/subDB-top.html?arg={"subDB_id":"164"}&lang=jp）（最終アクセス：2024年2月1日）
2)　一般社団法人緊急事態舞台芸術ネットワーク（https://jpasn.net/）（最終アクセス：2024年2月1日）
3)　EPAD事業（https://epad.jp/）（最終アクセス：2024年2月1日）
4)　戯曲とは、演劇の台本や脚本。または、その形式で書いた文芸作品を指す。
5)　EPAD作品データベース（https://db.epad.jp/）（最終アクセス：2024年2月1日）
6)　Japan Digital Theatre Archives（https://enpaku-jdta.jp/）（最終アクセス：2024年2月1日）
7)　戯曲デジタルアーカイブは一般社団法人日本劇作家協会が企画・制作・運営するデジタルアーカイブ。2021年2月28日公開。同協会が収集した戯曲の検索や全文閲覧が可能。（https://playtextdigitalarchive.com/）（最終アクセス：2024年2月1日）
8)　"活用"を通して組織アーカイブズの価値を探る：企業を中心に　公益財団法人渋沢栄一記念財団 情報資源センター（https://www.shibusawa.or.jp/center/ba/bunken/doc020_value.html）（最終アクセス：2024年2月1日）
9)　演劇博物館「舞台記録映像の保存状況に関するアンケート調査報告書」（https://prj-stage-film.w.waseda.jp/pdf/enpaku_houkoku_2017.pdf）（最終アクセス：2024年2月1日）
10)　文化庁 美術館・歴史博物館重点分野推進支援事業「舞台芸術・芸能関係映像のデジタル保存・活用に関する調査研究事業」（https://prj-stage-film.w.waseda.jp/）（最終アクセス：2024年2月1日）
11)　舞台公演記録のアーカイブ化のためのモデル形成事業は、文化庁「大学にお

ける文化芸術推進事業（文化芸術振興費補助金）」の補助を受けて実施される事業（https://prj-archivemodel.w.waseda.jp/prj-archivemodel/）（最終アクセス：2024年2月1日）

12) 舞台公演記録のアーカイブ化のためのモデル形成事業のウェブページ掲載画像をもとに編集（https://prj-archivemodel.w.waseda.jp/donut-project/）（最終アクセス：2024年2月1日）

13) The American Theatre Archive Project（https://www.americantheatrearchiveproject.org/）（最終アクセス：2024年2月1日）

14) 米国では、ブロードウェイに代表されるような、ひとつの作品を専用劇場で行う「ロングラン・システム」が発展しているが、日本では、多くの小劇場などが採用する「ブロック・システム（リミテッド・パフォーマンス）」など、より自由で流動的な興行や表現方法、活動を好む傾向にある。

15) 舞台芸術に携わる人のためのアーカイブガイドブック（https://prj-archivemodel.w.waseda.jp/prj-archivemodel/guidebook/）（最終アクセス：2024年2月1日）

16) 演劇博物館デジタルアーカイブ活動年表（https://www.waseda.jp/enpaku/db-chronology/）（最終アクセス：2024年2月1日）

17) 使用機材は、富士フイルム社製のフィルム中判カメラ「GX645AF Professional」に、PHASE ONE社製のデジタルカメラバック「P65+」や「P45+」が用いられた。有効画素数は、それぞれ8,984×6,732（6,050万画素）と7,216×5,412（3,900万画素）。RGB各色16bitのRAWデータ（IIQ Large形式）を、保存用ファイルフォーマットのうちのひとつとして扱っており、1ファイルあたりのデータサイズはおよそ60MB（P65+）と44MB（P45+）である。RAWデータは現像処理を経て、画像ファイルに変換されることで、およそ150MB（P65+）と110MB（P45+）のTIFFデータ（RGB 24bit換算）が生成される。

18) デジタルデータの長期保存を目的とした、大容量光ディスクストレージ。カートリッジに複数枚の光ディスクを格納し、1つのボリュームとして利用する規格。演劇博物館では、第3世代の5.5TB容量のカードリッジを使用している。（https://www.sony.jp/oda/about/）（最終アクセス：2024年2月1日）

19) Digital Preservation Handbook -Institutional Policies and Strategies. p.4（https://www.dpconline.org/docs/digital-preservation/handbook/1554-dp-handbook-institutional-strategies/file）（最終アクセス：2024年2月1日）

20) 一般に、戦略マップと呼ばれる経営戦略のためのツールを応用している。デジタルデータの長期保存の活動目標と活動を実行する際の課題、課題解決のための対応策などの関係を図式化している。

21）　収蔵品管理システムには、早稲田システム株式会社の開発する I.B.Museum を利用している。

22）　東京大学学術資産アーカイブ化推進室主催セミナー第6回 早稲田大学演劇博物館における取り組み（https://www.lib.u-tokyo.ac.jp/sites/default/files/02_nakanishi.pdf）（最終アクセス：2024年2月1日）

23）　データ冗長化対策の「3-2-1ルール」。複製を含めてデータは少なくとも3つ持つこと、2つの異なる保存媒体に保存すること、複製のうち1つは物理的に離れた遠隔地に保管する管理方式のことを指す。

24）　ISMS（情報セキュリティマネジメントシステム）は、組織等における情報セキュリティのリスクを管理する仕組みを指す。「機密性」「完全性」「可用性」の観点から、デジタルデータ等の情報資産やリスクを適切に管理すること対策などが含まれる。

25）　ITSM（ITサービスマネジメント）は、（主にビジネスにおいて）利用者のニーズに合った適切なITサービスを提供するための管理活動全般のことを指す。ITSMS（ITサービスマネジメントシステム）は、ITSM の運用の維持管理や継続的改善を行っていくための仕組みを指す。

26）　文部科学省 産学官連携による共同研究強化のためのガイドラインについて（https://www.mext.go.jp/a_menu/kagaku/taiwa/1380912.htm）（最終アクセス：2024年2月1日）

27）　デジタル資料の長期保存に関する国内機関実態調査報告書（令和4年6月）（https://www.ndl.go.jp/jp/preservation/dlib/research.html）（最終アクセス：2024年2月1日）

第8章

デジタルデータの保存と
管理および活用

企業の視点から

肥田　康

1　はじめに

　我が国の「デジタルアーカイブ」は1990年代半ばに産声を上げた。そもそもデジタルアーカイブという言葉は東京大学の月尾嘉男教授(現在は東京大学名誉教授)が1994年頃に提唱したもので、本来であればデジタイズドアーカイブ(Digitized Archive)やデジタルアーカイビング(Digital Archiving)などとすべきところを、「デジタルウォッチ」のように状態を示す量を数値化して処理することを表す「デジタル」と、保存すべき記録や公文書またはそれらを保管する施設を表す「アーカイブ」をそのままくっつけてひとつにした和製英語である。当時は、インターネットによって経済や社会に大きな変革を起こすであろうと言われた「IT革命」が大きなインパクトを持って報道されている時代であったが、そこに新たにでてきた「デジタルアーカイブ」というまだはっきりとした形のないものを一体どのように考えればよいか戸惑うような状況であった。

　あれから約30年が経過し、デジタルアーカイブを取り巻く環境は大きく変化した。インターネットが広く使われ、経済や社会のインフラとしてのみならず医療や軍事でも欠くべからざるものとなり、スマートフォンを始

めとした情報端末が広く普及したことにより、一般の人々によるYouTube、Instagram、XなどのSNSを通じての情報発信も日常的なものとなった。

今日ではデジタルアーカイブは十分社会に認知され、産業としても多くの可能性を示していることはここで改めて述べるまでもないだろう。本章ではデジタルアーカイブの創成期からの歩みと現在のデジタルアーカイブの成果と課題について、幾つかの企業の事例を交え、企業の視点から考察する。

2 デジタルアーカイブの歩み

当初は美術館・博物館や図書館の収蔵品などの有形無形の文化資源をデジタルアーカイブの対象としていたが、デジタルアーカイブを事業として行ってきた筆者の実感としては2005年頃から企業におけるデジタルアーカイブの活動が徐々に盛んになってきたという印象である。今日では、主に周年事業を契機として、多くの企業が自社の保管する資料をデジタル化する「ビジネスアーカイブ」に積極的に取り組んでいる。デジタルアーカイブは、研究、教育、鑑賞、観光資源紹介など様々な分野で広く役立てられているが、ビジネスアーカイブでは自社のブランディングにおいて大変有効で、現業の収益向上への効果が期待できることを、これまでのナレッジの蓄積の結果、多くの企業が認識し始めている。

一方でその基盤となる技術変遷のスピードが速いため、短いタームで陳腐化したり、データが使えなくなったりするリスクがあることから、デジタルアーカイブを永続的に維持するためにはどのような技術を用いるかといった点に注意が必要である。ここでこの30年余りのデジタルアーカイブに関係する技術の開発や出来事について簡単に振り返ってみる。

1981年　企業史料協議会[1)]が設立
1986年　マイクロソフトおよびAldusがTIFFフォーマットをDTP用として開発

1993年	電子メールに漢字コードが規定され日本語の扱いが標準化
1993年	IIJがIPで直接つなぐインターネットプロバイダーサービスの提供を開始
1994年	JPEGフォーマットがISOで標準化
1995年	マイクロソフトがWindows95[2)]を発売
1996年	文化庁、通商産業省、自治省の支援でデジタルアーカイブ推進協議会が設立
2001年	政府がe-Japan[3)]重点計画を発表
2003年	文化庁と総務省が文化遺産オンライン構想[4)]を発表
2007年	AppleがiPhoneの発売を開始
2008年	Facebookが日本語化されたインターフェースを公開
2009年	国立国会図書館が127億円の補正予算による大規模デジタル化事業[5)]を実施
2012年	総務省が「知のデジタルアーカイブ実現に向けた提言」[6)]を発表
2014年	国文学研究資料館が10ヶ年の「日本語の歴史的典籍の国際共同研究ネットワーク構築計画」[7)]を開始
2017年	デジタルアーカイブ学会[8)]及びデジタルアーカイブ推進コンソーシアム[9)]発足
2020年	国立国会図書館がジャパンサーチ正式版[10)]を公開

　ざっと挙げただけでも僅か30年余りの間で、デジタルアーカイブを支える技術や取り巻く環境が劇的に変わり、それらがデジタルアーカイブの発展に大きな影響を与えたことが理解できる。

3　ビジネスアーカイブの事例

　この様に急速な進歩を続けてきたデジタルアーカイブでは、企業が自社の保有する社史や企業文化にかかわる資料をデジタルアーカイブとして活用す

るビジネスアーカイブ分野まで裾野を広げ、この分野は年々拡大している。創業理念、経営理念、自社の歩みなどの企業のDNAとも言える企業文化を整理することにより、グループ企業各社のアイデンティティーを確立すると共に、ステークホルダーに対するアカウンタビリティ向上による社業発展を目的として、各企業がビジネスアーカイブに取り組んでいる。ここでは、3つの企業の事例を紹介する。

3-1 キリンホールディングス株式会社

キリンホールディングス株式会社では、コーポレートコミュニケーション部アーカイブ室がビジネスアーカイブを担当している。「キリングループの経営活動を継続的に正しく記録・保存し、将来へ引き継ぐとともに、それらを活用した情報発信活動を通して、キリンブランド価値向上に貢献する」ことがミッションであり、「従業員による歴史資料の活用」を目指している。2001年から社内のイントラネットで「キリングループアーカイブズ」(図1)をデータベースとして公開し、ニュースリリース、社内報、ポスター、ラベル、CM動画、需要の高い商品写真などのデジタルデータを検索できるようにして、キリングループ内で共有している。

このキリングループアーカイブズの利用ルールは、グループ内であればニュースリリースや社内報をダウンロードできるようにしているが、社内報は社外秘となっている。また、主に権利関係の問題から、写真は直接ダウンロードできないように電子透かしを入れており、利用者からの申請を受けて審査後に許諾した場合のみ、画像を提供するようにしている。特に過去の広告利用などでは、タレントの写真は使用できる期間や内容が契約で決まっていることから使用にあたっては許諾確認を依頼するようにしており、社外に向けた発信物については、社内の倫理委員会で倫理チェックを行うようにしている。

同社では、特にインターナルブランディングに力を入れており、2021年からイントラネットでインターナルブランディングWebサイト「KIRIN Now」

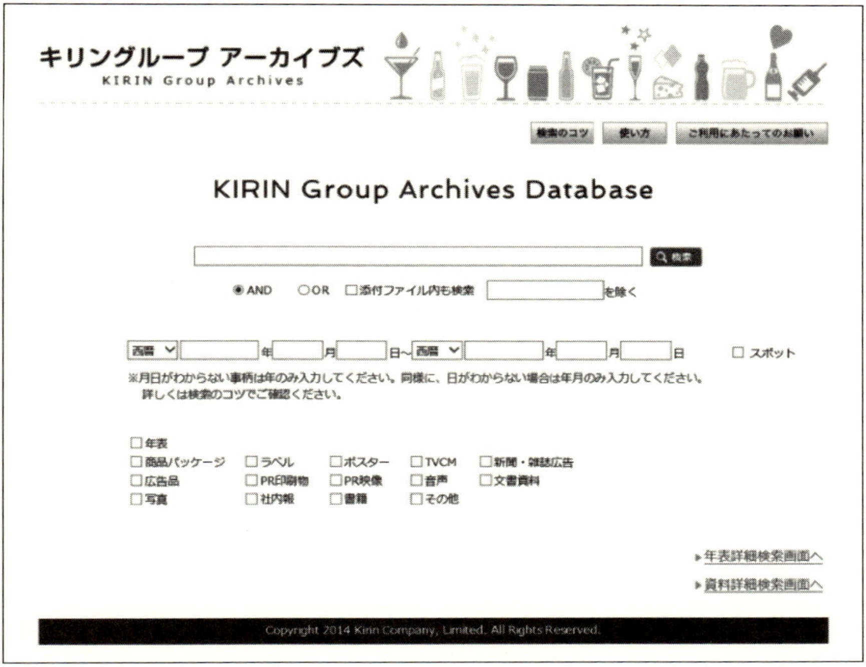

図1　キリングループアーカイブズ

を立ち上げ、その中で「ちょい読み！キリングループの歴史」を月3回連載している。この「KIRIN Now」は、一般社団法人 経団連事業サービス 社内広報センター主催の2022年度「経団連推薦社内報審査」[11]において、応募198作品中最上位である「最優秀賞」を受賞している。また同社のホームページでは、キリングループのビールや清涼飲料水などの歴史を辿れる「キリン歴史ミュージアム」[12](図2)や毎月1回更新する「キリングループ温故知新」[13](図3)なども一般公開しており、問い合わせ対応のみにとどまらず、アーカイブズの側からの積極的な発信を行っている(図4)。

　このような活動の効果により、グループ内で「探せばあるんじゃないか？」という関心が高まり、キリングループアーカイブズへのアクセスやアーカイ

第8章　デジタルデータの保存と管理および活用｜肥田 ──── 211

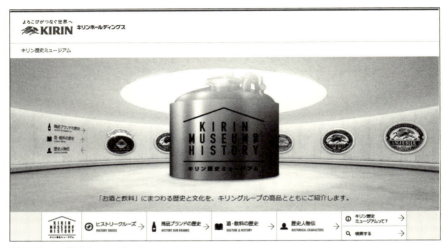

図2　キリン歴史ミュージアム

図3　キリン温故知新

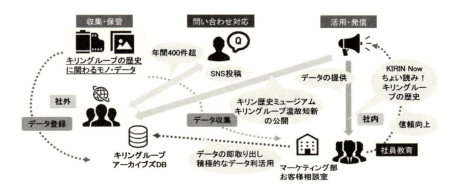

図4　キリングループアーカイブズのフロー

ブ室への直接の問い合わせが増加し、例年400件ほどの社内外からの問い合わせは、今年は10月の時点ですでに400件を超えている。

　ストレージの問題については、現状クラウドへの移行を進めているものの、中長期的な観点では明確な見通しが立っているわけではない。しかしながら技術的な問題については常に最新の情報を入手できるようにしている。また、むしろアーカイブの中身を充実させて「なくなると困る」という状況作ることが重要との考えから、イントラネットでキリングループアーカイブズの使い方を紹介するニュースを公開し、DBをよく利用しているマーケティング、広報、お客様対応部署以外の従業員層を増やす間口拡大を図り、コーポレートコミュニケーション部として社内コミュニケーションを活発にすることにより、今後も様々な戦略でインターナルブランディングを進めていく考えである。

3-2　花王株式会社

　花王株式会社では、70年史編纂のために作られた社史編纂室を社史刊行後も解散せず継続し、現在コーポレートカルチャー部 花王ミュージアム[14]がビジネスアーカイブの担当部署となっている。2006年10月にはすみだ事

図5　花王ミュージアムの展示室

業場(東京都・墨田区)に花王ミュージアムを開設し、これまで収集した清浄文化に関する数々の資料を展示・公開し、その移り変わりについて紹介すると共に、現在へ継承されてきた花王の創業者たちのメッセージや今日までの事業活動の歴史、そして同社の企業理念(Corporate Philosophy)で花王グループの企業活動の拠りどころとなる「花王ウェイ」[15]の基本となる価値観のひとつである"よきモノづくり"から生まれた最新の製品なども紹介している(図5)。

　保管する多岐に渡る多くの資料の利活用を促進するため、ビジネスアーカイブでは比較的早い2007年頃からデジタルアーカイブに着手し、これまでに多くの商品ポジフィルムをデジタル化したほか、ポスター、新聞出稿広告、ニュースリリース、社内報、商品パッケージ、新製品紹介資料、社史などをデジタル化している。これらのデータは商品・広告・人物などの画像を登録したデータベースと、画像以外の紙資料や商品などを登録したデータベースのふたつで使い分けて管理している(図6)。紙資料については一部使用頻度の高いものをPDF化して登録しており、即座に取り出せる環境を整備し、

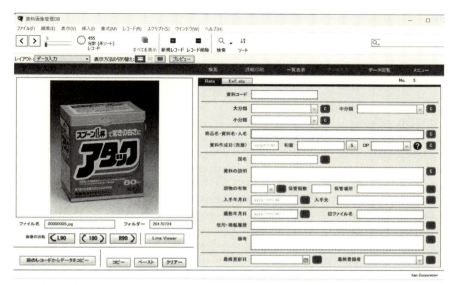

図6　花王写真資料データベース

社内外からの問い合わせに積極的に活用している。

　その他にも、花王ミュージアムでの展示や社内の色々な部門が企画するキャンペーンやイベントに使用されたり、メディア対応では昔のことを振り返るクイズ番組・バラエティ番組に画像を提供したりするなど、様々な目的に広く活用されている。また、新商品を出す際には、昔は「こんな風に使っていたものがこんな風に利便性が良くなった」、「こんな風にこの商品は成長・進化してきた」といったことを振り返り説明をしているため、そういったシーンでもアーカイブされたデータがよく使われている。社内での認知度も上がってきており、何か調べて欲しいものがあるとミュージアムに問い合わせるという流れができ、「あのデータがあるなら、このようなデータもあるかも」といった具合に、利用者からの期待値が高まっている(図7)。

　資料画像管理データベースは花王ミュージアムが管理しており、利用者から問い合わせが来た際に利用目的を確認し、問題が無いと判断した場合に

第8章　デジタルデータの保存と管理および活用｜肥田　────　215

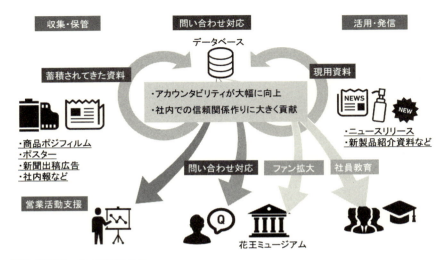

図7　花王アーカイブズのフロー

データを提供しているが、基本的に権利関係が明確になっていないデータは提供しないようにしている。データの保存に関しては、クラウドと外付けハードディスクの両方を用いている。

　今後は、膨大な資料のどこまでをデジタル化していくかといった優先順位の選定と線引きを行い、デジタル化されたデータをよりうまく活用して能動的に情報を発信していくと共に、取引先に対してはショールーム、社員に対しては研修施設、社員の家族や一般の見学者に対してはファン拡大のコンテンツとして機能するミュージアムとして、より魅力的な企画展示ができるように積極的にデータを活用していく考えである。

3-3　キッコーマン株式会社 キッコーマン国際食文化研究センター

　キッコーマン株式会社では、創立80周年事業の一環として1999年にキッコーマン国際食文化研究センター[16]（以下センターという）を設立し、同センターがビジネスアーカイブズの担当セクションを担っている。センターは

図8　「しょうゆとキッコーマンの歴史」(デジタル年表)Web版

　情報発信を目的に作られた組織のため、単に貴重な資料を収集・保管する保管庫としてのアーカイブにとどまらず、情報を「収集」して「発信」することが大きなミッションとなっている。収集する情報は、自社の資料だけではなく、醤油業界、食品業界のみならず、食生活から食文化までを包括したもので、「企業は社会の公器」という理念のもと、それらの情報を整理・発信することでキッコーマンというブランドの存在意義を高めていくことにつなげている。このセンターは、だれでも利用可能なオープンな施設であり、利用者の拡大に向けて「食文化講座」の定期的な開催、「しょうゆとキッコーマンの歴史」(デジタル年表) Web版[17](図8)の公開、研究機関誌「Food Culture」[18]の発行など、認知度を高めるための活動を行っている。
　これまでに商品ポジフィルム、イベント関連記録写真、ポスター、新聞出稿広告、映像フィルム、施設外観写真、セールスエイド(カタログ・販促物)、ニュースリリースなどをデジタル化してきた。これらのデータは収蔵品データベース「Papyrus(パピルス)」(図9)をカスタマイズしたシステムで管理して

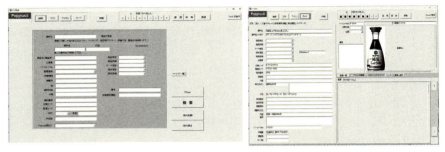

図9　収蔵品データベースPapyrus(パピルス)

いる。

　このシステムの活用により、問い合わせに対して即座にデータを取り出すことが可能になったためアーカイブズとしてのセンターの認知度が高まり、「何かあったらここに聞く」という意識が全社的に浸透した。例えば、海外工場の周年事業の際に「設立当初の写真や映像が無いか」といったものや、商品に関して「古い商品のコピーが知りたい」といった問い合わせが社内外から毎日のようにあり、年々増加している。

　また、販促イベントに過去の写真が使用されたり、新商品開発で過去の商品に関するデータがヒントにされたりするなど、現業でも活発に利用されている。具体的な例としては、2019年に森永製菓株式会社との共同企画で販売を開始した「ガトー醤油ショコラ」[19](図10)のパッケージが挙げられる。そのデザインにはキッコーマンと森永製菓のレトロな広告のイラストが散りばめられているが、これにはセンターが提供した画像データが利用された。また、同社の「いつでも新鮮　しぼりたて生しょうゆ」のCMでは、俳優の綾瀬はるかが「キッコさん」として出演しているが、これはCMクリエイターが70年代まで同社の広告キャラクターであった「キッコちゃん」をモチーフにインスパイアして現代風にアレンジしたものである。そしてこの制作過程において、センターにアーカイブされている過去の広告から着想を得て生まれたという話である。

図10　ガトー醤油ショコラのパッケージ

　データの利用に関しては、利用者からの申請を受けてセンターで使用目的を確認・審査のうえ、問題が無いと判断した場合にのみデータを提供しているが、基本的に肖像権などの権利関係が絡むものは提供していない。また、使用目的以外の二次利用は不可とし、使用目的終了後はデータを消去することをルールとしている(図11)。

　データのストレージについては、メディアの変遷はスピードが速く、ひとつのメディアに絞ってしまうとメディアスイッチがあった際にかえって乗り換えが難しくなるとの考えから、現在は基本的にHDDを用いているが、最新の情報を収集して「常に新しい情報の流れを見る」ように心がけている。DX戦略との関係では、センターの千葉県野田市という立地の問題から、なかなか実際のセンターを訪れることができない社員のために「デジタル年表」をサーバーにアップすることで、全国のあらゆる事業所からのアクセスを可能にし、リアルタイムで同じものが見られるよう多拠点展開の準備を進めている。また将来的には「バーチャル国際食文化研究センター」の構築を模索しており、センターに来ずとも見られる環境を整備できれば、認知度が上がり、より一層情報の利活用が促進されると考えている。

　今後のアーカイブのあり方については、企業の枠を超えた社会的な情報の連携に可能性を感じている。自社だけの情報ではその会社のことしか把握す

図11　キッコーマンアーカイブズのフロー

ることができないが、他の企業や大学、ミュージアム、行政など様々な機関のアーカイブズと連携することができれば、より重層的な情報を得ることができる。例えば、その商品が開発され、売られた時代の社会的な背景や空間がつながり、単に懐かしむだけではなく「こういった時代だからこういう商品が受け入れられたのだ」という日本の社会が浮き彫りになる。その結果、歴史的背景や当時の生活様相を踏まえた商品分析・比較展示ができるようになり、現代の商品開発でも発想のヒントになるなど、ビジネスアーカイブの新たな展開につながるのではないかと考えている。

4　デジタルアーカイブに用いられる技術

　ここまで3社のビジネスアーカイブへの取り組みを紹介してきた。各社とも、様々な体制で取り組んでいるが、通貫しているのは資料をデジタルアーカイブ化することにより、それまでと比較して情報の利活用が圧倒的に高まっている点である。
　ところで、デジタルアーカイブがわずか30年足らずの間に急速に発展

してきたことは冒頭でも触れたが、あらゆるものの進歩には、光と影、表と裏があるように、デジタルアーカイブの進歩にも影の部分がある。例えば、この間に消えていった技術は枚挙にいとまがない。特にインターネットで高精細画像を高速表示する技術は2000年代初頭頃から様々な技術やファイルフォーマットが開発されたものの、そのほとんどが今では消えてしまい使用できなくなってしまった。また、基盤となるアプリケーションやプラットフォームでも、Apache Struts（2014年）、Flash Player（2020年）、Internet Explorer（2022年）などのサポートが終了し、Linuxで動作するCent OS7も2024年6月にサポートが終了した。記録媒体では、フロッピーディスク、MO、Zip、MD、リムーバブルハードディスクなど多くのメディアが使われなくなってしまっており、近年では最も安定していると言われていたDVDやCDといった光ディスク媒体も、その需要が今後減少傾向にあるという見通しがたっている。こういった記録媒体については、その期待寿命よりもメーカーが記録媒体そのものや再生装置を生産しなくなってしまうことにより、結果的に使用できなくなるというプロダクツライフサイクルの方がはるかに短く、今後その傾向はますます強まっていくと予想される。従って、デジタルアーカイブの永続的な利活用を考える場合には、用いる技術や媒体を十分に検討する必要がある。どんなに便利そうに見えてもトップランナーの最新技術は採用せず、一般に広く社会で認知され、使用されている、汎用的で枯れた技術を用いるといった慎重な姿勢が重要となる。さらに、将来的には必ずマイグレーションが必要になるということも忘れてはならない。同時に、データを保管しておくのではなく、常に利活用される環境を整備し、データをLIVEにしておくということもアーカイブデータを中長期的に保存していくうえで重要であると考える。

5　企業デジタルアーカイブの課題

　各企業のデジタルアーカイブが抱える問題は様々であるが、ここでは"ヒ

ト"の問題をとりあげる。企業のアーカイブズ部署では、元々全く異なるセクションから人事異動によりアーカイブズへの配置換えとなるケースが多く、保存・目録作成・デジタル化などの、アーキビストとして必要とされる専門的知識を有していないことから、人材の育成が課題となる。この点は、企業史料協議会に参加して他の企業と情報交換を行ったり、毎年11月に開催されるビジネスアーキビスト研修講座[20]に参加したりするなどして、基礎的な知識を習得するケースが多いようだ。また、デジタルアーカイブ学会に加入して、研究者による最新の技術情報や法整備の情報を入手している企業もある。非常に短いタームでスタッフが変更される上に、十分な引き継ぎ期間を設けられない点も問題であるが、この点については各社の事例で紹介したとおり、データベースを構築し、デジタル化したデータをDBに登録してデータをLIVEにすることにより業務が標準化されている。

　創業100年を超えるような企業の歴史に関する資料は、一企業の知的財産にはとどまらない。例えば、ある食品メーカーが販売した商品はその名称や開発目的も含めて、当時の社会生活や経済と密接に関連している。このため、業界の同業他社のみならず、異業種の企業や異分野の同じ時代の知的財産を並べてみれば、商品や製品の歴史的背景や当時の生活様相を踏まえた商品分析・比較展示をおこなうなど、新たな可能性が広がっていくだろう。

　この点では、国立国会図書館が運営するジャパンサーチとの連携が有効である。ジャパンサーチは、我が国が保有する多様なコンテンツのメタデータをまとめて検索できる「国の分野横断型統合ポータル」で、現在は書籍、文化財、メディア芸術などの分野のデジタルアーカイブとの連携が中心となっているが、今後企業が保管する資料データのうちで、社外秘になっていないデータなどを登録することにより、より重層的な情報が見えてくる可能性がある。ジャパンサーチとの連携は今後のビジネスアーカイブにとっての課題であろう。

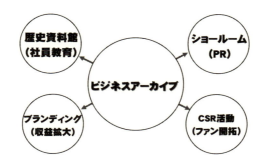

図12　ビジネスアーカイブの効果

6　おわりに

　ビジネスアーカイブは、歴史史料館(社員教育)、ショールーム(PR)、CSR活動(ファン拡大)、ブランディング(収益拡大)などへの効果が期待でき、現業への収益向上に非常に重要な要素となっている(図12)。

　最後に、わが国で最も企業文化を大事されていた経済人のひとりで、惜しくも2023年8月30日(水)92歳で逝去された、株式会社資生堂 名誉会長 福原義春氏の、2011年5月23日(月)に開催された企業史料協議会の平成23年度(第30回)会員総会での記念講演「経営者のバイブルとしての企業史料と社史」でのお言葉を紹介する。

　　企業史は、経営者にとってバイブル(聖書)である
　　企業史は、企業をどのように進めればよいかを示す羅針盤である
　　もし、企業史料が整理されていなかったら、海図なき航海に出るようなものである

　自社がどのような理念で創業し、どこから来て、どこに向かおうとしているのかといった企業文化を経営資源として捉え、これらの資源をデジタル

アーカイブ化し、ステークホルダーに対して戦略的、積極的に情報を発信することにより、他社と差別化するビジネスアーカイブは、企業価値向上に向けて今後ますます盛んになっていくだろう。

注・参考文献

1) 企業史料協議会（https://www.baa.gr.jp/profile.asp）（最終アクセス：2024年10月15日）

2) マイクロソフトが1995年に発売したOS。一般家庭でも容易に画像を扱かったり、インターネットに接続できるようになったりして、パソコンが普及する原動力となった。

3) 総務省「e-Japan戦略」の今後の展開への貢献（https://www.soumu.go.jp/menu_seisaku/ict/u-japan/new_outline01.html）（最終アクセス：2024年10月15日）

4) 文化庁　文化遺産オンライン（https://bunka.nii.ac.jp/）（最終アクセス：2024年10月15日）

5) 国立国会図書館 大規模デジタル化事業（https://www.ndl.go.jp/jp/international/pdf/theme2_muto.pdf）（最終アクセス：2024年10月15日）

6) 総務省 知のデジタルアーカイブ（https://www.soumu.go.jp/menu_news/s-news/01ryutsu02_02000041.html）（最終アクセス：2024年10月15日）

7) 国文学研究資料館「日本語の歴史典籍の国際共同研究ネットワーク構築計画」（https://www.mext.go.jp/b_menu/shingi/gijyutu/gijyutu4/021/siryo/__icsFiles/afieldfile/2019/08/06/1419689_001.pdf）（最終アクセス：2024年10月15日）

8) デジタルアーカイブ学会（https://digitalarchivejapan.org/）（最終アクセス：2024年10月15日）

9) デジタルアーカイブ推進コンソーシアム（https://dapcon.jp/）（最終アクセス：2024年10月15日）

10) 国立国会図書館 ジャパンサーチ正式版（https://www.ndl.go.jp/jp/news/fy2020/200825_02.html）（最終アクセス：2024年10月15日）

11) 「KIRIN Now」は2022年度「経団連推薦社内報審査」で「最優秀賞」を受賞した（https://www.kirinholdings.com/jp/newsroom/release/2023/0327_01.html）（最終アクセス：2024年10月15日）

12) キリン歴史ミュージアム（https://museum.kirinholdings.com/）（最終アクセス：2024年10月15日）

13) キリングループ温故知新（https://www.kirin.co.jp/others/stories/20231101/）（最終ア

クセス：2024年10月15日）

14) 花王ミュージアム（https://www.kao.com/jp/corporate/outline/tour/kao-museum/）（最終アクセス：2024年10月15日）

15) 「花王ウェイ」は、花王グループの企業活動の拠りどころとなる、企業理念（Corporate Philosophy）である（https://www.kao.com/jp/corporate/purpose/kaoway/）（最終アクセス：2024年10月15日）

16) 千葉県野田市野田に設立された「発酵調味料・しょうゆ」を基本とした研究活動、文化・社会活動、情報の収集・公開活動などを目的とした施設（https://www.kikkoman.com/jp/kiifc/）（最終アクセス：2024年10月15日）

17) 「しょうゆとキッコーマンの歴史」（デジタル年表）Web版は、2023年のセンターのリニューアルオープンにあわせて、86型のタッチパネルサイネージを設置して導入した「デジタル年表」を、新たにホームページ用に作成し2023年9月に公開した（https://www.kikkoman.com/jp/kiifc/history/）（最終アクセス：2024年10月15日）

18) 食文化の国際交流を目的に研究機関誌（日本語版・英語版）を発行している（https://www.kikkoman.com/jp/kiifc/publication/）（最終アクセス：2024年10月15日）

19) 森永製菓株式会社が2019年11月1日（金）に渋谷スクランブルスクエアにオープンした『TAICHIRO MORINAGA エキュートエディション渋谷店』の店頭のみでの限定販売商品（https://www.morinaga.co.jp/company/newsrelease/detail.php?no=1785）（最終アクセス：2024年10月15日）

20) 企業史料協議会が毎年開催する、ビジネスアーカイブズに必須の知識を各分野の専門家が講義する日本で唯一の歴史ある講座（https://www.baa.gr.jp/news_h.asp?NoteAID=14）（最終アクセス：2024年10月15日）

コラム2

I.B.MUSEUM SaaS

博物館デジタルアーカイブのプラットフォームへ

内田剛史

1　はじめに

　クラウド型の収蔵品管理システムとして2010年11月にサービスを開始した「I.B.MUSEUM SaaS」は、2024年8月に導入館・機関数が600館を超えた。当初はデジタル化した資料カードや台帳の管理に軸足を置いていたが、社会的要請などを背景に登録した資料情報の公開機能を利用する館が増加。近年は、新型コロナウイルス感染拡大を機に博物館のデジタル活用が活発化する中、博物館法の改正でデジタルアーカイブの公開が正式に事業として位置づけられたことも手伝い、ニーズが急増している。

　結果として、中小規模の博物館にとっては事実上、デジタルアーカイブのプラットフォームとしての役割を担うに至っている。本コラムでは、サービス開始から成長の背景、現在地などを振り返り、今後について考察する。

2　博物館収蔵品管理システムと「I.B.MUSEUM」シリーズ

2-1　1990年代

　「I.B.MUSEUM」は1992年、早稲田システム開発株式会社の設立とほぼ同時に発売された。当初はMS-DOS用のパッケージソフトで、2年後にはクライアント／サーバ型に、1995年にはWindows95に対応。1997年には、シリー

ズ累計で導入館が100館に達している。

　この年、デジタルアーカイブ推進協議会が実施した博物館向けのアンケートに「システム構築を行う外部委託業者はどこか」という質問がある（デジタルアーカイブ推進協議会（2001）『デジタルアーカイブ白書2001』）。回答数は少ないものの、当社（12館）とする館は大手各社（5館＝2社、4館＝1社）を大きく上回っており、この時点で業界でも高い認知度を得ていたことが分かる。

　当時は紙の目録やカードが使われていたが、扱う資料も管理方法も館ごとにまったく異なり、メタデータの体系に大きな違いが生じることから、システムの構築ではオーダーメイドが避けられなかった。だが、数百万〜数千万円の予算を要するため、新規開館時などの特例を除き、中小規模館での導入は極めて困難だった。

2-2　2000年代

　2000年代初頭は雇用情勢が本格化に悪化し、公共部門では緊急雇用対策事業が活発化。これを活用してアルバイトを雇用し、資料情報をMicrosoft Excelに入力するなど目録のデジタルデータ化を一気に進める館が目立つようになる。その一部は、のちにシステム導入への足がかりとなった。

　一方、90年代後半に導入した館はサーバの更新時期を迎え、予算確保に支障をきたす例が続出。当社ではサーバに依存しないWebブラウザ版のI.B.MUSEUMを発売したが公共部門の予算削減は加速し、初期費用が嵩む収蔵品管理システムはさらに手が届きにくい存在に。日常的に全国の館を訪問する当社スタッフは、導入意向を持ちながらも予算の壁に阻まれる多数の中小規模館とともに突破口を模索する日々を送った。

2-3　2010年代

　2010年、総務省が開催した地方公共団体ASP・SaaS活用推進会議の平成21年度報告書として『地方公共団体におけるASP・SaaS導入活用ガイドライン』を公表。この頃からSaaS（Software as a Service）という言葉が一般化し始め、

当社もそのままクラウド版の名称を「I.B.MUSEUM SaaS」とした。

　項目体系を自館でアレンジできる機能を実現し、また次節の通り安価な料金設定もあって、年を追うごとに中小規模館のユーザが増加。のちには比較的規模の大きな館もクラウド版を選択するようになる。

3　I.B.MUSEUM SaaS の特徴

3-1　料金体系の設定

I.B.MUSEUM SaaS のサービス開始にあたっては、初期費用ゼロ、3万円の月額利用料のみという料金体系を採用した。当時は従量料金制が主流だったが、前述の経緯から中小規模館のサポートを目的のひとつとしていたため、導入後の運用でデータが充実するほどに高額となっては本末転倒という想いがあった。この料金設定は、大きく機能が増えた現在も変わらない。

3-2　学芸現場を支援するシステム

　本コラムのテーマは「博物館デジタルアーカイブのプラットフォーム」であるが、I.B.MUSEUM シリーズは一貫して収蔵品管理システムとして設計されている。資料データベースはもとより、展示や貸出などの資料の動き、作家や寄贈者など関連人物の情報なども収蔵品管理業務の一環として一元的に扱えるほか、各種帳票の出力、インターネットや来館者向け端末を通じた情報公開など多様な機能を実装。学芸員の日々の業務で自然にデータが更新・蓄積される仕組みとなっている。

　デジタルアーカイブ専用システムは通常業務とは切り離して運用することが一般的で、利便性の半面、学芸員の負担が増えるという指摘もある。特に人員が不足しがちな中小規模館ではデータ登録に労力を割くことが難しいことから、I.B.MUSEUM SaaS では公開機能の実装時に登録情報をそのまま活用できるフローを構築。そのままデジタルアーカイブ事業での利用を強く意識することとなった。

	対象館数 (※1)	うち公開 館数	対象館登録点 数	公開館登録点 数	公開点数	平均登録 点数	平均公開 点数	公開率1 (※2)	公開率2 (※3)
総合	69	45	4,968,046	4,462,696	1,316,183	64,677	29,249	65%	26%
歴史	193	114	7,179,661	5,570,599	2,027,845	28,863	17,788	59%	28%
美術	141	77	1,211,423	839,135	299,110	5,951	3,885	55%	25%
自然科学	20	11	727,698	645,194	600,284	32,260	54,571	55%	82%
文学	29	16	1,151,318	1,084,105	631,283	37,383	39,455	55%	55%
埋蔵文化財センター	4	2	131,050	17,809	3,951	4,452	1,976	50%	3%
図書館	2	1	31,127	30,516	5,125	15,258	5,125	50%	16%
自治体	33	19	567,043	443,143	179,754	13,429	9,461	58%	32%
水族館	2	1	1,483	1,425	493	713	493	50%	33%
その他	6	4	185,265	82,880	36,464	13,813	9,116	67%	20%
合計・平均	499	290	16,154,114	13,177,502	5,100,492	26,408	17,588	58%	32%

※1 複数施設でひとつのデータベースを使用している場合、代表施設のみ対象館にカウントしている。

※2 公開率1（導入館のうち、データを公開している館の比率）

※3 公開率2（データを公開している館の登録点数のうち、公開している点数）

図1　I.B.MUSEUM SaaS導入館の館種別データ登録・公開状況（2023年10月現在）

3-3　デジタルアーカイブの公開

3-3-1　基本的な外部公開機能

I.B.MUSEUM SaaSでは、登録されている資料データから公開可能なものだけを選び、カスタマイズ可能な専用の検索ページで公開することができる。2023年10月現在、全導入館の58％が公開に漕ぎ着けている（図1）。

3-3-2　発展的な外部公開機能

I.B.MUSEUM SaaSを活用した情報公開チャネルは、段階的に拡大している。以下の機能では、いずれも登録情報をそのまま公開用データとして活用することができる（図2）。

3-3-3　スマートフォン・アプリ

クラウド型システムであるI.B.MUSEUM SaaSは、継続的に機能を改善・追加している。そのひとつが2016年にリリースした「ポケット学芸員」である。文字や画像のほか、音声やYouTube上の動画も配信可能な展示ガイドアプリで、翌年には街歩きアプリ3種を追加。いずれもI.B.MUSEUM SaaSの

図2　I.B.MUSEUM SaaS のデータ公開機能

機能の一部で、上記の月額料金内で導入できる。

3-3-4　Web API

2019年に実装したWeb API公開機能によって、第三者が構築したWEBサイトやアプリを通じて登録データを公開することが可能になった。現在では各地のデジタルミュージアム事業で採用されている(図3)。

3-3-5　ジャパンサーチ連携

2020年8月に正式公開となったジャパンサーチ向けのデータ出力機能は、2021年4月に実装した。公開したいデータに簡単な設定を行うだけで自動的にジャパンサーチへと反映されるため、導入館は最小限の負担で持続的な連携を実現できる。

サイト名称	URL
東川町文化財デジタルアーカイブ	https://higashikawa-bunnkazai-archive.jp/
北海道立美術館所蔵作品等データベース	https://artmuseum.pref.hokkaido.lg.jp/database
三内丸山遺跡縄文デジタルアーカイブ	https://sannaimaruyama.pref.aomori.jp/sanmaru_search/
まつどデジタルミュージアム（松戸市デジタルミュージアム）	https://matsudo-digital-museum.jp/
角川武蔵野ミュージアム　収蔵品検索	https://opac.kadcul.com/collection
東京都庭園美術館　コレクション	https://www.teien-art-museum.ne.jp/museum/collection
おだわらデジタルミュージアム	https://odawara-digital-museum.jp/
ちがだべ（デジタルアーカイブ）	https://chigamu.jp/chigadabe/list/
金沢ミュージアム？	https://kanazawa-mplus.jp/
中京大学スポーツミュージアム	https://sportsmuseum.chukyo-u.ac.jp/collection/
西尾祭時記～祭礼デジタルアーカイブ～	https://nishio-saijiki.com/
大阪市立東洋陶磁美術館収蔵品画像オープンデータ	https://websites.imapps.ne.jp/mocoor/
和歌山ミュージアムコレクション	https://wakayama.museum/
鳥取県立バリアフリー美術館	https://tottori-bfm.jp/
広島平和記念資料館　平和データベース	https://hpmm-db.jp/
みやざき伝承プラットフォーム	https://auv.vss.miyazaki-u.ac.jp/
大分市デジタルアーカイブ～おおいたの記憶～	https://oitacity-archive.jp/
対馬博物館収蔵資料	https://tsushimamuseum.jp/collection/
名護・やんばる大百科ミニ	https://www.city.nago.okinawa.jp/museum/api/
琉球王国交流史・近代沖縄史料デジタルアーカイブ	https://ryuoki-archive.jp
なんじょうデジタルアーカイブ	https://nanjo-archive.jp/

令和5年12月現在

図3　Web APIを活用したWebサイト事例（2023年12月現在）

4　I.B.MUSEUM SaaS の導入実績と分布

4-1　導入実績の推移

　I.B.MUSEUM SaaS の導入館・機関数は600館・機関に達しており（2024年8月現在）、同種のサービスでは突出した数字となっている。特殊な事情を抱える数件を除いて利用契約を継続中で、現在も毎年数十館のペースで増えている（図4）。

　各年度の増加数は以下の通りで、2013〜2015年度の急激な増加はオンプレミス版からの移行の需要が中心。2020年度以降の加速は、新型コロナウイルス感染拡大に伴う博物館のデジタル活用強化の動きが関係していると思われる。

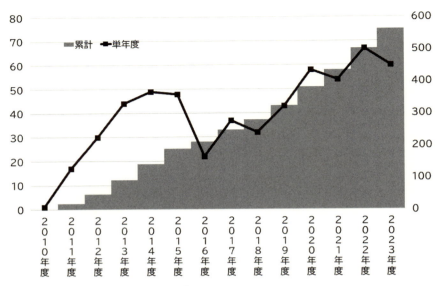

図4　I.B.MUSEUM SaaS導入館数の推移

4-2　設置母体別、館種別、都道府県別などの分布状況

　ユーザは全都道府県に分布しており、国立館から市町村立、民間など多様な設置母体の施設で採用されている（図5）。過半数が政令指定都市を除く市町村立の中小規模館で、前掲図1の通り総合・歴史・美術・自然・文学と館

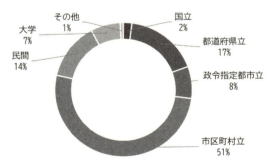

図5　I.B.MUSEUM SaaS導入館の設置母体別比率（2023年10月現在）

種も幅広い。

5 I.B.MUSEUM SaaSの活用事例

5-1 インタビューに見る現場の利用状況

当社Webサイトでは、システムを導入した館・機関の職員に、意見や課題、ビジョンを聞く不定期連載のインタビュー記事を公開している。2005年から2023年までの掲載数は208件に及ぶが、うちI.B.MUSEUM SaaS導入館109件を対象に、記事中で言及されている「導入メリット」「今後の目標」をカウントした（図6）。

導入メリットは職員の情報共有に関する声が圧倒的に多く、目標については登録件数や情報量の拡充が目立った。これは導入後の取材時点でもデータ登録が完了していないことを意味しており、人員不足の状況が垣間見える。また、最近では外部機関やサービスとの連携についての話題も増えている。

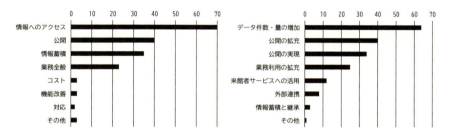

図6 「ミュージアムインタビュー」集計。左：導入してよかったこと　右：今後目指したいこと

5-2 特筆すべき活用事例

5-2-1 「二つ目の公開」の限定公開利用

I.B.MUSEUM SaaSの公開機能では、ひとつのデータベースで二つのWebページを運営可能で、アクセス者を限定することもできる。この二つの特性をうまく使った好事例がいくつか登場している。

2021年1月から3月まで高知県立美術館で開催された「生誕100年 石元泰

博写真展」は、2020年9月より東京都写真美術館、東京オペラシティ アート
ギャラリーで開催されてきた巡回展である。同館は作品の所蔵館で、一般に
は非公開のデータベースを巡回先と共有し、展覧会の準備に活用した。また、
福島県いわき市のいわき震災伝承みらい館では、東日本大震災の関連資料を
オンラインで公開する一方、二つ目の公開ページを津波遺留品返還事業の専
用データベースとして運用。被災者のプライバシーに関わるため館内のみの
公開とし、遺留品の持ち主探しに役立てている。

5-2-2 アプリを使った情報発信

　展示ガイドアプリのポケット学芸員では、高校の放送部員をナレーターに
起用する試みが各地で広がっている。高校生にとっては部活動の成果を披露
する晴れ舞台となり博物館は高品質なナレーションを確保できる「博学連携」
は、ユーザ向けメディアで紹介したところ話題を呼び、参考にする館が増加
している。
　また、YouTubeにアップした動画を連携できる機能を利用して、バリアフ
リー化に役立てる試みも進んでいる。横須賀美術館では、社会福祉法人 神
奈川聴覚障害者総合福祉協会の呼びかけで手話動画の配信を開始。長野県岡
谷市のイルフ童画館を皮切りとする巡回展『かがくいひろしの世界展』では、
手話による解説動画の取り組みがきっかけとなって県内の聴覚障害者支援団
体などとの交流が始まったという。

6　I.B.MUSEUM SaaS の課題と将来

6-1 「利用度の平均値」の向上

　業務の負荷を軽減する機能群が効果を発揮するにはデータベースが整備さ
れていることが前提となるが、多くの館では登録が思うように進まないのが
実情である。そこで、新人や臨時スタッフにもすぐに使いこなせるシステム
を目指し、外部専門家らを招聘してユーザインターフェイスの全面リニュー

アルを実施。本コラムをお読みいただく頃にはリリースされる予定となっている。

6-2　ノウハウや事例の情報共有基盤

　上記の情報発信事例のような成功体験を各館で共有できれば、業務負担の軽減につながる。当社でも他館の事例を積極的に紹介するよう努めているが、直接的に伝達できる機会は限られる。そこで、こうした情報が蓄積される場を作り、各館が問題に直面した際にすぐに参照できるユーザ文化を構築したいと考えている。

7　まとめ

　I.B.MUSEUM シリーズは、収蔵品管理システムとして30年以上の歴史を歩んできた。この間、営業部門のスタッフは一人あたり年間で200館前後の博物館を訪問し続け、学芸員に直接相対して要望を集めてきた。長きにわたり少しずつ追加した機能の多くは現場の声を反映したもので、中でも機能改善が前提のクラウド版である I.B.MUSEUM SaaS では大小さまざまな新機能を実装し続けている。

　現在は、情報発信機能の発展形として、デジタルアーカイブの公開を強化・効率化する機能に力を入れている。冒頭で触れた通り、中小規模の博物館にとっては事実上のプラットフォームの役割を担いつつあるだけに、その責任を痛感する次第である。

第 **3** 部

研究基盤としてのDA

第9章

研究データの始まりから
終わりまで

オープンサイエンスにおける研究データ基盤

NII Research Data Cloud の役割

込山悠介

1　研究データ基盤構築の背景

　国立情報学研究所（NII: National Institute of Informatics）は2016年から、国内の学術機関向けに研究データ基盤であるNII Research Data Cloud（NII RDC）[1]を開発し、2021年から運用を実施してきた。NIIが国内の学術機関向けの研究データ基盤の研究開発に取り組む背景として、国際的なオープンサイエンスの潮流とその影響を受けた国内の科学技術政策上の理由がある。オープンサイエンスとは、科学的研究とデータの広範な公開を通じ、相互協力、透明性、再現性を促進する実践的な研究活動を包括する言葉である[2]～[4]。オープンサイエンスでは研究成果・方法・プロセスのオープンな共有を早期に実施することを含み、各研究分野におけるコミュニティ内でのより深い検証や相互協力を可能にする。オープンサイエンスは科学情報への隔たりのないアクセスを提供し、広範なプレイヤーの研究への参加、研究の再現性向上やイノベーションを促し、最終的には社会全体へ利益をもたらす。研究データ自体に加えて、分析ツールやシミュレーションなどのプログラムのソースコード、方法論のオープンな共有や協力を促進し、科学的発見のサイクルを

加速させる。さらに、オープンサイエンスは科学的知識とリソースの自由な交換を通じて、アクセスの障壁を取り除き、協力と説明責任の文化を醸成する。このように、オープンサイエンスでは、科学的研究の成果、根拠データ、方法論をオープンに共有することで、研究の透明性、再現性、信頼性を高め研究活動を促進する。

海外に目を向けると、オープンサイエンスの潮流が各研究コミュニティに大きな影響を及ぼしており、研究データの開放性と共有を通じて科学的発見の効率性と公正性の向上が目指されている。FAIR（Findable Accessible Interoperable Reusable）[5]原則に基づく研究データの管理では、これらのデータが見つけやすく、アクセスしやすく、相互運用可能であり、かつ、再利用可能であることを保証する必要がある。アメリカでは、Open Science Framework（OSF）[6]やGlobus[7]等が重要な研究データマネージメントの支援ツールとして提供されている。OSFはプロジェクトのデータライフサイクル全体をサポートし、Globusは研究データを世界中のシステム間で効率的に移動、共有、発見するためのサービスだ。米国ではこの他に各大学でも有力なデータプラットフォームを持つケースも見られる。ヨーロッパではリージョンレベルの研究データ基盤であるEUDATや、オーストラリアでもAustralian Research Data Commons（ARDC）[8]がリージョンレベルで各レイヤーでの研究データ基盤が提供されている。さらに、国際的にはResearch Data Alliance（RDA）[9],[10]、イギリスのDigital Curation Centre（DCC）[11]、ドイツのGerman Research Foundation（DFG）[12]などの組織・団体は、各国または国際的なデータ共有と再利用を促進し、より透明で相互運用可能で協力的な研究データエコシステムの構築を目指している。これらの国際的な取り組みは、オープンサイエンスの実践を通じて研究データの価値を最大化し、科学的な透明性と再現性の向上に寄与している。

国内の政策動向としては、2021年に日本では、『公的資金による研究データの管理・利活用について』の基本的な考え方が統合イノベーション戦略推

進会議[13]で決定された。この方針は、国際的なオープンサイエンスの流れ
に沿ったもので、研究データの適切な管理と共有、再利用を目指している。
これにより、研究の透明性を高め、イノベーションが促進される事が期待さ
れている。この興隆は、『第6期科学技術・イノベーション基本計画』[14]に
おいても強調されている。計画では2025年までに全ての大学・研究機関に
おけるデータポリシーの策定、そして公募型の研究資金における「データ管
理計画(DMP: Data Management Plan)」が取扱い可能なシステムの導入を目標
として掲げている。これらの施策は、研究データの公開と共有を促進し、科
学技術・イノベーションのさらなる発展を支えることを目指している。2023
年のG7科学技術大臣会合では、学術論文等の即時オープンアクセスについ
ても議論され、G7科学技術大臣の共同声明(コミュニケ)が出された[15]。こ
れを受けてオープンサイエンスの国際的な推進と共に、研究成果への即時
オープンアクセスが重要なテーマとなり、研究データ共有のグローバルな
推進が再確認された。2024年には統合イノベーション戦略推進会議から『学
術論文等の即時オープンアクセスの実現に向けた基本方針』が発出された[16]。
研究成果の速やかな共有が、グローバルな課題解決に貢献するという共通認
識を示している。これらの動きは、論文や根拠データ等のオープンアクセス
化を通じて、科学研究の進展を加速し、新たな発見や技術開発の可能性を広
げることを目指している。オープンサイエンスへの取り組みは、研究の透明
性を高め、さまざまな分野での研究データの再利用を促進することで、科学
技術の発展に大きく貢献することが期待されている。

2　研究データ管理の目的

　政府等からのトップダウンの視点で、研究データ管理の必要性について考
えると、「公的資金による研究データの管理・利活用」のために必要だからと
いうことが目的として挙げられる。公的資金により得られた研究データの管
理は、研究の透明性を高め、再現性と検証性を確保することで科学的信頼性

を保つと同時に、知識の共有と利活用を促進し、研究効率の向上と研究倫理の強化に寄与する。さらに、適切なデータ管理とアーカイブによって長期的なデータ保全を実現し、将来的にも価値のある情報として研究データを利用可能にすることが、社会全体への研究成果の還元と新たな研究や技術開発の基盤を築く上で不可欠だ。これらの点から、公的資金を用いた研究活動においては、研究データの適切な管理と利活用が極めて重要であると言える。

　一方、ボトムアップ的な観点では研究データ管理は、研究推進の効率化、研究不正の防止、外部からの疑義への対応能力の強化、学術コミュニティへの貢献及び個人の評価向上、そして長期的なデータ価値の保持に寄与し、研究データの整理、保存、アクセスの容易さを通じて研究プロセスをスムーズに進めることができる。これにより、新たな研究アイデアの検証が容易になり、研究成果の信頼性を高め、データの公開が研究者自身のキャリア発展に繋がり、研究データの長期的な価値を確保する基盤を築くことが可能となる。これらのメリットは、研究者にとって研究データ管理の重要性を強調し、研究活動の質の向上に寄与する。

3　研究データ基盤のフレームワーク

　この節では、本章で頻出する理論と用語について説明する。

3-1　データ管理計画（DMP）

　はじめに、データ管理計画（DMP）について解説する。DMPは大きく第1世代と第2世代に分けられるそれぞれの概要を説明する[17), 18)]。

　第1世代のDMPは、オープンサイエンスの文脈において、DMPは研究プロジェクトの効率化と透明性を向上させるための重要な文書となっており、そのフォーマットは文章や表形式（PDF, Word, Excel）などになっている。研究データのライフサイクル全体を通じて品質とアクセス性を保証するための情報を、あらかじめ研究者が、研究採択時あるいは報告時に作成し資金配分

機関や所属機関に提出するものである。これは、研究成果を共有しやすくするとともに、再現性と検証可能性を高めることに寄与している。第1世代のDMPでは、主にデータの収集、保存、アクセス、共有、保存期間に焦点を当て、これらを計画的に管理する方針や手順が定められているが、オープンサイエンスの理念に基づく研究の進展に伴い、DMPの役割も進化している。近年では、DMPは単にデータ管理の枠組みを提供するだけでなく、研究データのオープンアクセス化、持続可能なデータ共有の実現、そして研究コミュニティ内でのデータ利用促進を目指している。これには、メタデータの標準化、データの再利用可能性を考慮したフォーマットの選定、データセット間の互換性の確保など、より具体的な指針が含まれるようになってきている。また、データの倫理的側面、特に個人情報の保護や知的財産権の管理に関するガイドラインも強化され、DMPは研究の社会的・倫理的責任を果たすための基盤としての役割も果たしている。オープンサイエンスの推進において、DMPは研究の信頼性と透明性を確保するための鍵となり、研究者にとって必須のドキュメントへと変化してきている。

第2世代のDMPは、Machine-actionable Data Management Plan（maDMP）[19]に対応したDMPシステムをいう。maDMPは、機械が読み取り可能な形式で記述されたデータ管理計画のことを指す。従来のDMPが表や文章などのPDF形式で人間が読むために書かれているのに対し、maDMPはコンピュータが解析し、自動的に処理できる形式で記述されている。これにより、研究データの管理、共有、アーカイブに関する計画をより効率的に、そして研究期間中も動的に管理・実行することが可能になる。maDMPの主な目的は、研究データのライフサイクル全体を通じて、データ管理プラクティスの透明性を高め、自動化を促進することにある。DMPの作成、レビュー、更新が容易になり、研究データの利用、再利用、保存に関する情報の改善が期待される。maDMPは、研究プロジェクトの開始時に研究者がデータの収集、保存、共有、保護に関する計画を立てる際に特に役立つ。さらに、研究資金提供機関や研究機関による研究データ管理の監視と評価を容易にすることもで

きる。要するに、maDMPはデータ管理計画を機械可読の形式で提供することで、研究データ管理の自動化と効率化を目指すものである。これは、研究の再現性を高め、オープンサイエンスを推進するための重要なステップの一つとされている。

3-2 研究データ公開と利活用

次に、研究データライフサイクルにおける公開・利活用のステップについて概説する。データサイエンスにおける計算機実験の再現性を確保することは、オープンサイエンスの中核的な目標の一つである。再現性は研究結果の信頼性を高め、科学的知見の検証を可能にするための基本要件であり、例えばJupyterのようなインタラクティブなデータ解析プラットフォームの活用は、この目標達成に直接的に貢献する。データ解析用のプラットフォームを用いることで、研究者は解析プロセスを明瞭に記録し、共有することができ、他の研究者が同じデータセットに対して同様の解析を効率的に再現できるようになる。オープンサイエンスの推進において、研究プロセスの透明性は、研究データの公開と同様に重要視される。Jupyterを通じて研究プロセスを段階的に記録し、可視化することは、研究成果の共有を促進し、解釈の誤解を減少させる効果がある。さらに、解析コードと共に研究データを公開用プラットフォームで公開することで、科学コミュニティ内での検証が容易になり、科学的発見の信頼性を向上させることが可能になる。したがって、データ解析の再現性の確保は、オープンサイエンスの理念を実現するために必要である。計算機実験の透明性と再現性を通じ、科学的方法の正確性を保ちつつ、新しい知識の生成と共有を促進することで、研究コミュニティと社会全体に利益をもたらすオープンサイエンスの未来を構築することができる。このアプローチは、研究成果の普及と活用を加速させ、広範な科学的課題への取り組みを促進する。

3-3　データガバナンス

　学術機関における研究データのデータガバナンスは、研究データの適切な管理、保護、共有、及び利用を確保するための方針、手続き、および実践の体系を指す。このガバナンス体系は、研究の透明性、再現性、および信頼性を向上させることを目的とし、データの持続可能な利用と保存を促進する。DMPはこのプロセスの初期段階で策定され、研究データの収集から保存、アクセス、共有、および保存期間にわたる計画を文書化することで、データのライフサイクル全体を通じた適切な管理を保証する。データの収集と保存では、適切なフォーマットでのデータ収集、メタデータの作成、そしてデータの構造化と標準化が求められる。安全な長期保存、バックアップの実施、およびデータ完全性の保持が必要である。アクセスと共有に関しては、適切なアクセス制御、権限管理、およびデータ利用規約の設定が重要であり、オープンアクセスの推進や再利用のためのポリシー策定が促進される。法的および倫理的な考慮には、プライバシー保護、知的財産権の遵守、および倫理的な問題への配慮が含まれる。モニタリングと評価により、ポリシーの遵守度、データ品質、およびデータ管理プラクティスの有効性が評価され、ガバナンス体系の継続的な改善が図られる。これらのプロセスには、研究者、データマネージャー、図書館員、IT専門家、および大学職員など、多様なステークホルダーの協力とコミットメントが必要であり、これにより研究の進展と知識の共有が促進される。

3-4　研究データ管理や利活用におけるメタデータの重要性

　効率的に研究データライフサイクルを回すためには、データを説明するメタデータの付与が重要である。データベース設計と研究データ管理において、メタデータは中核的な役割を果たす。基礎的な書誌情報のメタデータはデータの発見と初期評価に必須であり、ドメインメタデータは専門的な内容や研究コンテキストを提供して、データの質と適用可能性の評価、再利用や二次解析を可能にする。データベース設計には、これらのメタデータの有効

活用と共に、研究コミュニティにおける議論やコンセンサス形成を通じたメタデータの標準化が不可欠だ。標準化されたメタデータは、データの一貫性、互換性、再利用性を保証し、データ交換を円滑にする。しかし、このプロセスには挑戦的な側面もある。技術の進化はメタデータの要件を変える可能性があり、標準スキームの更新が必要になる場合がある。さらに、異なる研究コミュニティ間でのメタデータ標準の互換性を維持するためには、広範囲にわたる調整と協力が求められる。研究データの価値と利用の最大化を目指して、データベース設計者はコミュニティでのアクティブな参加と定期的なレビューを通じて、メタデータ標準化の取り組みに貢献することが重要である。これにより、データの持続可能な管理と効果的な利用が促進され、科学的発見やイノベーションへの貢献が期待できる。

4 研究データ基盤の機能とねらい

日本ではNIIが、研究データ基盤NII RDCを2021年から、学術機関向けに提供している。はじめに、在来3基盤と呼ばれる研究データの管理・公開・検索の基盤を説明する。次いで、NIIでは2022年から、文部科学省の「AI等の活用を推進する研究データエコシステム構築事業」[20]の採択に基づき、NII RDCの第2期開発が進んでいる。研究データ基盤の高度化のための追加される7機能を紹介する。

4-1 管理基盤 GakuNin RDM

GakuNin RDM [21]は、NII RDCから提供される研究資料の管理と共有を目的としたシステムであり、研究プロセスを効率化するためのサービスを提供している。利用者はこのシステムを用いて、安全なファイル共有環境を通じて共同研究者と情報を共有することができる。

機能面では、ファイルの保存と追跡、バージョンの管理、アクセス権の調整、そしてメタデータの管理が可能であり、研究の信頼性を高めるため

の証跡記録もサポートされている。また、外部のクラウドサービスやデータ分析ツール、機関のストレージシステムとの統合も容易であり、「学認（GakuNin）」を通じたシングルサインオン機能（1つのIDとパスワードでさまざまなシステムを利用できる仕組み）でどこからでもアクセス可能である。これらの特性により、GakuNin RDMは、研究データの効率的な管理と柔軟な共有を実現し、研究コミュニティ内での協力を促進する。

4-2　公開基盤 JAIRO Cloud

2つめは、NII RDCの公開基盤 JAIRO Cloud [22)] である。本サービスはWEKO3というソフトウェアが用いられている。NIIとオープンアクセスリポジトリ推進協会（JPCOAR）が、共同でサービス提供している機関リポジトリのクラウドサービスである。その特徴として、図書館員や研究者自身が研究データや関連資料を公開することができる。論文および研究データを登録、公開するために必要な機能を有している。

JAIRO Cloud を GakuNin RDM と連携することによって、研究者は研究成果である研究データを容易な操作で機関リポジトリに公開することができる。利用機関は JAIRO Cloud 上でコンテンツを持続的に登録・公開することが可能となる。利用機関が主要に管理・利用できるサービス範囲は、コンテンツ登録・公開、コンテンツ流通、統計データの集計などがある。

4-3　検索基盤 CiNii Research

CiNii Research [23)] は日本最大規模の学術統合検索基盤サービスであり、研究成果や論文、図書、研究データ、研究者情報、研究プロジェクト情報など幅広い範囲の学術情報を包括して検索可能な点が特徴である。このサービスは、オープンサイエンスの推進という現代の学術研究のニーズに対応し、研究データの公開や再利用を促進することで、新たな研究の進展を期待している。内部では大規模なナレッジグラフを形成し、学術情報の横断検索を提供している。CiNii Research の開発にはクラウドシステムを基盤とし、外部

データベースや海外学術機関とのAPI連携されている。論文と研究データの関係性を追跡し、異なるリソースを統合する新しいインターフェースを提供することで、ユーザーが横断的に情報を探索できるよう設計されている。これらの機能は、オープンサイエンスの推進に貢献し、研究コミュニティにとっての価値を高めている。ユーザーからのフィードバックを積極的に取り入れ、継続的にサービスを改善しアップデートを重ねることで、CiNii Researchは日本の学術統合検索基盤としての役割を強化している。統合された検索機能により、研究者は自分の研究領域だけでなく、異なる分野の情報も簡単に探索できるようになり、学術研究の発展に貢献している。

4-4 データガバナンス機能

データガバナンス機能[24]は、研究データの管理と活用を支援するための複数の重要な要素を含んでいる。この中で、特に注目すべきはモニタリング機能とリサーチフロー機能である。これらの機能は、研究プロジェクトにおけるデータの取り扱いを最適化し、研究の品質と効率を向上させることを目指している。モニタリング機能は、研究データがガバナンスシート（DMP、研究データポリシー、倫理審査、チェックリスト等を、機械処理が可能な形式にまとめた入力ファイル）に従って適切に管理されているかどうかを監視するために設計されている。この機能により、データの収集から保存、共有、アクセス制御に至るまでのプロセス全体が追跡され、計画からの逸脱を早期に発見し、必要な調整を行うことが可能になる。また、研究データの利用状況やアクセスパターンを分析することで、データの価値と研究プロジェクトへの影響を評価することもできる。一方、リサーチフロー機能は、研究プロジェクト全体のデータフローを管理し、各ステージでのデータ取り扱いの効率化を支援する。研究プロジェクトの初期段階から終了まで、データのライフサイクル全体を通じて、データの流れを可視化し、スムーズな連携と効率的な実行を保証する。これにより、研究プロセスの透明性が向上し、チームメンバーや関係者間のコミュニケーションが促進される。モニタリング機能

とリサーチフロー機能を通じて、NII RDC は研究者に対して、データを効果的に管理し、研究の進行をスムーズにするための支援を提供する。これらの機能は、適切なデータガバナンスの実施を通じて、研究の品質と効率の向上に貢献し、学術研究全体の発展を目指している。

4-5　人材育成基盤

人材育成基盤として、NII が提供する学認 LMS（learning management system; 学習管理システム）[25]は、日本の高等教育機関における教育と学習の質を革新的に向上させるための重要な教育基盤である。このシステムは、学術研究の成果を教育に活かし、教育コンテンツの共有と再利用を容易にすることで、教育の質の向上と効率化を図る。マイクロコンテンツによる教育内容の充実とアクセスの容易さを兼ね備え、インタラクティブな学習体験を提供することで、学習者一人ひとりが自身のニーズに合わせた学習を進めることが可能になる。このシステムは、最新の研究データや成果を直接教育プログラムに取り入れることにより、学生に対して実践的で最先端の知識を提供する。これにより、学生は現代の研究環境において必要とされる情報セキュリティ基礎や研究データ管理のスキルを身につけることができる。また、学認 LMS はクラウドベースのプラットフォームを活用しており、どこからでもアクセス可能な学習環境を提供することで、学習者の利便性を大幅に向上させている。教育と研究の垣根を越えたこの取り組みは、学術コミュニティの強化と日本の教育・研究の国際競争力の向上に寄与している。学認 LMS という教育基盤を通じて、知識の共有、人材の育成、そして研究と教育の質の向上を目指している。

4-6　コード付帯機能（GakuNin Federated Computing Services）

NII RDC のコード付帯機能（データ解析機能）[26]は、研究データの解析管理と再利用を支援するための重要な機能である。これらの機能は、GakuNin Federated Computing Services（Jupyter）とも呼ばれており、NII 提供および以

外外部の計算機サーバー上に、Jupyterを用いたデータ解析環境基盤を構築して利用する方法が提供されている。研究者が用いたデータ・プログラム・実行環境定義をまとめて「計算再現パッケージ」として公開・再利用できる機能が含まれているである。研究者が用いたデータ・プログラム・実行環境定義をまとめて「計算再現パッケージ」として公開・再利用できる機能である。これにより、先行研究のデータ解析を他の研究者が確実に再現し、発展的な研究を円滑に始められるようになる。これらの機能は、研究データのライフサイクルに即した管理を支援し、研究データの公開と流通を一層進めることを目指している。

4-7　秘匿解析機能

NII RDCの秘匿解析機能[27]は、秘密計算を用いたデータの秘匿性を保持しながら解析を可能にする技術である。特に、臨床医学や教育学などのプライバシーが関係する個人データや機密情報を含む研究データの場合、この機能によりデータを暗号化したまま解析処理を行い、データの開示や漏洩のリスクを抑えつつ、有意義な研究成果の抽出が可能になる。これにより、研究データの利用範囲が広がり、新たな知見の発見につながる可能性が高まる。

4-8　セキュア蓄積環境

NII RDCのセキュア蓄積環境[28]は、研究データを高度に保護するためのストレージ環境を指す。この環境は、専用のネットワーク、ハードウェアと暗号化技術を用いることで、特に機微情報を含むデータの安全な保存を実現する。研究データが外部からの不正アクセスや漏洩、改ざんから保護されるため、研究者は安心してデータを蓄積し、必要に応じて共有や公開ができる。

4-9　データプロビナンス機能

データプロビナンス機能[29]は、研究データの来歴、すなわちそのデータがどのような過程を経て生成され、どのように変更されてきたかを追跡・記

録する機能である。この機能により、研究データの信頼性や透明性が向上し、データを利用する研究者がそのデータの背景を理解しやすくなる。また、データ提供者は自身のデータがどのように利用されているかを確認できるため、研究の貢献度や影響度を把握するのに役立つ。執筆時点では、プロビナンス機能は調査・設計段階の機能である。

4-10　キュレーション機能

キュレーターとはデータの定式化(何らかの標準に沿った形で整理すること)や、メタデータ付与に関する専門の知識を持つ人材のことである。NII RDCのキュレーション機能[30]は、全国のキュレーターによる人的リソースを活用し、研究データの価値を最大限に引き出すことを目指している。これを実現するために、キュレーションネットワークの構築と、キュレーターが使用する詳細なメタデータを付与するシステムの開発に注力しており、研究データの品質向上、検索性の強化、再利用の促進を図っている。この取り組みにより、研究コミュニティはデータをより効果的に共有し、科学的知見の進歩に貢献することが期待される。キュレーション機能もまた、設計・試作段階の機能である。

5　NII RDCの活用事例

本節では、国内の研究データ基盤のニーズを示す例として、NII RDCを活用したユースケースを紹介する。

5-1　ムーンショット目標2「包括的未病データベース」

ムーンショット目標2の包括的未病データベースの開発においては、数理学者が設計したモデルやソフトウェアを活用し、実験系の医学研究者や臨床医との共同研究が進められている[31]。この取り組みでは、NII RDCが活用されており、疾患の超早期予測や予防に向けた研究のためのデータ集約・共

有と解析野進展に貢献している。このような学際領域的な協力は、未病の状態を理解し、将来的には治療法の開発や予防策の確立につながることが期待されている。

5-2　コアファシリティとの接続

　文部科学省の先端研究基盤共用促進事業(コアファシリティ構築支援プログラム)における GakuNin RDM の利用は、研究データの一元管理を可能にし、共同研究の促進に寄与する[32]～[34]。これは、研究者が研究データや関連資料を一元的に管理・共有するための研究データ管理サービスで、組織を越えた複数の研究者と迅速に研究データの管理・共有ができるため、個々の研究活動だけでなく、共同研究のハブとしても活用できる。また、GakuNin RDM では、様々なストレージと連携できるため、データの保存場所を柔軟に選択することが可能となり、データを効率的に管理することができる。

　しかし、コアファシリティにおける GakuNin RDM の利用に向けては、いくつかの課題が存在する。特に、実験装置の分析用ソフトウェアとの連携が必要となる場合があるが、研究データが特定のソフトウェアを必要とする形式で生成される場合、そのデータを GakuNin RDM で直接扱うことは難しい。また、研究者が日常的に使用するツール、例えば簡易な電子ラボノートや論文エディタといったものが GakuNin RDM で直接利用できると、研究の効率が大幅に向上する可能性がある。しかし、現状ではこれらのツール統合はまだ進んでいない。これらの課題を解決することで、GakuNin RDM はより広範で効果的な研究データ管理基盤となる可能性がある。それにより、研究の進展をより一層支え、新たな価値を創出することが期待できる可能性がある。そのためには、各研究機関やプロジェクトの具体的なニーズやタイミングを把握する必要がある。

6 NII RDCの課題

この節では、NII RDCの課題について考察する。

6-1 多種多様なユーザ属性が参加する共同研究のグループへのRDM環境提供の困難さ

多様なユーザ属性を持つ共同研究グループに対する研究データ管理（RDM）システム環境の提供は、認証システム、ポリシー、産学連携、海外連携、法律の各観点から複数の課題に直面する。統一された認証基準の確立、適切なアクセス権限の管理、データ共有に関する共通ポリシーの合意形成、知的財産権の取り扱い、利益配分、国際的な法規制の遵守、文化的・言語的違いの克服、データの跨境移動に関する制約、および法的契約の明確化は、主な課題である。これらに対処するには、標準化されたプロセスの確立、技術的ソリューションの開発、透明性と柔軟性を備えたコミュニケーションが必要になる。

6-2 大規模データを取り扱うためのインタフェースの必要性

研究データ管理基盤を構築する際には、大規模データを効率的に取り扱うためのインタフェースが非常に重要である。インタフェースにより、大量のデータを操作、アクセス、および分析する過程が簡素化され、ユーザーがデータに容易にアクセスできるようになる。大規模データセットのサイズと複雑さは、従来のデータベースシステムやファイルシステムでは効率的に扱うことが難しいため、メタデータに特化して高度に最適化されたインタフェースを通じて、データの読み込み、書き込み、更新を迅速に行うことが不可欠だ。さらに、大規模データを扱う際には、データ分析や処理のための高度な計算資源が必要になる。効率的なインタフェースは、分散処理、並列処理、およびクラウドベースの計算資源を活用して、データ分析のスピードと精度を向上させることができる。技術的な背景が異なるユーザーが操作で

第9章　研究データの始まりから終わりまで｜込山 ──── 253

きるように、インタフェースは直感的であり、簡素化されたデータアクセス、ユーザーフレンドリーな検索機能、ビジュアライゼーションツール、およびデータ管理ツールを提供することが重要である。研究データ管理基盤は、データ量の増加に伴いスケールアップやスケールアウトが可能であるべきである。インタフェースは、新しいデータソースの統合、データ形式の変更、および将来的な技術進化に柔軟に対応できるように設計される必要がある。また、大規模データを扱うインタフェースでは、データのセキュリティとプライバシーを保護するための機能が組み込まれている必要がある。これには、アクセス制御、暗号化、およびデータの監査証跡などの機能が含まれる。これらの要素を備えたインタフェースは、研究データ管理基盤の中核をなし、データの価値を最大化し、研究のイノベーションを加速するために不可欠である。

7 NII RDCの展望

NII RDCの研究開発は、オープンサイエンスを実践し、科学の透明性と再現性を向上させることを目的としている。研究データの管理、共有、再利用に対する理論的な探究から、未病データベースの開発やコアファシリティ等との接続に至るまで、具体的な成果が出始めている。しかし、これらの進展と並行して、技術的統合やツール連携の課題が顕在化しており、次なる課題への挑戦を意味している。これらの課題に対応するため、著者らは標準化されたプロセスの確立と技術的ソリューションの開発に注力しており、これによりオープンサイエンスの理念を推進し、研究データ管理のさらなる効率化と有効性を追求している。著者らが目指すのは、科学研究の未来を刷新し、知識の共有を通じて社会全体に貢献することである。将来に向けて、著者らはこれまでの成果と直面した課題から得られた教訓を活かし、オープンサイエンスのさらなる促進を目指す。新たな技術との統合、研究コミュニティとの更なる連携、そして国内外の研究データ基盤との協力を深めることで、

オープンサイエンス実現のための環境を整えることが求められている。著者らの取り組みが、研究データ管理の新基準を確立し、科学的探究の加速に寄与する様になることを目指す。

注

1） KITSUREGAWA, M.（2019）Open Science and Research Data Platforms, *TRENDS IN THE SCIENCES*, 24（10）, 10_86-10_89.

2） HAYASHI, K.（2016）「オープンサイエンスが目指すもの──出版・共有プラットフォームから研究プラットフォームへ」『情報管理』58（10）, 737-744.

3） HAYASHI, K.（2018）Progress of Open Science and Transforming Citizen Science to Co-creative Research, *TRENDS IN THE SCIENCES*, 23（11）, 11_12-11_29.

4） HAYASHI, K.（2022）「オープンサイエンス政策と研究データ活用で変わる学術情報流通サービス、およびレファレンスサービスの変容」『情報の科学と技術』72（5）, 160-163.

5） Wilkinson, M.D. *et al.*（2016）The FAIR Guiding Principles for scientific data management and stewardship, *Scientific Data*, 3, 160018.

6） Foster, E.D. and Deardorff, A.（2017）Open Science Framework（OSF）, *Journal of the Medical Library Association : JMLA*, 105（2）, 203.

7） Chard, K., Foster, I. and Tuecke, S.（2017）Globus: Research data management as service and platform, in *ACM International Conference Proceeding Series*. New York, New York, USA: Association for Computing Machinery, 1-5.

8） ARDC（2024）ARDC | Australian Research Data Commons（https://ardc.edu.au/）（最終アクセス：2024年4月1日）

9） Parsons, M.A.（2013）The research data alliance: Implementing the technology, practice and connections of a data infrastructure, *Bulletin of the American Society for Information Science and Technology*, 39（6）, 33-36.

10） Treloar, A.（2014）The Research Data Alliance: globally co-ordinated action against barriers to data publishing and sharing, *Learned Publishing*, 27（5）, 9-13.

11） DCC（2004）DCC because good research needs good data, Digital Curation Centre（https://www.dcc.ac.uk/）（最終アクセス：2024年4月1日）

12） DFG（2014）DFG, German Research Foundation（https://www.dfg.de/en）（最終アクセス：2024年4月1日）

13） 内閣府統合イノベーション戦略推進会議(2021)『公的資金による研究データ

の管理・利活用に関する基本的な考え方』(https://www8.cao.go.jp/cstp/tyousakai/kokusaiopen/sanko1.pdf)(最終アクセス：2021年4月7日)

14）内閣府(2021)第6期科学技術・イノベーション基本計画 - 科学技術政策 - 内閣府(https://www8.cao.go.jp/cstp/kihonkeikaku/index6.html)(最終アクセス：2024年3月28日)

15）内閣府(2023)G7科学技術大臣会合 - 科学技術・イノベーション策 - 内閣府(https://www8.cao.go.jp/cstp/kokusaiteki/g7_2023/2023.html)(最終アクセス：2024年3月28日)

16）内閣府(2024)『学術論文等の即時オープンアクセスの実現に向けた基本方針』(https://www8.cao.go.jp/cstp/oa_240216.pdf)(最終アクセス：2024年2月16日)

17）Gajbe, S.B. *et al.*(2021) Evaluation and analysis of Data Management Plan tools: A parametric approach, *Information Processing & Management*, 58(3), 102480.

18）Becker, C. *et al.*(2023) Data Management Plan Tools: Overview and Evaluation, *Proceedings of the Conference on Research Data Infrastructure*, 1.

19）Simms, S. *et al.*(2017) Machine-actionable data management plans(maDMPs), *Research Ideas and Outcomes*, 3, e13086.

20）文部科学省（2022）AI等の活用を推進する研究データエコシステム構築事業の選定機関の決定について：文部科学省(https://www.mext.go.jp/b_menu/boshu/detail/mext_00225.html)(最終アクセス：2024年3月28日)

21）Komiyama, Y. and Yamaji, K.(2017) Nationwide Research Data Management Service of Japan in the Open Science Era, in *2017 6th IIAI International Congress on Advanced Applied Informatics (IIAI-AAI)*. IEEE, 129-133.

22）林正治 *et al.*(2021)「JAIRO Cloud とコミュニティ──コミュニティ主導のクラウドサービスの実現」『情報処理学会論文誌デジタルプラクティス(DP)』2(2), 32-46.

23）Kato, F. *et al.*(2018) CiNii Research: A prototype of Japanese Research Data Discovery, in *eResearch Australasia 2018*. Melbourne.

24）平木俊幸 *et al.*(2024)「データ管理計画における研究データ管理上の行動に関する部分の機械行動可能な形式での表現可能性の検討」『研究報告インターネットと運用技術(IOT)』2024-IOT-6(78), 1-6.

25）古川雅子 *et al.*(2019)「学認LMSにおける標準規格に基づく教材配信及び学習履歴取得システム」『研究報告セキュリティ心理学とトラスト(SPT)』2019-SPT-3(13), 1-4.

26）藤原一毅 *et al.*(2020)「研究再現性を支える情報基盤が持つべきデータモデルの検討」『研究報告インターネットと運用技術(IOT)』2020-IOT-5(11), 1-8.

27）　RCOS（2024d）秘匿解析機能｜サービス｜国立情報学研究所 オープンサイエンス基盤研究センター（https://rcos.nii.ac.jp/service/sc/）（最終アクセス：2024年4月1日）

28）　RCOS（2024b）セキュア蓄積環境｜サービス｜国立情報学研究所 オープンサイエンス基盤研究センター（https://rcos.nii.ac.jp/service/ss/）（最終アクセス：2024年4月1日）

29）　RCOS（2024c）データプロビナンス機能｜サービス｜国立情報学研究所 オープンサイエンス基盤研究センター（https://rcos.nii.ac.jp/service/provenance/）（最終アクセス：2024年4月1日）

30）　RCOS（2024a）キュレーション機能｜サービス｜国立情報学研究所 オープンサイエンス基盤研究センター（https://rcos.nii.ac.jp/service/curation/）（最終アクセス：2024年4月1日）

31）　AIHARA MOONSHOT PROJECT（2024）AIHARA MOONSHOT PROJECT（https://www.sat.t.u-tokyo.ac.jp/moonshot/）（最終アクセス：2023年1月13日）

32）　松平拓也 et al.（2021）「金沢大学における研究データ管理基盤の構築」『情報知識学会誌』31（4），486-492.

33）　松平拓也 et al.（2023）「金沢大学学術データ管理システムの現状とこれから」『情報知識学会誌』33（2），142-147.

34）　田主英之 et al.（2023）「研究データ管理を支える学内情報基盤連携の実現に向けて」『学術情報処理研究』27（1），98-105.

第10章

大学・研究機関における
研究データ基盤構築に向けて

南山泰之・松原茂樹・青木学聡・結城憲司

1　はじめに

　本章では、大学・研究機関における研究データ基盤構築の現状と課題について取り上げる。まず初めに、各大学・研究機関による研究データ基盤構築が求められている背景につき、機関リポジトリを取り巻く動向を中心に紹介する。続いて、組織的な研究データ基盤構築に関する取り組みとして、大学・研究機関を対象に行われた調査や議論を概観する。さらに、課題解決に向けて実施された取り組みとして、最も大規模に実施された RDM 事例形成プロジェクトの概要を紹介する。最後に、大学におけるデジタルアーカイブと研究データにまつわる課題を比較し、期待される「研究データ基盤」のあり方について議論する。

2　デジタルアーカイブと研究データ

　デジタルアーカイブ学会が制定する「デジタルアーカイブ憲章」によれば、デジタルアーカイブとは、人びとのさまざまな情報資産をデジタル媒体で保存し、共有し、活用する仕組みの総体を指す[1]。より狭義には、「さまざまな情報資産」それ自体をデジタルアーカイブと表現することもあり、本章で

258 ———— 第3部　研究基盤としてのDA

は基本的に後者の定義を用いる。

　デジタルアーカイブは、その初期において「文化財の保存・継承」の手立てとして捉えられ、博物館や美術館が保有するコンテンツが想定の中心であったとされる[2]。一方で、1996年7月に公表された文部科学省による電子図書館施策をきっかけに、大学においても貴重資料や特殊コレクション等のデジタル化が進められてきた[3]。これらの取り組みを統合した形で、2017年4月の「我が国におけるデジタルアーカイブ推進の方向性」（デジタルアーカイブの連携に関する関係省庁等連絡会・実務者協議会）では、博物館や美術館、図書館、文書館、企業、大学・研究機関、国・地方公共団体等が「アーカイブ機関」として位置づけられ、メタデータの整備やデジタルコンテンツの拡充などを担うこととなっている[4]（図1）。大学・研究機関は、デジタルアーカイブのうち「研究データ基盤」に格納するオープンなデジタルコンテンツを共有、活用できるようにすることが求められている。

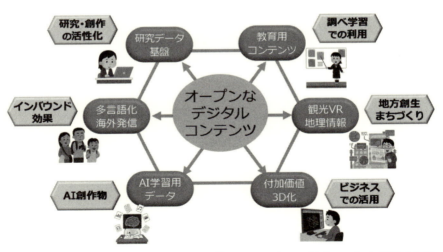

図1　デジタルアーカイブ社会のイメージ（例）（「我が国におけるデジタルアーカイブ推進の方向性」[4].3より）

ここでいう研究データ基盤が何を指し示すものかは、同文書において明らかにされていない。しかしながら、2019年10月に内閣府から公表された「研究データ基盤整備と国際展開ワーキング・グループ報告書」[5]では、「研究データを適切に管理及び利活用する」システムとして定義されている。あわせて、その中核になるものとしてリポジトリが位置づけられていることを鑑みると、「研究データ基盤」は大学・研究機関が管理する機関リポジトリ及びその周辺を支える情報システムを指すものとして解釈できよう。

　他方で、大学におけるデジタルアーカイブの基盤構築は、機関リポジトリとは異なる文脈で実践が試みられてきた。実際、2019年6月に国立大学図書館協会学術資料整備委員会 デジタルアーカイブWG（ワーキンググループ）が取りまとめた「大学図書館におけるデジタルアーカイブの利活用に向けて」[6]では、デジタルアーカイブを「貴重書等の所蔵資料を電子化した画像データ」として定義しており、「機関リポジトリは広義のデジタルアーカイブであるが本報告書の考察対象とはしない」旨が明示されている。しかしながら、国立情報学研究所・科学技術振興機構・国立国会図書館による連絡会議の下に設置されたメタデータWGにおいて、デジタルアーカイブ対応を柱とした「メタデータ流通ガイドライン」が作成され[7]、これを受けた形で機関リポジトリのメタデータ流通規格である「JPCOAR スキーマ Version2.0」が策定されるなど[8]、両者の関係性が曖昧になりつつある。そこで本章では、両者の関係性を改めて整理するために、機関リポジトリの文脈から研究データ基盤構築が求められる背景や取り組みを紹介する。

3　機関リポジトリを取り巻く動向

　機関リポジトリは、「機関の構成員が作成した学術資料についてのオープンなウェブベースのアーカイブ」と定義される[9]。機関リポジトリは、その黎明期においては2001年に公表された「学術情報の流通基盤の充実について（審議のまとめ）」（科学技術・学術審議会研究計画・評価分科会情報科学技術

260　　　　　　第3部　研究基盤としてのDA

委員会デジタル研究情報基盤ワーキング・グループ）[10]を受け、学内で生産された学術情報の積極的な発信を担うものとして始められた（2章（2）大学等からの学術情報発信機能の整備参照）。その後、2005年の最先端学術情報基盤（CSI）委託事業（国立情報学研究所）[11]や、2012年のJAIRO Cloudサービス開始[12]、2013年の学位規則改正による博士論文の公表義務化[13]などにより、機関リポジトリ構築機関は拡大し続けている。

　このような動向を背景に、2015年の内閣府「国際的動向を踏まえたオープンサイエンスに関する検討会」報告書[14]では、機関リポジトリにオープンサイエンスを支える研究データ基盤としての役割が記述された。より最近では、「第6期科学技術・イノベーション基本計画」において、「あるべき姿とその実現に向けた方向性」としてオープン・アンド・クローズ戦略に基づく研究データの管理・利活用が明記されている[15]。さらに、「科学技術・イノベーション政策において目指す主要な数値目標」として、以下2つの主要指標が掲げられている。

　　（1）機関リポジトリを有する全ての大学・大学共同利用機関法人・国立研究開発法人において、2025年までに、データポリシーの策定率が100％になる
　　（2）公募型の研究資金の新規公募分において、2023年度までに、データマネジメントプラン（DMP）及びこれと連動したメタデータの付与を行う仕組みの導入率が100％になる

　また、「公的資金による研究データの管理・利活用に関する基本的な考え方」（令和3年4月27日統合イノベーション戦略推進会議）では、公的資金により得られた研究データを管理・利活用するために、研究開発を行う機関、公募型の研究資金における資金配分機関、及び研究者が果たすべき責務が整理されている[16]。このうち、研究開発を行う機関は、データポリシーの策定を行うとともに、機関リポジトリへの研究データの収載を進めるとともに、

研究データへのメタデータの付与を進めることとなっている。具体的な責務として、2025年までのデータポリシー策定、機関リポジトリへの研究データ収載と研究データへのメタデータの付与の推進、研究データマネジメント人材・支援体制の整備及び評価、セキュリティの確保、関係諸法令の遵守等への対応が示されており、それぞれの責務は研究者が果たすべき責務と相互に関連しながら定められている。最近では、「公的資金による学術論文等のオープンアクセスの実現に向けた基本的な考え方」[17]及び「学術論文等の即時オープンアクセスの実現に向けた基本方針」[18]において論文及び根拠データを即時に機関リポジトリ等へ掲載することが義務付けられた（図2）[19]。こういった政策的な動きを受け、大学・研究機関の執行部は、機関の基本方針や戦略を基に、研究者や支援組織と研究データの関係を明確化し、組織的な研究データ基盤を構築する必要に迫られている。

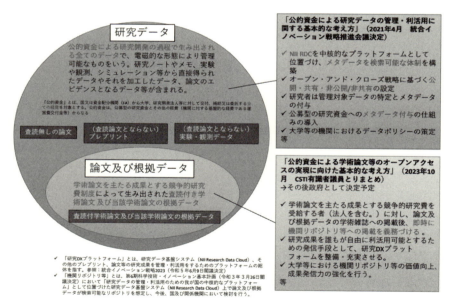

図2　公的資金による学術論文等のオープンアクセスの実現に向けた基本的な考え方について（補足資料）[18]

4　研究データ管理

　各大学・研究機関による研究データ基盤構築は、一般に研究データ管理（RDM, Research Data Management）サービス提供の問題として議論される。RDMとは、研究の開始から終了までを通して、どのようなデータを利用・生成・収集するか、またこれらのデータをどのように解析・保存・共有・公開するか、等を定め、これを実践する一連の行為である[20]。RDMは基本的に研究者自身によって実践されるものであるが、その範囲は極めて多岐にわたる。そのため、研究者の実践を支えるための取り組みとして、「データ管理計画の策定、研究中のデータ管理ガイダンス（データ保存やファイルセキュリティーに関する助言など）、ドキュメンテーションとメタデータ、終了したプロジェクトや出版された研究データの共有とキュレーション（選択、保存、アーカイビング、引用）に関する情報提供、コンサルティング、トレーニング、または積極的な関与」などのサービスが開発されてきた[21]。大学や研究機関による組織的なRDMサービスは、特定の専門分野を代表するような機関を除けば国際的にも比較的新しい取り組みであり、管見の限りでは2010年前後から本格的な取り組みが始まったようである[22],[23]。

　さて、組織的なRDMサービス実施に当たっては、どのようなサービスを実施すべきかを決定する前段階にも多くの課題が存在する。例えば、多様な研究データの取り扱い、個別の研究者の慣習を変更することへの抵抗、サービス間相互連携の拡充、サービス継続性の確保等の点において、提供者・利用者との間に大きな隔たりが存在している。当然ながら、課題は各機関のレベルで解決可能なものばかりではなく、コミュニティとしての合意や取り組みが必要な課題、あるいは国レベルでの解決が望ましい課題も含まれる。組織的なRDMサービスの成功には、機関内における各ステークホルダーの共通認識を醸成することに加え、このギャップの詳細な分析と段階的な解消手段の提示が必要とされる。

　このような認識を前提にしつつ、組織的なRDMサービス構築の実態を把

握する試みが国内で始まっている。全国規模のものとしては、2016年に国内学術機関を対象とした大規模アンケート調査がある[24]。同調査では、研究データの管理、保管、公開に関するサービスの観点から、データ管理計画（DMP, Data Management Plan）に関連した支援や公開できるプラットフォームの整備状況を尋ねている。494機関からの回答を集計した結果、この時点ではデータ管理計画もデータ保管のための整備もほとんど進んでいないことが示されている。また、整備が低調な原因として「研究活動においてデータ共有を推進することが何を意味するのかについての理解が進んでいない」と考察されている。

一方で、国レベルでの課題整理も平行して進められてきた。日本学術会議では、オープンサイエンスに関連して2016年[25]と2020年[26]に提言を発出し、オープンサイエンスの推進に当たっての課題を整理している。2022年には、G7、G7科学技術大臣会合及びGサイエンス会合を背景にした内閣府からの審議依頼[27]に対して、これまでの日本学術会議における検討及び各分野の多様性を踏まえた回答が出されている[28]。本回答では、審議依頼対象である「大学・国立研究開発法人等において必要となる研究データ管理・利活用のための課題の整理と具体的方策（管理・活用体制の整備方策、人材確保・育成方策など）」への回答として、① 汎用的な研究データ基盤の研究分野における本格的な利用、② データプロフェッショナル人材の強化に向け、研究者にデータ共有や公開のインセンティブを与える仕組み作り、③ 新たな研究活動を見える化するためのモニタリング機能の開発や運用を担う機構の整備、の3点が挙げられている。

5　実践に向けた取り組み：RDM事例形成プロジェクト

4節では、RDMサービスの概要、及び組織的なRDMサービス実践に向けた課題抽出の取り組みを概観した。これらの調査や検討結果を組織的なRDMサービスの実践に落とし込むためには、各々の視点から整理された関

係者間の要求を整理し、機関の基本方針や戦略と関連付けて実施していく必要がある。一方で、機関の基本方針や戦略で定められる項目は一般に概括的であり[29]、支援組織による実務的な課題意識との整合性は考慮されていないか、限定的な項目に留まらざるを得ない。また、各機関におけるRDMサービスのニーズは機関の規模や性質によって異なるため[30], [31]、どの調査、検討結果に沿って提供の優先順位をつけるべきか、関係者間で共通見解を得ることが難しい。このような問題意識のもと、研究データ管理を関心分野としていくつかの学協会による検討の場が立ち上げられ、実践に向けた議論が展開されている。本節では、特に大規模な取り組みを展開した事例として、大学ICT推進協議会 研究データマネジメント部会（AXIES-RDM部会）及びオープンアクセスリポジトリ推進協会（JPCOAR）研究データ作業部会の合同で実施され、著者らが企画・運用に深く関わったRDM事例形成プロジェクトを紹介する。

　RDM事例形成プロジェクトは、国内大学・研究機関が克服すべきRDMの課題をプロジェクト参加機関間で抽出・整理し、各々の事例形成に寄与することを目的とした活動である[32]。同プロジェクトは2019年〜2021年の3年間にわたり実施され、国立大学、私立大学、研究開発法人等を含む計18機関が参画した[33]。同プロジェクトは、大きく 1) プロジェクト参加機関へのヒアリング及び意見交換会を通じた課題抽出、2) 国内機関におけるRDM取り組み状況のアンケート調査、3) RDM事例集の公開、の3つを活動の柱として進められた。以下、個別に活動を紹介する。

5-1　プロジェクト参加機関へのヒアリング及び意見交換会を通じた課題抽出

　著者らは、まず参加機関内での全体的な傾向、共通課題を抽出することを目的としたヒアリングを実施した。表1にヒアリング結果の概要を示す。

　プロジェクト参加機関メンバーは各機関の情報基盤センター担当者、図書

表1　プロジェクト参加機関へのヒアリング結果概要

カテゴリ	想定するシナリオ	各機関における全体的な傾向	共通する課題・関心事
研究者の研究活動支援	a 学内認証とからめたストレージ提供 b 学認外の共同研究者(海外研究者)とのコンテンツ共有 c 学認外の共同研究者(企業等)とのコンテンツ共有 d 実験機器からのデータ取込み、データ解析ツールとの連携、段階毎のデータ管理 e データソースと解析ツールの連携 f 研究プロジェクト管理とコンテンツ管理	・多くの機関でクラウドストレージを整備している ・利用条件や規模は様々であり、特に傾向は見られない	機関内でのサービス認知／ルール整備
研究公正対応	a 研究データ10年保存への対応(研究論文とデータの紐付けを含む) b 研究不正発生時の研究データトレース	・各機関とも、研究公正対応はルール整備が概ね終了している	--
研究データの公開・発信	a 希望する研究者の研究データ公開 b データアーカイブの構築・公開 c 学内のデータアーカイブやDBのデータカタログ構築 d 大学の研究広報における発信 e 国際雑誌投稿のための根拠データ保存・公開	・論文の根拠データを中心に、機関リポジトリでの実践が始まりつつある	公開対象データの特定(品質担保、公知性)
研究データの利活用促進	a 外部データアーカイブやDBの学内利用促進 b 主にアカデミックユースの、学内データの利活用促進(DOI付与、利用案内、広報、利活用事例の把握) c 研究データの利活用事例の把握、事例集作成と検索基盤への登録 d 学内データによる産学連携事例促進 e 研究データの学内における研究評価利用 f 大学間データ共有によるイノベーション創出	・利用案内、広報、利活用事例把握については限定実施に留まる	個人情報データの管理、有償とする場合の値付け
研究データの長期保存と説明責任	a 退職教員の研究データ長期保存(データ収集、メタデータ付与、保存、廃棄時期のルール作り) b 教員異動に伴うデータの移管、保持＆長期保存 c 希望する研究者の研究データ長期保存	・各機関とも制度化はされておらず、学内・部署内ルールで対応されている	--

館職員、URAといった混成グループであり、お互いの関心事や重要視しているポイントが異なる。そのため、ヒアリング実施に当たっては組織的なRDMサービスの典型例と思われるシナリオを準備し、シナリオ別に各機関の取り組み状況を書き出した。想定シナリオは、2019年にAXIES-RDM部会が策定、公開した「大学における研究データポリシー策定のためのガイドライン」[34]で用いられた5つのカテゴリ別に抽出した。ヒアリングの結果、プロジェクト参加機関に共通する点として、多くの機関でクラウドストレージを整備していること、研究公正対応としての学内ルール整備は概ね終了しているものの、データの長期保存につき具体的な制度化までは至っていないこと、などが確認できた。

　続いて、著者らはプロジェクト参加機関間での意見交換会を実施した。意見交換会では、共通の課題・関心事として(1)機関内でのサービス認知／ルール整備、(2)アーカイブ対応のためのシステム連携、(3)公開対象データの特定(品質担保、公知性)、(4)個人情報データの管理、有償とする場合の値付け、の4点が挙げられた。一方、未検討、不明が多い項目として、(1)企業間連携、(2)解析ツール連携、(3)広報・利活用、(4)データアーカイブの4点が挙げられた。これらの項目については、プロジェクト参加機関メンバーの属性の偏りが影響している可能性が指摘された。また、意見交換会自体に対するフィードバックとして、他機関の進捗や取り組みが可視化され、比較検討が可能になるといったメリットが挙げられた。

5-2　国内機関におけるRDM取り組み状況のアンケート調査

　プロジェクト参加機関へのヒアリング、及び意見交換会を通じて、著者らは参加機関内の全体的な傾向や関心事を抽出することができた。一方で、取り組み状況が不明である項目も多く見られ、共通の課題設定には情報が不足していることも明らかになった。

　意見交換会で明らかになったプロジェクト参加機関メンバーの属性の偏りを補正し、他機関の進捗や取り組みをさらに可視化するためには、データの

母数を増やすことが有用であると考えられる。このような理解のもと、著者らは国内機関におけるRDM取り組み状況のオンラインアンケート調査を実施した。調査の概要を以下に示す。

<基礎情報>
調査期間：2020年11月27日（金）〜2020年12月28日（月）
質問数／所要時間：全46問／約50分
セクション別想定回答先（※）：
・セクション1（概要説明）：メールアドレス（Q1：全1問）
・セクション2（基礎情報）：JPCOAR参加機関 窓口担当部署または機関リポジトリ担当部署（Q2〜Q4：全3問）
・セクション3（ニーズの把握）：機関内の研究データ管理（RDM）担当者／対応部署（Q5〜Q9：全5問）
・セクション4（データ管理体制の構築状況）：研究推進部署／URA等（Q10〜Q15：全6問）
・セクション5（研究データ管理サービスの実施状況）：大学図書館等（Q16〜Q26：全11問）
・セクション6（情報インフラの整備状況）：情報基盤センター等（Q27〜Q44：全18問）
・セクション7（オープンアクセスリポジトリ推進協会（JPCOAR）について）：JPCOAR参加機関 窓口担当部署または機関リポジトリ担当部署（Q45〜Q46：全2問）

　調査対象は広く国内大学・研究機関のRDM担当者を対象に設定し、JPCOAR所属機関657件、AXIES所属機関133件（重複を含む）に対してメールでの呼びかけを行った。合わせて、JPCOAR及びAXIESウェブサイトでの広報を行い、両団体外へも広く呼びかけを行った。最終的な回答数は353件、うち有効な回答数は352件であった。なお、回答者の属性の偏りを可能な限り補正するため、著者らは既存の研究データ管理サービス分析で用いら

れたモデルを分析し、関連部署の単位で評価項目を整理した。さらに、項目別に実践的な評価指標を開発し、アンケート調査のセクションとして割り当てた。開発したモデル及び評価指標の詳細は本記事の対象外であるため、別稿に譲る[35]。

続いて、著者らは開発したモデル及び評価指標に基づく現状評価の観点から分析を行った。さらに、大学・研究機関の規模別に実態を把握し、特徴的な取り組みの抽出を行う観点から、科学技術・学術政策研究所（NISTEP）データ解析政策研究室へ二次分析を依頼した。以下では、他機関の進捗や取り組みを可視化する観点から、セクション別に集計した分析結果を中心に紹介する。より詳細な分析結果については、NISTEPデータ解析政策研究室による報告を参照されたい[36]。

分析の結果、機関としてRDM体制を構築・検討している機関は23.0%であった（図3）。RDM体制のステークホルダーとして認識されていたのは、研究推進・協力系部門（61.9%）、図書館（43.2%）、情報系センター（31.5%）の順であった（図4）。RDMサービスは58.0%の機関で実施・検討されており、

■ 体制が構築され、機関として実施している
■ 一部の部局で議論・実施されている
■ 検討のための委員会、ワーキンググループ等が組織されている
■ 必要性は認識しているが、具体的な動きはない
■ わからない

図3　RDM体制を構築・検討している機関数

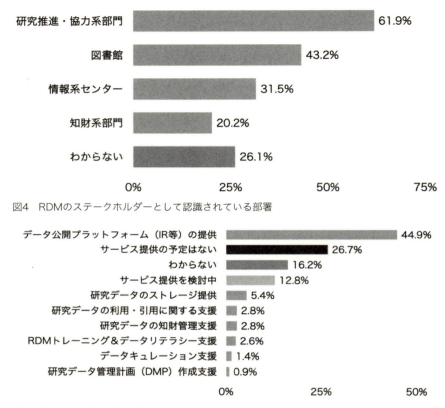

図4　RDMのステークホルダーとして認識されている部署

図5　RDMサービスの実施状況

　提供されるサービスはデータ公開プラットフォーム（IR等）（注：IRは機関リポジトリの略）が44.9%と最も多かった（図5）。RDMサービスのための情報インフラ整備を検討・対応している機関は17.8%（図6）、データを長期保存するためのストレージを検討・提供している機関は21.9%（図7）であった。

　いずれの実施・検討率も、大学共同利用機関や研究開発法人の方が大学よりも高かった。大学の実施・検討率は、国立大学、私立大学、公立大学の順

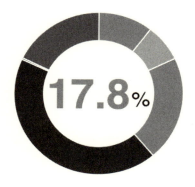

図6　RDMサービスのための情報インフラ整備状況

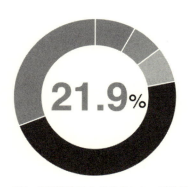

図7　長期保存のためのストレージ検討状況

に高く、規模別では学部数が多い大学の方が高かった。また、RDM体制の構築状況やRDMサービス提供経験の有無によって、データ公開の障壁や必要な能力の認識に差がみられた。RDMの具体的な実践としては、機関リポジトリを活用した研究データ公開サービスが先行していた。中でも、RDM体制が構築されている機関では、データキュレーション（データのアクセスと再利用を促進するための一連の処理）に関する需要が高いことが分かった。

5-3 研究データ管理事例集の公開

本プロジェクトの総括として、著者らはプロジェクト参加機関による
RDMの実践をまとめた事例集を作成した。同事例集には、プロジェクト参
加機関による特徴的な取り組みとして、全18件の事例が含まれている。

事例は1)研究データ管理支援、2)研究データ公開・利活用、3)利用者支援、
4)管理体制の構築、のカテゴリ別にまとめられ、取り組みに至るまでの背景、
実施体制、議論の過程などが簡潔に記載されている。また、カテゴリ別に参
考資料を整理し、自機関で同様の事例に取り組む際に参照すべき情報をまと
めている（表2）。

その他、事例全体の傾向分析として、2019年〜2021年の間にRDM体制構
築の進展が見られた項目を抽出した。この傾向分析では、表1に示したヒア
リング結果をもとに、プロジェクト最終年度に実施したヒアリングとの差
分を整理している。2019年との違いとして、各カテゴリに対応する企画が
複数立ち上がりつつあったほか、国立情報学研究所オープンサイエンス基
盤研究センター（RCOS）が開発、提供する研究データ管理システム「GakuNin
RDM」と自機関のクラウドストレージを接続した事例、公開対象とする研究
データの特定やライセンス付与といったポリシー面での整備が進んだ事例な
ど、実装面での進展も見られた。同事例集は、2022年9月にJPCOARウェブ
サイトから公開されている[37]。

5-4 プロジェクト後の展開

RDM事例形成プロジェクトは「研究データ管理事例集」公開をもって一
旦終了したが、その後も同プロジェクトの取り組みを引き継いだ活動が展
開されている。例えば、AXIES-RDM部会及びJPCOAR研究データ作業部会
では、2020年のアンケート調査を引き継ぎ、2022年にも同様の大規模アン
ケート調査を実施している[38]。さらに、2024年2月には2020年及び2022年
のアンケート調査データを整理、公開しており[39],[40]、関心ある研究者に
よる二次分析を可能にしている。また、国立大学図書館協会資料委員会では、

272 ———— 第3部　研究基盤としてのDA

表2　RDM事例形成プロジェクト参加機関による取り組み事例一覧

カテゴリ	タイトル	機関名
研究データ管理支援	データ公開リポジトリの開発・運用	国立環境研究所
	全学的な研究データ及び実験機器の共有化	岐阜大学
	研究成果の利活用に向けた基盤サービス連携	理化学研究所
	全学的な研究データストレージ環境の整備	金沢大学
研究データ公開・利活用	研究組織別のデータ公開・利活用を支援する環境の提供	理化学研究所
	機関リポジトリによる研究データの公開パターン分析	北海道大学
	外部検索エンジン最適化に向けた取り組み	北海道大学
	データ利活用の促進と支援に向けた学内データベースの所在調査	名古屋大学
	運用が停止された学内データベースの再構築	総合研究大学院大学
利用者支援	研究データ関連の講習会開催	国立環境研究所
	オープンサイエンス・オープンアクセス支援サイトの開設	名古屋大学
	メタデータ作成・データの知識化に向けたコンサルティング	理化学研究所
管理体制の構築	付録データを含む機関リポジトリコンテンツへのCCライセンス付与	日本原子力研究開発機構
	論文に紐づく研究データのアーカイブ手順の整備	沖縄科学技術大学院大学
	「日本原子力研究開発機構研究データの取扱いに関する基本方針」の策定及び内規の整備	日本原子力研究開発機構
	「国立大学法人東京工業大学の研究データポリシー」策定	東京工業大学
	「京都大学研究データ管理・公開ポリシー」策定及び実施方針の策定に向けた検討	京都大学
	全学的な研究データ管理支援部門の設置	九州大学

「研究データ管理事例集」公開を契機に掲載機関から講師を招き、ポリシー策定後の実効性確保等に向けた事例共有・意見交換会を実施している[41]。同プロジェクトによって、国内大学・研究機関におけるRDMの課題が機関を超えて共有される土台が整いつつある、と評価できるだろう。

6　デジタルアーカイブと研究データにまつわる課題の比較

2節で述べたように、大学におけるデジタルアーカイブと研究データは、機関リポジトリを研究データ基盤として取り扱いの統合が模索されている段階にある。そこで、本節では5節までに議論したRDMに関する課題を中心に、大学におけるデジタルアーカイブとの比較を試みる。

大学におけるデジタルアーカイブ推進の課題を把握する試みとしては、国立大学図書館協会学術資料整備委員会デジタルアーカイブWGが2017年9月〜10月に実施したアンケート調査がある[42]。同調査では、デジタルアーカイブの現状を確認し、各機関が直面している主な課題を洗い出すことを目的として、1)データ整備状況、2)立ち上げ・運用、3)オープン化の状況、4)権利処理、5)長期アクセスの保証、6)外部機関との連携、について尋ねている。全体を通じて、①ジャパンサーチで必須となるメタデータ項目を満たしていないコレクションが多いこと、②著作権・肖像権等の対応や権利表示の方法が確立されていないこと、③コンテンツの閲覧可否の確認、フォーマット変換といった永続的な利用を保証する仕組みづくりが十分でないこと、④方針の不在や体制が構築されていないこと、の4点が課題として挙げられている。

同様の問題意識は、AXIES-RDM部会及びJPCOAR研究データ作業部会による大規模アンケート調査にも現れている。2020年及び2022年に実施した調査のうち、対応する分析結果を図8に示す。

デジタルアーカイブ推進における4つの課題のうち、3つはRDM推進の主要な課題との共通性が認められる。具体的には、①「メタデータ項目を満たしていないコレクションが多いこと」と「メタデータの記述が困難(4位)」、②「著作権・肖像権等の対応や権利表示の方法が確立されていないこと」と「適切なライセンス・利用条件がわからない(2位)」、④「方針の不在や体制が構築されていないこと」と「公開に当たってのマンパワーが足りない(1位)」や「IRの運用規程等が未整備である(3位)」、のそれぞれに共通する部分

274 ──────── 第3部　研究基盤としてのDA

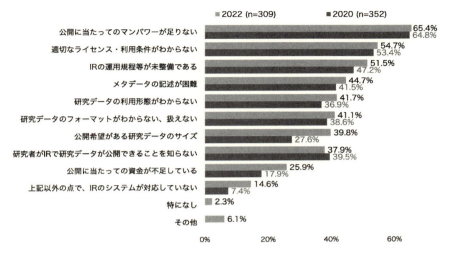

図8　Q23: 機関リポジトリ（IR）による研究データ公開の課題や障壁となり得ること（2020年及び2022年）

があると考えられる。

　一方で、③コンテンツの閲覧可否の確認、フォーマット変換といった永続的な利用を保証する仕組みづくりが十分でないこと、に対応する課題はやや状況が異なっている。まず、コンテンツの閲覧可否の確認については、RDMの課題として現れていない。要因としては、研究データにDOIを付与する取り組みが先行しており[43]、アクセス保証に関する共通理解が進んでいることが考えられる。他方で、フォーマット変換については「研究データのフォーマットがわからない、扱えない」機関が4割程度存在している。研究データのデータフォーマットは極めて多様であり、推奨フォーマットの検討なども進んでいない。この点、デジタルアーカイブにおいては画像公開の国際標準としてIIIF（International Image Interoperability Framework）が積極的に導入されており[44]、RDMの課題検討に当たって得られる示唆は多いと推察される。

7　まとめ

　本章では、大学・研究機関における研究データ基盤構築の現状と課題について取り上げた。大学におけるデジタルアーカイブと研究データは、機関リポジトリを研究データ基盤として取り扱いの統合が模索されている段階にあるが、両者の関係性が整理されず、曖昧になっている。この問題に向き合うため、RDMの政策的な動向や課題抽出に向けた取り組みを概観した。加えて、大学・研究機関自身による取り組みとして、著者らが深く関わったRDM事例形成プロジェクトを詳述した。最後に、大学におけるデジタルアーカイブと研究データにまつわる課題を比較し、両者の共通点と違いの一端を明らかにした。

　本章で紹介した事例以外にも、機関リポジトリへデジタルアーカイブを取り込む事例は多数存在しており[45]、今後は情報システムの統合も進んでいくことが予想される。大学におけるデジタルアーカイブと研究データにまつわる課題が機関を超えて共有されることで、お互いの知見を生かして課題解決を図ることが可能になり、ひいてはアーカイブ機関としての役割をより良く果たすことができると考えられる。豊かな研究データ基盤構築に向けて、両者の統合的な理解が進むことを願ってやまない。

注
1)　デジタルアーカイブ学会（2023）「デジタルアーカイブ憲章」（https://digitalarchivejapan.org/advocacy/charter/）（最終アクセス：2024年2月14日）
2)　平山郁夫（2001）「発刊の辞」『デジタルアーカイブ白書：2001年版』デジタルアーカイブ推進協議会, [1].
3)　学術審議会（1996）「大学図書館における電子図書館的機能の充実・強化について（建議）」（https://www.janul.jp/j/documents/mext/kengi.html）（最終アクセス：2024年2月14日）
4)　デジタルアーカイブの連携に関する関係省庁等連絡会・実務者協議会（2017）「我が国におけるデジタルアーカイブ推進の方向性」（https://www.kantei.go.jp/jp/singi/titeki2/digitalarchive_kyougikai/houkokusho.pdf）（最終アクセス：2024年2月14日）

5) 研究データ基盤整備と国際展開ワーキング・グループ（2019）「研究データ基盤整備と国際展開ワーキング・グループ報告書－研究データ基盤整備と国際展開に関する戦略－」（https://www8.cao.go.jp/cstp/tyousakai/kokusaiopen/houkokusho.pdf）（最終アクセス：2024年2月14日）

6) 国立大学図書館協会（2019）「大学図書館におけるデジタルアーカイブの利活用に向けて」（https://www.janul.jp/sites/default/files/sr_dawg_report_201906.pdf）（最終アクセス：2024年2月14日）

7) 国立国会図書館（2022）「メタデータ流通ガイドライン」（https://ndlsearch.ndl.go.jp/guideline）（最終アクセス：2024年2月14日）

8) オープンアクセスリポジトリ推進協会コンテンツ流通促進作業部会（2022）「JPCOARスキーマ Version 2.0 策定方針」

（https://doi.org/10.34477/0002000146）（最終アクセス：2024年2月14日）

9) Mark Ware Consulting. (2004) Publisher and Library/Learning Solutions (PALS): Pathfinder Research on Web-based Repositories: Final Report, Publishing and Elearning Consultancy.（https://mrkwr.files.wordpress.com/2006/11/pals-report-on-institutional-repositories.pdf）（最終アクセス：2024年2月14日）

10) 科学技術・学術審議会研究計画・評価分科会情報科学技術委員会デジタル研究情報基盤ワーキング・グループ（2002）「学術情報の流通基盤の充実について（審議のまとめ）」（https://www.mext.go.jp/b_menu/shingi/gijyutu/gijyutu2/toushin/020401.htm）（最終アクセス：2024年2月14日）

11) 国立情報学研究所「学術機関リポジトリ構築連携支援事業"」（https://www.nii.ac.jp/irp/rfp/）（最終アクセス：2024年2月14日）

12) オープンアクセスリポジトリ推進協会「JAIRO Cloud」（https://jpcoar.repo.nii.ac.jp/page/42）（最終アクセス：2024年2月14日）

13) 2013年の学位規則改正により、同年4月1日以降に授与された博士論文は原則として機関リポジトリにより公表することとされた。
文部科学省 高等教育局高等教育企画課高等教育政策室（2013）「学位規則の一部を改正する省令の施行について」（https://www.mext.go.jp/a_menu/koutou/daigakuin/detail/1331790.htm）（最終アクセス：2024年2月14日）

14) 内閣府 国際的動向を踏まえたオープンサイエンスに関する検討会（2015）「国際的動向を踏まえたオープンサイエンスに関する検討会」報告書（http://www8.cao.go.jp/cstp/sonota/openscience/）（最終アクセス：2024年2月14日）

15) 内閣府（2021）「第6期科学技術・イノベーション基本計画」（https://www8.cao.go.jp/cstp/kihonkeikaku/index6.html）（最終アクセス：2024年2月14日）

16)　統合イノベーション戦略推進会議(2021)「公的資金による研究データの管理・利活用に関する基本的な考え方」(https://www8.cao.go.jp/cstp/tyousakai/kokusaiopen/sanko1.pdf)(最終アクセス：2024年2月14日)

17)　総合科学技術・イノベーション会議 有識者議員(2023)「公的資金による学術論文等のオープンアクセスの実現に向けた基本的な考え方」(https://www8.cao.go.jp/cstp/231031_oa.pdf)(最終アクセス：2024年2月14日)

18)　統合イノベーション戦略推進会議(2024)「学術論文等の即時オープンアクセスの実現に向けた基本方針」(https://www8.cao.go.jp/cstp/oa_240216.pdf)(最終アクセス：2024年2月14日)

19)　内閣府科学技術・イノベーション推進事務局(2023)「公的資金による学術論文等のオープンアクセスの実現に向けた基本的な考え方」(案)について(補足資料)」(https://www8.cao.go.jp/cstp/gaiyo/yusikisha/20231019/siryo2.pdf)(最終アクセス：2024年2月14日)

20)　青木学聡(2021)「組織的RDM支援サービスのためのエンタープライズアーキテクチャの検討」『情報処理学会研究報告』2021-IOT-55 (7), 1–5.

21)　Fearon, D Jr., Gunia, B., Lake, S., Pralle, B. E., & Sallans, A. L. (2013) Research Data Management Services: SPEC Kit 334, Association of Research Libraries.(https://doi.org/10.29242/spec.334)(最終アクセス：2024年2月14日)

22)　Tang, R., & Hu, Z. (2019) Providing Research Data Management (RDM) Services in Libraries: Preparedness, Roles, Challenges, and Training for RDM Practice, Data and Information Management, 3(2), 84–101.(https://doi.org/10.2478/dim-2019-0009)(最終アクセス：2024年2月14日)

23)　Wilson, J. A. J., Martinez-Uribe, L., Fraser, M. A., & Jeffreys, P. (2011) An Institutional Approach to Developing Research Data Management Infrastructure, International Journal of Digital Curation, 6(2), 274–287.(https://doi.org/10.2218/ijdc.v6i2.203)(最終アクセス：2024年2月14日)

24)　倉田敬子・松林麻実子・武田将季(2017)「日本の大学・研究機関における研究データの管理，保管，公開：質問紙調査に基づく現状報告」『情報管理』60(2), 119–127.

25)　日本学術会議 オープンサイエンスの取組に関する検討委員会(2016)「提言：オープンイノベーションに資するオープンサイエンスのあり方に関する提言」(https://www.scj.go.jp/ja/info/kohyo/pdf/kohyo-23-t230.pdf)(最終アクセス：2024年2月14日)

26)　日本学術会議 オープンサイエンスの深化と推進に関する検討委員会(2020)「提言：オープンサイエンスの深化と推進に向けて」(https://www.scj.go.jp/ja/info/kohyo/pdf/

kohyo-24-t291-1.pdf）（最終アクセス：2024年2月14日）

27) 内閣府(2022)「研究ＤＸの推進－特にオープンサイエンス、データ利活用推進の視点から－に関する審議について（依頼）」(https://www.scj.go.jp/ja/info/kohyo/pdf/kohyo-25-220323-2shingi.pdf)（最終アクセス：2024年2月14日）

28) 日本学術会議(2022)「回答：研究ＤＸの推進－特にオープンサイエンス、データ利活用推進の視点から－に関する審議について」(https://www.scj.go.jp/ja/info/kohyo/pdf/kohyo-25-k335.pdf)（最終アクセス：2024年2月14日）

29) 国際的動向を踏まえたオープンサイエンスの推進に関する検討会(2018)「国立研究開発法人におけるデータポリシー策定のためのガイドライン」(https://www8.cao.go.jp/cstp/stsonota/datapolicy/datapolicy.pdf)（最終アクセス：2024年2月14日）

30) 池内有為・林和弘・赤池伸一(2017)『研究データ公開と論文のオープンアクセスに関する実態調査』文部科学省科学技術・学術政策研究所. (https://doi.org/10.15108/rm268)（最終アクセス：2024年2月14日）

31) 池内有為・林和弘(2021)『研究データ公開と論文のオープンアクセスに関する実態調査2020』文部科学省科学技術・学術政策研究所. (https://doi.org/10.15108/rm316)（最終アクセス：2024年2月14日）

32) AXIES-JPCOAR 研究データ連絡会「RDM事例形成プロジェクト」(https://sites.google.com/view/axies-jpcoar/project/rdm事例形成プロジェクト)（最終アクセス：2024年2月14日）

33) 南山泰之・結城憲司・安原通代・田邉浩介・小野寺千栄(2022)『2019-2021年度RDM事例形成プロジェクト最終報告書』(https://doi.org/10.34477/0002000160)（最終アクセス：2024年2月14日）

34) 大学ICT推進協議会 研究データマネジメント部会(2021)「大学における研究データポリシー策定のためのガイドライン」(https://rdm.axies.jp/sig/70/)（最終アクセス：2024年2月14日）

35) 南山泰之・池内有為・田邉浩介・結城憲司・林和弘・青木学聡(2023)「研究データ管理サービス構築状況の自己評価フレームワーク設計」『情報処理学会研究報告』2023-IOT-60(23), 1–10.

36) 池内有為・林和弘(2022)「日本の研究機関における研究データ管理(RDM)の実践状況－オープンサイエンスの実現に向けた課題と展望－」『STI Horizon』8(1), 50–55. (https://doi.org/10.15108/stih.00287)（最終アクセス：2024年2月14日）

37) 大学ICT推進協議会 研究データマネジメント部会・オープンアクセスリポジトリ推進協会 研究データ作業部会(2022)『研究データ管理事例集』(https://doi.org/10.34477/0002000217)（最終アクセス：2024年2月14日）

38) オープンアクセスリポジトリ推進協会「国内機関における研究データ管理の取り組み状況調査（2022）を開始しました」（2022年12月2日）（https://jpcoar.repo.nii.ac.jp/news/2022#news_20221202）（最終アクセス：2024年2月14日）

39) オープンアクセスリポジトリ推進協会（2024）「国内機関における研究データ管理の取り組み状況調査, 2020（データセット）」（https://ssjda.iss.u-tokyo.ac.jp/Direct/gaiyo.php?lang=jpn&eid=1587）（最終アクセス：2024年2月14日）

40) オープンアクセスリポジトリ推進協会（2024）「国内機関における研究データ管理の取り組み状況調査, 2022（データセット）」（https://ssjda.iss.u-tokyo.ac.jp/Direct/gaiyo.php?lang=jpn&eid=1588）（最終アクセス：2024年2月14日）

41) 国立大学図書館協会「令和4年度資料委員会活動報告」（https://www.janul.jp/sites/default/files/2023-08/sirc_katsudo_r04.pdf）（最終アクセス：2024年2月14日）

42) 国立大学図書館協会学術資料整備委員会デジタルアーカイブWG（2019）「大学図書館におけるデジタルアーカイブの利活用に向けて」（https://www.janul.jp/sites/default/files/sr_dawg_report_201906.pdf）（最終アクセス：2024年2月14日）

43) 武田英明・村山泰啓・中島律子（2016）「研究データへのDOI登録実験」『情報管理』58(10), 763–770.（https://doi.org/10.1241/johokanri.58.763）（最終アクセス：2024年2月14日）

44) 神崎正英（2017）「画像共有の新しい標準IIIF」『LOD Diary』（2017年1月27日）（http://www.infocom.co.jp/das/loddiary/2017/01/20170127001583.html）（最終アクセス：2024年2月14日）

45) 例えば、JPCOAR研究データ作業部会が2019年に実施した「データベースレスキュープロジェクト」は、対象となったデータベースの多くがデジタルアーカイブに相当する画像データである。

JPCOAR 研究データ作業部会 データベースレスキュープロジェクト（2020）「データベースレスキュープロジェクト：2019年度の活動とレスキュー事例」（https://jpcoar.repo.nii.ac.jp/records/237）（最終アクセス：2024年2月14日）

第11章

東北大学における
総合知デジタルアーカイブ構築

加藤　諭

1　はじめに

　本章では、大学におけるデジタルアーカイブがどのような歴史的経緯を経て構築されてきたのか、東北大学を事例として、大学という研究基盤のなかにデジタルアーカイブが位置付く過程について明らかにしていきたい。デジタルアーカイブの日本を中心とした歴史的背景、またその系譜については、柳与志夫、加藤諭、宮本隆史らによって研究がなされてきている[1]。また学問領域としてのデジタルヒューマニティーズとデジタルアーカイブの関係については、鈴木親彦らによる研究成果が進んでいる[2]。またデジタル公共文書、という新しい知のインフラからデジタルアーカイブを論じたものとして、福島幸宏らが試みている[3]。こうした先行研究を踏まえ、本章では大学におけるデジタルアーカイブに着目し、大学単位でデジタルアーカイブが如何に構築されてきたのか、その系譜を確認した上で、学内の図書館、博物館、文書館(アーカイブズ)といった組織の成り立ちや連携のあり方も視野に論述したい。

　今回本章の事例対象となっている東北大学は東京大学、京都大学に次いで、日本で3番目の大学として創設された大学である。そのため、デジタルアーカイブの基盤として学術資源を管理してきた組織についても、日本の他

大学と比べても比較的長い歴史を有してきた。東北帝国大学創設から4年後の1911年に設置された東北帝国大学図書館は、前述の通り、日本で3番目の帝国大学の図書館として設置されており、東北大学史料館は組織の英語名称にアーカイブズを用いた（Tohoku University Archives）、日本で初めての大学アーカイブズである。本章では、そうした沿革を確認した上で、東北大学の附属図書館、総合学術博物館、史料館に如何なるコンテンツが集積され、どのような課題のもとで、デジタルアーカイブの構築を進めていくこととなったのか、について明らかにしたい[4]。

2　東北大学附属図書館の沿革とデジタルアーカイブ

2-1　帝国大学期の図書館のコンテンツ

　前述の通り、東北帝国大学図書館は1911年に学内規程によって設置されたことを嚆矢としている。この翌1912年に図書館では、狩野亨吉旧蔵書である「狩野文庫」約7万冊を収蔵することとなる。狩野亨吉は旧制第一高等学校の校長、京都帝国大学文科大学初代学長を務めた教育者であるとともに、和漢古典籍の収集家としても知られた人物で、東北帝国大学初代総長澤柳政太郎と旧知であったことから、澤柳との関係から東北帝国大学が購入することとなったコレクションであり、後に「古典の百科、江戸学の宝庫」と称されるようになる。この狩野文庫はその後段階的に1943年まで納入されることとなり、最終的には約108,000冊におよぶコレクションを形成していくこととなり、狩野文庫に含まれる歴史書「史記（孝文本紀　第十）」と「類聚国史（巻第二十五）」については、国宝にも指定されている。

　1920年代には、学術助成型の財団法人である齋藤報恩会の助成を受けた「西蔵仏典の研究」の一貫として、研究の中核となるデルゲ版チベット大蔵経が購入された。この仏教文献の名称にあるデルゲは地名で、20世紀初頭にチベット寺院で研究・修行した多田等観が日本に帰国する際に請来したもので、この整理には宇井伯寿ら東北帝国大学の研究者メンバーも加わり、その

編纂はデルゲ版チベット大蔵経の世界初の文献学的目録の刊行に繋がってい
くことになる[5]。また第二次世界大戦が始まると、欧米からの洋書輸入は困
難になっていったが、戦時期においては夏目漱石の旧蔵書、日記、手帳、原
稿、文学研究に関するノート類を附属図書館が受け入れることになる。1943
年から1944年にかけて、夏目漱石の弟子で東北帝国大学附属図書館長を務
めていた小宮豊隆が主導し移管、漱石文庫として附属図書館の重要なコレク
ションとなっていく。

2-2　新制大学以降の図書館の電算化とマイクロ化

1987年、東北大学附属図書館では情報処理ネットワークシステム
（T-LINES）を構築、1992年の第二次システム開発においては、大学図書館間
文献複写および現物貸借サービスILL（Inter-Library Loan）システムの研究開
発をおこなうなど、1980〜1990年代にかけて業務の電算化を進展させていっ
た。

こうしたシステム開発が進む一方、附属図書館に収蔵されている貴重資料
等の劣化と保存の観点から、資料のマイクロフィルム化事業が各種実施さ
れていくことになる。1991年には狩野文庫のマイクロフィルム化が開始[6]、
この事業にあたっては、丸善株式会社・富士写真フィルム株式会社の協力を
得て行われ、1993年までにマイクロフィルム2,400リールの作成が終了した。
1995年からは漱石文庫のマイクロフィルム化が進められることになる。当
時仙台市は仙台市文学館設置を計画していたが、関連する文化事業として仙
台市が主体となり、附属図書館が協力するかたちで実施、1998年までにマ
イクロフィルム656リール、約1,600枚の自筆資料等のCD化がその成果物と
して完成することになる。

このように、業務の電算化、帝国大学期以来の貴重資料等のマイクロ化が
進展していったなか、1990年代はインターネットの普及が進み、ウェブ上
での資料の公開も検討されていくこととなる。附属図書館では1995年から
ホームページのテスト運用が開始されたが、1997年には附属図書館のウェ

ブサイトに「貴重書展示室」を設け、国宝2点を含む貴重書等が公開された。
1999年には「狩野文庫画像データベース」約200点（約3,500画像）、「狩野文庫
和書目録検索」約25,000点（約55,000冊）、「夏目漱石自筆資料画像データベー
ス」の和書・洋書約3,000冊、自筆資料等約700点が追加公開された。これら
公開されたデジタル画像は、マイクロフィルム化事業によって作成されてい
たマイクロフィルムをデジタル媒体変換したものが供された。1990年前半
のマイクロフィルム化事業から1990年代後半のデジタル化事業は時期が重
なりあいながらも、当該期資料のマイグレーションが急速に変化していった
のである[7]。

2-3　国立大学法人化以降の図書館

　その後、東北帝国大学理科大学以降収集されてきた和算資料について、
2002年「和算ポータル」が作成、2003年から2008年度における電子化を経て、
この和算ポータルは和算資料の全文画像データベースとなり、2010年度に
は日本数学会出版賞を受賞することになる。また、2003年には三春藩主秋
田家に伝来し、その後東北帝国大学に寄託、戦後国有財産として購入され附
属図書館所蔵となった秋田家史料がデジタル化され公開された[8]。貴重書展
示室およびこれらのコンテンツは、2010年に「東北大学デジタルコレクショ
ン」のリリースに伴い移行することになったが、2010年代に入ると、デジタ
ル化が進んでいない資料や、より高精細なデジタル画像への対応などが求め
られるようになり、漱石文庫の本格的なデジタルアーカイブが企図されてい
く。2019年に東北大学では「国立大学法人東北大学におけるクラウドファン
ディング事業の実施に関する要項」を策定、東北大学附属図書館では、「漱石
文庫デジタルアーカイブプロジェクト」を立ち上げ、クラウドファンディン
グによるデジタルアーカイブのための資金募集を開始した。結果として支援
総額4,687,000円が集まり、2020年末までにその成果は、東北大学デジタル
コレクションで公開された。

　狩野文庫についても、2019年から国文学研究資料館を中心とする「日本語

の歴史的典籍の国際共同研究ネットワーク構築計画」のもとでデジタル化を開始、新日本古典籍総合データベース（2023年から国書データベースに統合）を通じて順次公開された[9]。

3　東北大学総合学術博物館の沿革とデジタルアーカイブ

　東北大学では1960年代に学内の学術資料標本を総合的に管理する「総合研究資料館」構想が持ち上がったものの、本格的な博物館機能は1990年代に設置されている。前史としては1995年に理学部に自然史標本館が設置されており、この標本館に理学部地学系の資料標本が集積され、展示公開されていくことになった。一方で、自然史標本以外の医学部、理学、文学等を中心とした資料標本類は各部局での管理に留まっていたことから、「東北大学総合研究博物館（仮称）設置構想検討委員会」が学内に置かれ、検討が進められた結果、1998年総合学術博物館の名称で東北大学に大学博物館が設置されることとなる。ただし組織の設置認可はされたものの、建物に対する概算要求は通らなかったため、総合学術博物館の展示事業等については、理学部自然史標本館を利用せざるを得ない状況であった。そのため総合学術博物館は、学内各部局に分散し保管されている資料標本の現物そのものを一箇所に集中保存することを機能として有することは難しい組織となり、代わって全学的な資料標本の一極管理に資するための、データベース構築が組織の役割として求められていくこととなった。

　2000年に総合学術博物館は「東北大学所蔵資料標本データベース（TUMCデータベース：Tohoku University Museum Collection Database）事業」をスタート[10]、古生物研究領域標本管理データベース、文学部陳列館収蔵庫資料画像データベース、理学部自然史標本館収蔵貝類化石標本画像データベースなどの整備が進められることになる[11]。その後、2003年に日本金属学会の博物館部門であった金属博物館が閉鎖され、資料・標本が東北大学に寄贈された際、総合学術博物館では、その調査とデータベース化を担った[12]。

2004年には、浮遊性有孔虫に関する斎藤コレクション、鉱物コレクションの画像データベース、仏教美術や民俗資料からなる河口慧海コレクション、植物園の葉標本コレクションを加えて、東北大学所蔵資料標本データベースがインターネット上で一般に公開された[13]。東北大学所蔵資料標本データベースは名称こそデータベースであるが、総合学術博物館として本格的なデジタルアーカイブ構築であったといえる。その後2013年に「二枚貝類画像データベース」[14]、2017年に「編組製品等素材可能植物データベース」が公開されるなど、東北大学所蔵資料標本データベースは2020年まで逐次増補されていった[15]。

4　東北大学史料館の沿革とデジタルアーカイブ

東北大学史料館は1963年に設置された東北大学記念資料室を前身としている。東北大学記念資料室は、前述の通り日本で初めて組織名称(英語名称)にアーカイブズを用いた、大学アーカイブズとして成立し、その資料の収集対象は、「東北大学記念資料室資料収集規程」に基づき、①文書(永久保存文書、評議会・教授会記録、その他の大学公文書)、②学内刊行印刷物、③教官著作物、④記念物品(いわゆるモノ資料や個人文書)、⑤視聴覚資料(写真、録音テープ等)、⑥その他の資料(官報，各種統計、新聞雑誌記事等)、⑦整理研究資料(参考文献等)とされた[16]。デジタルアーカイブに繋がる動きとしては、2000年に東北大学記念資料室が東北大学史料館に改組された後、2003年に作成された『東北大学関係写真目録』の関連事業があげられる。目録自体は紙媒体で刊行されたものの、その前提作業として約3,000点の写真のデジタル化がなされ、翌2004年3月には、同目録は東北大学関係写真データベースとしてインターネットを通じて公開、以降順次写真データベースは増補されていくこととなる。また、2004年4月には、既存の東北大学史料館所蔵資料についてデータベースが整えられ、大学公文書にあたる旧庶務部庶務課移管文書、旧庶務部広報調査課移管文書、旧庶務部入試課移管文書、国

際交流課移管文書、旧教養部文書、仙台医学専門学校文書、第二高等学校文書、仙台工業専門学校文書がインターネット上で検索可能となった[17]。その後、2016年に東北大学史料館　所蔵文書検索システムがリニューアルされ、ツリー構造での検索や、史料館所蔵の歴史公文書、個人・関連団体文書、学内刊行物の横断検索が可能となることになる。

5　東北大学における総合知デジタルアーカイブ

5-1　国立大学法人化前後の学内組織改組

　2001年、東北大学には情報シナジー機構が設置され、合わせてその中心組織である全国共同利用施設として、学内の旧大型計算機センター、旧情報処理教育センター、旧総合情報システム運用センター、および附属図書館の一部を組織統合し、情報シナジーセンターが設置された。このとき附属図書館調査研究室が、情報シナジーセンター学術研究部学術情報部分室として位置づけられて改組し、東北大学における研究成果及び附属図書館が所蔵する貴重資料などのマルチメディアデータの電子化・オープン化に関する調査研究・開発を行うとされた[18]。

　次いで2004年の国立大学法人化後、東北大学では総合学術博物館、史料館、植物園の3施設を統合する動きが起こり、2006年に学術資源研究公開センターが置かれ、上記3施設はその業務部門となる組織改組がおこなわれた。これは必ずしも組織規模の大きくない3施設を統合することで、東北大学における学術資源の教育、研究に関する中核拠点として、大学の知の発信機能を強化していくことが目的であった。学術資源研究公開センター発足時、情報シナジーセンター学術研究部学術情報部分室に所属していた教員はこの時、学術資源研究公開センターに配置換えとなったものの、この学内改組は学術資源研究公開センター全体でデジタルアーカイブを構築していく動きにはすぐには繋がらなかった。

　この時期、情報シナジーセンター学術研究部学術情報分室が事実上、学術

資源研究公開センターと統合したにもかかわらず、デジタルアーカイブ構築を牽引する主体になり得なかった要因として、1点目として博物館、史料館、植物園の組織名称も残されたことから、3施設の独立性は一定程度担保されていたこと、また2点目として教員は全員助手であり、大学全体のデジタルアーカイブをマネジメントする立場にはなかったことが背景にあった[19]。また図書館、博物館、史料館がそれぞれ有するメインのデジタル画像のポータルサイトの名称も、東北大学附属図書館では「東北大学デジタルコレクション」、総合学術博物館では「「学術コレクション」データベース」、史料館は「東北大学関係写真データベース」と積極的にデジタルアーカイブ用語が使用されることはなかった。

2010代に入ると、2011年の東日本大震災を契機として東北大学では、東日本大震災アーカイブプロジェクト「みちのく震録伝」が始動し、2012年に災害科学国際研究所がこのプロジェクトを主導していくことになる。附属図書館、総合学術博物館、史料館もこのプロジェクトに協力していくことになるが、あくまでこれは災害に関する記録のアーカイブが目的であり、この時も学内の学術資源のコンテンツ全体を扱う議論には直接的には結びつかなかった。また前述の国立大学法人化前後の学内改組で附属図書館に専任教員が配置されなくなったこと、また学術資源研究公開センターの目的である学術資源の発信を所掌する理事が2014年以降不在となってしまったことから、全学的なデジタルアーカイブ推進において、2010年代東北大学では目立った動きが途絶えてしまうことになる[20]。

5-2　全学的なデジタルアーカイブ構築への動き

こうした中、全学的なデジタルアーカイブ構築は、2018年度〜2023年度の大野英男総長期に動き出すこととなる。大野総長は2030年を見据えた東北大学の挑戦的な展望として「東北大学ビジョン2030」を策定、その研究項目において「文化・学術資源の世界発信と人文系研究分野の国際拠点化」が掲げられ、「附属図書館、史料館、総合学術博物館等に蓄積した本学固有の膨

大かつ貴重な文化・学術資源を世界の研究者・市民に開放し、オープンサイエンスの基盤として広く利活用を促進するシステムを構築するとともに、人文系研究拠点としての機能強化を図り、国際的求心力を向上させます」との文言が盛り込まれることになる。これは全学的なデジタルアーカイブ構築の呼び水の一つとなった[21]。また2017年に東北大学史料館に着任した筆者は、前任の東京大学での東京大学デジタルアーカイブズ構築事業の動向に触れており、東京大学や京都大学でのデジタルアーカイブ構築の進展を踏まえ、東北大学でのデジタルアーカイブの基盤構築や人材養成の動向の遅れに危機感を感じていた。

京都大学では、2006年に「デジタル・アーカイブ（仮称）の計画概要（案）」が策定され、2010年には、「京都大学における研究資源アーカイブに関する規程」が制定、京都大学総合博物館が運営責任部局、情報環境機構・学術情報メディアセンターが連携部局として、京都大学研究資源アーカイブが設置されていた。研究資源アーカイブは、京都大学の教育研究の過程で作成・収集された一次資料を保存・活用するため、学内公募で研究資源化プロジェクトを運営する点が特色となっており、採択されたプロジェクトにおいて、対象となった資料群は情報を集約、整理した上でデジタル化され、京都大学デジタルアーカイブシステムPeekに、デジタルコレクションとして登録され、学術利用および教育研究利用を目的として公開される仕組みを取っている。この取り組みは、従来の図書館、博物館、文書館また各部局では、十分取組むことが出来なかった研究資源の保存継承と活用方法のモデルを提示するものであった[22]。

東京大学では、2015年に策定された「東京大学ビジョン2020」に、「東京大学が保持する学術資産のアーカイブを構築し、その公開と活用を促進することで、学術の多様性を支える基盤を強化する」との方針に基づき、2016年から東京大学デジタルアーカイブズ構築事業が開始された[23]。2016年には附属図書館長、総合研究博物館長、文書館長、情報基盤センター長が加わるかたちで「東京大学学術資産等アーカイブズ委員会」が設置され、2017年12月

「東京大学学術資産等アーカイブズリンク集」が公開、2019年6月には「東京大学学術資産等アーカイブズポータル」が公開された[24]。また2019年11月より、日本が保有する様々な分野のコンテンツのメタデータを検索・閲覧・活用できるプラットフォームとして国立国会図書館が運用することを目的とした「ジャパンサーチ」とも連携するなど[25]、当初から学外機関とも結び付いた発信が企図されていた[26]。

　こうした東京大学や京都大学の事例を踏まえ、東北大学では2019年より「東北大学ビジョン2030」策定に関わった文系教員、附属図書館情報サービス課職員、博物館教員、史料館教員（筆者）を中心に文系URAを加えて打ち合わせを重ねる場を設け、学内予算要求として2020年度総長裁量経費を研究担当理事から申請し、「文化・学術資源の世界発信のための学内連携基盤整備事業」として、東北大学におけるデジタルアーカイブのプラットフォームを構築することを要求した。しかし2020年度要求では学内予算は得られず、その後学内予算が措置されるのは2022年度後半を待たなければならなかった。

　時間を要した理由として、デジタルアーカイブ構築が如何なる研究力強化に繋がるのか、そのロジックと、目標達成度合いを測るKPI（重要業績評価指標）を提示することが難しかった点があげられる。当初東北大学のデジタルアーカイブ構築は、「東北大学ビジョン2030」の「文化・学術資源の世界発信と人文系研究分野の国際拠点化」を実現するもの、という立て付けで要求しており、その目的とするところは、卓越した学術研究の推進にあった。この研究力向上という方向性で要求した場合、仮にデジタルアーカイブの構築の成果を公開点数や、アクセス数などとすると、その定量的な成果が、論文の被引用数が各分野の上位10％に入るような論文数の増加に具体的に如何に寄与するのか、論文の被引用数を、その論文と同じ出版年・分野・文献タイプの世界平均（基準値）化した指標であるFWCIの大学平均値をあげるインセンティブになるのか、といった研究力の定量的な指標との因果関係を問われてしまう議論に繋がってしまうことになる。デジタルアーカイブは文系だ

けのものでないことは論を俟たないが、「東北大学ビジョン2030」に掲げた「文化・学術資源の世界発信と人文系研究分野の国際拠点化」は文系の研究振興の文脈となっており、文系の研究力向上は必ずしも定量的な評価指標が馴染むものではないため、学内の予算折衝において明快な解を見いだせなかったのである。

　国立文化財機構、国立国会図書館、国立公文書館などナショナルなMLA（Museum、Library、Archives）、個々の大学の枠を超えた共同利用共同研究を推進する大学共同利用機関法人におけるデジタルアーカイブ推進においては、ジャパンサーチのように、日本における文化的なデジタル情報源を集約一覧することそのものを目的として、デジタルアーカイブを構築するという説明が立つかもしれない。人間文化研究機構の国文学研究資料館が中心に展開した、国内外の大学等の研究機関・図書館と連携して日本語の歴史的典籍約30万点全冊のデジタル画像化を行う「日本語の歴史的典籍の国際共同研究ネットワーク構築計画」なども、研究の進展は勿論のことであるが、大規模データベースの作成公開、それらデジタルアーカイブを用いた利用の促進に軸を置いたプロジェクトともいえる。この点、一大学規模であると、そうした大所高所にたったデジタルアーカイブの意義が大学経営という観点からは通じにくくなってしまう。東北大学の場合は前述の通り、大野総長期においては学術資源の発信を所掌する理事は置かれておらず、東北大学における研究担当理事も2020年度に交代しており、上記理由もあって継続して研究担当理事から予算要求することのハードルは高かった。このため全学的なデジタルアーカイブ構築はスムーズには進まなかったのである。

　一方でいくつかの追い風もこの時期生じるようになる。2020年のコロナ禍において、東北大学は「東北大学ビジョン2030」をアップデートし、コネクテッドユニバーシティ戦略を掲げ、諸活動のオンライン化と、サイバー空間とリアル空間の融合的活用に取組む姿勢を示すことになる[27]。また2020年6月には「東北大学オンライン事務化宣言」を発表、翌月企画戦略総括担当理事がCDO（最高デジタル責任者）となった。こうしたことから、全学的な

デジタルアーカイブ構築は大学のDX推進の文脈から一定の理解を得られることとなった。

　2021年には総長裁量経費要求に先駆けて、部局単位でのデジタルアーカイブを提供することが東北アジア研究センターで認められ、「地域研究デジタルアーカイブ」が公開された[28]。また、この時期の周年事業もデジタルアーカイブ構築に影響を与えた。2022年に東北大学115周年事業が実施されることとなり、同年は東北大学に法文学部設置から100年の節目にも当たったことから、文理をカバーする学部が成立し総合大学としての体制が整ったことを祝う、総合大学100周年記念事業ともなった[29]。この記念事業として東北大学と海外大学との「日本学」の国際ネットワークである「支倉リーグ」参加大学の人社系首脳陣が集まった「支倉サミット2022」において、大野総長から「デジタルヒューマニティーズというのは、私たちの戦略の一つ」であり、「デジタルアーカイブを作りたいと思っている」との発言を得られることになる[30]。

5-3　総合知デジタルアーカイブの構築

　学内予算要求は2021年以降、研究担当理事に代わって、附属図書館長を担う副学長を代表として提出していたが、2022年からはシステム開発名称を「東北大学総合知デジタルアーカイブ」とするようになった。2021年3月内閣府の総合科学技術・イノベーション会議が取りまとめた「「科学技術基本計画について」に対する答申」において、科学技術・イノベーション政策は「科学技術の振興のみならず、社会的価値を生み出す人文・社会科学の「知」と自然科学の「知」の融合による「総合知」により、人間や社会の総合的理解と課題解決に資する[31]」ものであるとしていたように、この時期、国の政策が人文・社会科学を「総合知」の文脈から位置づけるようになったことがこのネーミングの背景にあった。また2022年の東北大学における総合大学100周年という節目であったこと、学内的には単に文系だけのためのデジタルアーカイブではなく、理系も含めた全学的な有用性を示す用語が求められたことなど

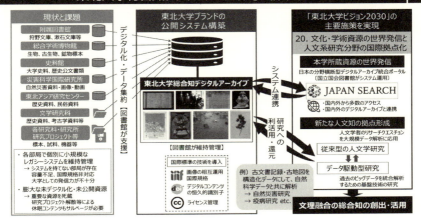

図1 「東北大学総合知デジタルアーカイブ」の構築イメージ

の所産でもあった。

「東北大学総合知デジタルアーカイブ」事業は先行する東京大学や京都大学の事例も参考にしつつ、各部局で個別に小規模なレガシーシステムを維持管理してきた2010年代までの状況では容量不足や国際規格への対応が出来なくなってきている現状、そもそもそうしたシステム自体を持てない学内部局が存在している現状、また膨大な未デジタル化・未公開の学術資源がある一方、研究プロジェクト解散等による休眠コンテンツもサルベージを全学的に手当てしていく必要がある現状を踏まえ、東北大学ブランドのシステム構築を行うことが目的とされた（図1）。また、大学としての文化・学術資源の発信力が不十分である、という課題を解決するものとされた。その運営体制は、これまで学内で何らかのかたちで「デジタルアーカイブ」に関わるような取り組みをしてきた附属図書館、総合学術博物館、史料館が中心となり、また文学研究科や東北アジア研究センターなどの文系部局、さらには災害科学国際研究所ほか、理系部局も加わるかたちが企図されることとなる。

正式な学内予算内示に先立ち、2022年6月には東北大学総合知デジタル

アーカイブ仕様検討委員会が立ち上がり、IIIFを用いた高品質・高精細の画像公開を前提として、主要機能となる①学内の複数のデジタルアーカイブシステムの統合検索・表示(学内で動いている複数のデジタルアーカイブを見た目上東北大のデジタルアーカイブ資源として統合して見せる機能)、②部局ごとに独立したシステムを立ち上げなくても本システム内に「部局のデジタルアーカイブ」を追加作成できるシステムを実現すること(含:部局の画像公開支援)、③学外のシステムとの連携を可能とすること(ジャパンサーチやNDLサーチ等との連携)のためのシステム要件の検討が開始される。この中で、②の初期構築分は附属図書館および史料館とされた。図書館が先行したのは、東北大学のMLAのうち図書館がもっとも学術資源を有しており、また学内予算申請の代表が附属図書館長を務める副学長であったからであるが、史料館が博物館に先行して対象となったのは、この総合知デジタルアーカイブが、教育・研究面だけでなく、大学業務のDXとも密接に関わるかたちでの運用が企図されていたからである。

　国の公文書管理上においては、2019年3月「行政文書の電子的管理についての基本的な方針」が策定され、行政文書は、電子媒体を正本・原本とすること、プロセス全体の電子化、などを柱として本格的な電子的管理への移行が提起されていた[32]。さらに2022年1月の公文書等の管理に関する法律施行令等の改正や[33]、同年2月の行政文書の管理に関する公文書管理課長通知の決定によって[34]、公文書管理上では国の公文書は電子媒体により体系的に管理することが基本となった。東北大学でも、これら国の施策に基づき法人文書管理規程が2022年4月に改正された。これは以降作成された法人文書で保存期間満了後に移管対象となる文書は、電子決裁された文書が中心になることを意味し、史料館は国立公文書館等指定施設である関係から、移管された特定歴史公文書等の公開方法を開発しなければならなかった。「総合知デジタルアーカイブ」はその公開先としての利用という用途も強く求められるものとなっている。そのため、2024年4月の「総合知デジタルアーカイブ」のリリース時には、システムの運用管理を担う附属図書館のコンテンツ

と、史料館のコンテンツが先行して公開となったのである。

　また、2023年2月には総合知デジタルアーカイブ運用準備委員会が設置された。「東北大学総合知デジタルアーカイブ」事業は遂行する上で、特任教員の採用が認められていたが、この運用準備委員会はその採用方針を定めていくこととなる。最終的には総合知デジタルアーカイブ推進のための教員は学術資源研究公開センター史料館に配置されることとなり、同年12月に着任した。さらに、2024年2月には全学委員会として、総合知デジタルアーカイブ委員会が設置され（運用準備委員会は解散）、附属図書館長を務める副学長が委員長、統合日本学センター長が副委員長を務め、附属図書館副館長、また博物館・史料館を擁する学術資源研究公開センター長、本事業に先行し地域研究デジタルアーカイブを構築していた東北アジア研究センター長、そしてサイバーサイエンスセンター長を常置とした体制が組まれた。東北大学総合知デジタルアーカイブのデータはクラウドではなく、オンプレミスで調達・運用することとなっており、サイバーサイエンスセンターはその支援を担う部局として参画していた[35]。また、これらの事務所掌は東北大学の学内MLAの中でもっとも事務組織規模が大きい附属図書館が担うこととなった。

　統合日本学センターについては、総合知デジタルアーカイブと研究との関係において説明したい。総合知デジタルアーカイブの研究への利活用や還元は前述の通り、学内予算獲得上必要な説明事項であり、東北大学のプレゼンスに如何にデジタルアーカイブが寄与するのか、という点はこの時期、国際卓越研究大学の申請とも関わり重要な論点であった[36]。そのため、デジタルアーカイブをどのように活用していくかについては、従来型の人文学研究とデータ駆動型研究を統合する新たな人文知の拠点を設置することを一つの方向性として学内では議論されていた。

　一方で東北大学では、前述の支倉サミット2022の開催にみられるように、これまで取り組んできた国際的な日本学ネットワーク（支倉リーグ）や、日本学に関する教育・研究の蓄積（日本学国際共同大学院）などの取り組みがあり、

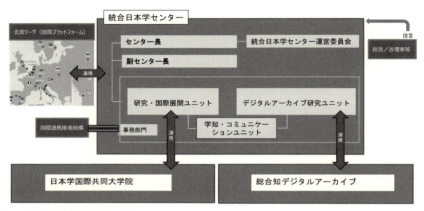

図2　統合日本学センター機構図

日本学をキーワードとして、世界で最大規模の分野横断型「日本学」コミュニティの中核を担う組織となることを目指す組織を設置する構想も持ち上がっていた。この構想と、東北大学が所蔵する文化・学術資源を国際標準に対応すべく構築される「総合知デジタルアーカイブ」のコンセプトが結び付き、2023年に「統合日本学センター」が設置されることとなる[37]。そして統合日本学センターにはデジタルアーカイブ研究ユニットの部門が置かれることとなった。東北大学におけるデジタルアーカイブの基盤を「総合知デジタルアーカイブ」が担い、統合日本学センターのデジタルアーカイブ研究ユニットが、総合知デジタルアーカイブを利活用し研究を展開する組織の一つとなり、この連携のもとで東北大学ビジョン2030の施策を実現し、国際的な価値共創を果たす、という立て付けである(図2)。この統合日本学センターの設置から半年後、2024年4月に東北大学総合知デジタルアーカイブ(ToUDA)が正式にリリースされた。附属図書館の「東北大学デジタルコレクション」はこれをもってサービスを終了、東北大学史料館の「東北大学関係写真データ

ベース」も総合知デジタルアーカイブに組み込まれ、新たに史料館が所蔵する1960年代学生運動関係史料のコレクション「長い1960年代デジタルアーカイブ」が加わった。これを初期構築として、今後学内で保有する文化・学術資源を文系・理系を問わず収録し、統合的に公開するプラットフォームに成長することが期待されている。

6　おわりに

　東北大学のデジタルアーカイブ構築においては、歴史的に学内の学術資源の集積、データベース作成をミッションの一つとしてきた附属図書館、総合学術博物館、史料館が中心となり、デジタルアーカイブに理解の深い文系部局および理系部局が協力するかたちで、ボトムアップで進められてきた。附属図書館は博物館、史料館よりも組織の歴史が長く、所蔵資料のデジタル公開の取り組みももっとも早かったが、2000年代以降の学内改組により充て職としての館長、副館長以外の教員組織配置は切り離されていた[38]。総合学術博物館は設置当初より自前の建物を有しておらず、学術標本のデータベース作りは組織のアイデンティティとして機能していたが、2006年に学術資源研究公開センターの一部門となったことで、全学的なデジタルアーカイブ構築のイニシアティブは発揮しきれていなかった。史料館は附属図書館、総合学術博物館と比べてもっとも組織規模が小さい反面、全学的な法人文書の電子化後の文書移管体制を担わなければならない、という課題を抱えていた。総合学術博物館、史料館を擁していた学術資源研究公開センター自体も総合学術博物館、史料館、植物園の独立性が強く、センターとしての自立性は相対的に小さかった。こうした状況から、東北大学では2010年代、他大学でデジタルアーカイブ構築が進められていく中、あまり有効な施策が取れていたとはいえなかった。

　この状況に変化が起きるのは、2010年代後半になり、挑戦的な戦略として掲げられた東北大学ビジョン2030において、全学的なデジタルアーカイ

ブ構築は適合的な施策である、と考えられたからである。しかし「総合知デジタルアーカイブ」が2024年にリリースされたように、すぐに実行に移されたわけではない。これは、デジタルアーカイブ構築そのものは手段であって、東北大学の研究に関するプレゼンスにデジタルアーカイブ構築が如何に寄与するのか、ということを説得的に説明することに時間を要したからである。コロナ禍における東北大学のDX推進路線や、国の科学技術政策として総合知の創出が求められるようになったこと、文系分野を後押しする周年事業、国際卓越研究大学の申請などの要因もある中、最終的には「統合日本学センター」の設置という、デジタルアーカイブの利活用の出口としての研究組織の立ち上げと、研究基盤としての「総合知デジタルアーカイブ」構築の両輪を動かす、という計画のもとで、2020年代の東北大学のデジタルアーカイブ構築は実行されることとなった。

　これらがボトムアップで実現したもう一つの背景としては、横の連携を繋ぐ組織の存在があげられる。東北大学史料館は、改組前の記念資料室時代から一貫して事務所掌は附属図書館に置いていた。学術資源研究公開センターの部門となって以降は、教員組織はセンターに所属することとなったため、博物館とは密接な関係を有するようになった。2011年からは公文書管理法施行の影響から、史料館に公文書室が設置されたが、この公文書室は全学的な法人文書管理を担うことから、本部総務部総務課(のちに総務企画部法務・コンプライアンス課)に置かれることとなった[39]。2021年に東北アジア研究センターに地域研究デジタルアーカイブが先行して構築された際、史料館教員は兼務教員として関わるようになり、2022年に大学院文学研究科に認証アーキビスト養成コースが設置された際にも、史料館教員は大学院文学研究科担当の協力教員となった。こうした組織上また人的側面において、史料館という大学アーカイブズのような横串を刺す役割を担い得た組織があったことが、デジタルアーカイブ構築を通じて、大学におけるMLA連携のひとつのかたちをみた要因であるといえよう。

注

1) 柳与志夫(2020)『デジタルアーカイブの理論と政策——デジタル文化資源の活用に向けて』勁草書房.

柳与志夫監修、加藤諭・宮本隆史編(2022)『デジタル時代のアーカイブ系譜学』みすず書房.

2) 鈴木親彦責任編集(2023)『デジタルアーカイブ・ベーシックス　共振するデジタル人文学とデジタルアーカイブ』勉誠社.

3) 福島幸宏責任編集(2023)『デジタルアーカイブ・ベーシックス　ひらかれる公共資料——「デジタル公共文書」という問題提起』勉誠社.

4) 本章では主に学内における課題やその対応を中心に叙述するが、国などを含め、学外のデジタルアーカイブ政策全体の中で、東北大学のデジタルアーカイブを位置づけた論稿としては、加藤諭(2024)「デジタルアーカイブの構築とその可能性——東北大学を事例として」『堺市博物館研究報告』43, 43-52.

5) 菊谷竜太(2019)「東北大学附属図書館所蔵 デルゲ版チベット大蔵経」『まなぶひと』2019.9月号, 4-5.

6) 石田義光・高木忠・曽根原理(1995)「「狩野文庫目録和書之部」成立の経緯」『東北大学附属図書館研究年報』28.

7) 照内弘通(2022)「東北大学附属図書館所蔵資料の電子化と公開に関する覚書(1)」『東北大学附属図書館調査研究室年報』9.

8) 照内弘通(2024)「東北大学附属図書館所蔵資料の電子化と公開に関する覚書(2)」『東北大学附属図書館調査研究室年報』11.

9) 「東北大学附属図書館、同館が所蔵する「狩野文庫」のうち約4,000点の画像を新たに「新日本古典籍総合データベース」上で公開」(https://current.ndl.go.jp/car/47128)(最終アクセス：2024年12月6日)

10) 東北大学所蔵資料標本データベース(http://webdb2.museum.tohoku.ac.jp/data_base/)(最終アクセス：2024年12月6日)

11) 東北大学総合学術博物館(2002)『東北大学総合学術博物館年次報告(1998－2001年度)』7-8.

12) 東北大学総合学術博物館(2004)『東北大学総合学術博物館年次報告(2003年度)』13.

13) 東北大学総合学術博物館(2005)『東北大学総合学術博物館年次報告(2004年度)』11-13.

14) 東北大学総合学術博物館二枚貝データベース(http://webdb2.museum.tohoku.ac.jp/

t_bivalve/）（最終アクセス：2024年12月6日）

　　　東北大学学術資源研究公開センター（2018）『2013－2016年度東北大学学術資源研究公開センター外部評価報告書』27-28.

15)　編組製品等素材可能植物データベース（http://webdb2.museum.tohoku.ac.jp/data_base/plant_amigumi/）（最終アクセス：2024年12月6日）

　　　東北大学学術資源研究公開センター（2018）『2013－2016年度東北大学学術資源研究公開センター外部評価報告書』27-28.

16)　「東北大学記念資料室および東北大学記念資料室資料収集規程の制定について（伺）」1963年7月11日『本部関係規程綴／自昭和38年4月至昭和38年12月』東北大学史料館所蔵

17)　（2005）「文書の公開について」「東北大学関係写真データベースの公開」『東北大学史料館だより』5, 6-7.

18)　東北大学情報シナジーセンター（2002）『年報　平成13年度』1, 2・103.

19)　2007年12月に史料館の東北大学関係写真データベースについて、総合学術博物館サーバへ移転するなど、サーバ管理についての連携はみられた。

20)　「役員・主な役職者」『東北大学概要2014』（https://www.bureau.tohoku.ac.jp/koho/pub/gaiyou/gaiyou2014/）（最終アクセス：2024年12月6日）

21)　「東北大学ビジョン2030」（https://www.tohoku.ac.jp/japanese/profile/president/01/president0102/12-14_2030.pdf）（最終アクセス：2024年12月6日）

22)　京都大学研究資源アーカイブ（https://www.rra.museum.kyoto-u.ac.jp/）（最終アクセス：2024年2月10日）

23)　東京大学情報システム部情報基盤課学術情報チームデジタルライブラリ担当「東京大学学術資産等アーカイブズポータル紹介」第3回東京大学学術資産アーカイブ化推進室主催セミナー（2019.11.29）資料

24)　「東京大学デジタルアーカイブズ構築事業の概要」（https://www.lib.u-tokyo.ac.jp/ja/library/contents/archives-top/overview）（最終アクセス：2024年12月6日）

25)　「ジャパンサーチの概要」（https://jpsearch.go.jp/about）（最終アクセス：2024年2月10日）

26)　「東京大学学術資産等アーカイブズポータルが連携するジャパンサーチが正式版となりました」（https://www.lib.u-tokyo.ac.jp/ja/library/contents/news/20200813）（最終アクセス：2024年12月6日）

　　　ジャパンサーチは2019年11月段階では試験版、2020年8月に正式公開。

27)　東北大学ビジョン2030（アップデート版）「コネクテッドユニバーシティ戦略」（https://www.tohoku.ac.jp/japanese/profile/vision/01/vision04/）（最終アクセス：2024年

12月6日）

28） 東北アジア研究センター地域研究デジタルアーカイブ（https://archives.cneas. tohoku.ac.jp/）（最終アクセス：2024年12月6日）

29） 「創立115周年・総合大学100周年について」（https://115anniv.tohoku.ac.jp/about. html#message）（最終アクセス：2024年12月6日）

30） 「支倉サミット2022 東北大学（2022年9月30日）」（https://www.youtube.com/ watch?v=7XSg0QEyQUc）（最終アクセス：2024年12月6日）

31） 2021年3月16日総合科学技術・イノベーション会議 資料1-2「諮問第21号「科学技術基本計画について」に対する答申（案）」（https://www8.cao.go.jp/cstp/siryo/ haihui052/siryo1-2.pdf）（最終アクセス：2024年12月6日）

32） 「行政文書の電子的管理についての基本的な方針（概要）」2019年3月25日（https:// www8.cao.go.jp/chosei/koubun/densi/dennshigaiyou.pdf）（最終アクセス：2024年12月6日）

33） 資料3-1「公文書等の管理に関する施行令及び内閣府組織令の一部を改正する政令案（概要）」2022年1月14日、公文書管理委員会配布資料（https://www8.cao.go.jp/ koubuniinkai/iinkaisai/2022/0114/shiryou3-1.pdf）（最終アクセス：2024年12月6日）

34） 「行政文書の管理に関するガイドラインの細目等を定める公文書管理課長通知」2024年2月9日一部改正（https://www8.cao.go.jp/chosei/koubun/hourei/tsuchi1.pdf）（最終アクセス：2024年12月6日）

35） 2024年段階でのサーバ管理は災害科学国際研究所に協力を得ている。

36） 「国際卓越研究大学制度について」（https://www.mext.go.jp/a_menu/kagaku/ daigakukenkyuryoku/kokusaitakuetsu_koubo.html）（最終アクセス：2024年12月6日）

37） 統合日本学センター（https://cijs.oii.tohoku.ac.jp/）（最終アクセス：2024年2月10日）

38） 法人化以降も附属図書館の協力研究員制度の中で、附属図書館資料の調査研究を行う仕組みは残っている。

39） 東北大学史料館（2024）「2022年度（令和4年）東北大学史料館 事業年報」『東北大学史料館研究報告』19.

第12章

持続可能な情報基盤としての
東京大学学術資産等
アーカイブズプラットフォーム

田口忠祐

1　はじめに

　本章は、東京大学のデジタルアーカイブに関する取り組みである東京大学
学術資産等アーカイブズプラットフォームについて解説するものである。第
1節では、東京大学デジタルアーカイブズ構築事業について背景、目的、組
織体制などについて述べる。第2節では、東京大学学術資産等アーカイブズ
プラットフォームの概要と包含する各システムの詳細について述べる。第3
節では、学術資産のデータ保存として、バックアップシステムやデータ保存
の方法について述べるとともに、バックアップの多層化やシステムのマイグ
レーション等、長期的な保存に向けた取り組みについても述べる。第4節で
は、国際的な標準に基づいたデータ流通の仕組みについて述べ、最後に東京
大学学術資産等アーカイブズプラットフォームの将来的な展望について述べ
る。

2 東京大学デジタルアーカイブズ構築事業の概要

　東京大学では、2021年9月に、目指すべき理念や方向性をめぐる基本方針を定めたUTokyo Compass「多様性の海へ：対話が創造する未来(Into a Sea of Diversity: Creating the Future through Dialogue)」[1]を公表した。UTokyo Compassで掲げられている20の目標の中に、1-2【多様な学術の振興】があり、具体的な計画として「研究基盤の強化」をあげている。

　その中では、「学術資産のアーカイブ機能を強化」して「学術資産の利活用を促進」し、「文理協働に資する学術資産の収集・把握・保全、目録化、デジタルアーカイブの作成とウェブ上での公開、展示等を進め、文理協働研究の拠点とする」としている。上記のUTokyo Compassから遡ること6年前の2015年に公表された「東京大学ビジョン2020」[2]では、「学術の多様性を支える基盤の強化」が掲げられていた。そこでは「東京大学が保持する学術資産のアーカイブを構築し、その公開と活用を促進することで、学術の多様性を支える基盤を強化する。」という方針が示されていた。このことに基づき、2016年9月に「東京大学学術資産等アーカイブズ委員会」が設置されることとなった。

　東京大学学術資産等アーカイブズ委員会は、東京大学附属図書館長、東京大学総合研究博物館長、東京大学文書館長、東京大学情報基盤センター長を中心として構成され、東京大学内のMLA(博物館 Museum・図書館 Library・文書館 Archives)機関が参画している点に特徴がある。

　同委員会では、東京大学の保持する多様な学術資産等のデジタルアーカイブ化を行い、かつ国内外に向けて広く公開し、その活用を促進するための「東京大学デジタルアーカイブズ構築事業」[3](以下、「アーカイブズ事業」という)を2017年度から実施することとなった。アーカイブズ事業を実施するにあたり、2017年4月に学術資産アーカイブ化推進室が設置され、学内における学術資産等のデジタル化と公開の支援に取り組むこととなり、現在に至っている。

　学術資産アーカイブ化推進室は、附属図書館副館長を室長とし、教員、附

属図書館職員、筆者を含む情報システム部職員から構成されている。ここでいう学術資産とは、「各部局[4)]で所蔵・管理する、学術研究のために収集された、あるいは学術研究の成果としての紙資料、標本、画像、動画、音声ファイル、立体物等」を指し、アーカイブズ事業では、デジタル化及びデジタルデータの一般公開が可能であるものを対象としている。

なお、東京大学では、学術研究の成果として生み出された学術論文等については「UTokyo Repository（東京大学学術機関リポジトリ）」[5)]で公開しており、学術研究の過程で生み出された研究データについては、「データ活用社会創成プラットフォーム mdx」[6)]等の別のサービスシステムにおいて成果の公開・発信を行っている。

アーカイブズ事業では、東京大学内の学術資産のデジタル化と公開支援、利活用促進に向け、比較的長期間にわたり、学術資産のデジタル化のための学内組織に対する予算支援と、デジタル化したものを公開するためのデジタルアーカイブシステム及び学内の様々なデジタルアーカイブを一元的に検索し学術資産を発見するための環境を提供していることに特徴がある。

3　東京大学学術資産等アーカイブズプラットフォーム

東京大学学術資産等アーカイブズプラットフォーム（以下、「アーカイブズプラットフォーム」という）とは、東京大学学術資産等アーカイブズリンク集、デジタルアーカイブシステムである東京大学学術資産等アーカイブズ共用サーバー、IIIF（International Image Interoperability Framework：トリプルアイエフ）[7)]画像配信サーバー、東京大学学術資産等アーカイブズポータルから構成されるシステムの総称である（図1）。

3-1　東京大学学術資産等アーカイブズリンク集

アーカイブズ事業の最初期に作成したのが東京大学学術資産等アーカイブズリンク集[8)]（以下、「リンク集」という）である。リンク集は、2016年度に

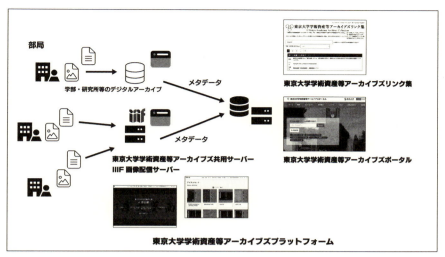

図1　東京大学学術資産等アーカイブズプラットフォーム

学内の図書館・室を通して実施した全学の学術資産の所蔵調査をもとに、学内に存在する様々なデジタルアーカイブサイトへのリンクと解説を集めたシステムとして2017年12月に公開した。

　当初は予算措置後に外部業者に開発を委託する予定であり、予算要求のために職員が作成した試作という位置づけであったが、結果として試作システムを本公開することとなった。公開が決定してからは画面デザインの見直しと、運用を考慮したドキュメントの整備を行うとともに、システム自体もサーバー側に動的な仕組みを持たないシンプルなシステムに移行して現在に至っている。

3-2　東京大学学術資産等アーカイブズ共用サーバー

　アーカイブズ事業でデジタル化した学術資産を広く公開するうえで、デジタルアーカイブシステムの構築や運用が困難な部局も多く存在する。そのため、アーカイブズ事業では、デジタルアーカイブ公開のためのシステムであ

る東京大学学術資産等アーカイブズ共用サーバー（以下、「共用サーバー」という）を提供しデジタル化した学術資産の公開を支援している。

　ここでは、支援が必要な部局からデジタル化した画像やメタデータの提供をうけ、公開サイトの構築から運用までを支援している。共用サーバーは2018年1月に公開を開始し、2023年12月末時点で10部局の計64コレクションを公開している[9]。

　共用サーバーは、後述するIIIF画像配信サーバーと同一のオンプレミスサーバー上で稼働している。デジタルアーカイブシステムには、デジタルコレクションのためのオープンソースのコンテンツ管理システムであるOmeka S[10]を採用している。

　Omeka Sは、機関向けのシステムであり、複数サイトの管理やLOD（Linked Open Data）にも対応したシステムである。このOmeka Sを利用し、部局の意向に沿った形で公開用サイトを構築し提供している。共用サーバーでは、メタデータについても柔軟に対応しており、原則として各部局が作成したメタデータをそのままの形で適用している。さらに共用サーバーでは、メタデータをデータセットとして公開しているが、これついては4節で述べる。

3-3　IIIF画像配信サーバー

　IIIF画像配信サーバーは、共用サーバーで提供している各デジタルアーカイブの画像を、IIIF形式で配信する高精細画像配信サーバーである。IIIF画像配信サーバーは、上述の共用サーバーのハードウェア内にコンテナ型の仮想化環境プラットフォームであるPodman[11], [12]を利用し構築している。IIIF画像配信サーバーでは、IIIF Image API[13]に対応したサーバーソフトウェアとしてCantaloupe[14]を利用している。

　IIIF画像配信サーバーは、これまでIIP Image Server[15]を利用し、学術資産アーカイブ化推進室員が初期設定から運用までを行っていたが、運用に合わせて設定の変更を試行錯誤して行うこと、サーバーの移行時に同様の環境を

構築する必要があること、障害発生時の対応に時間がかかることなど、運用
負荷も大きかった。

　特に、IIIF画像配信サーバーの場合、障害が発生すると共用サーバーで公
開しているデジタルアーカイブの全画像が閲覧できなくなってしまうことか
ら、日々運用している学術資産アーカイブ化推進室員の負担も大きかった。

　当時、IIP Image Serverの運用実績のある業者を見つけることができなかっ
たが、Cantaloupeでは運用実績のある業者を見つけることができたというこ
とも移行の後押しとなり、Cantaloupeの構築から運用までを業者に委託する
ことにした。運用を委託したことにより、学術資産アーカイブ化推進室員の
心理的な部分も含めて負担の軽減につながった。

3-4　東京大学学術資産等アーカイブズポータル

　東京大学学術資産等アーカイブズポータル(以下、「アーカイブズポータ
ル」という)は、本学のデジタルアーカイブ群のフロントエンドの役割を担う
システムであり、2019年6月に公開した。

　アーカイブズポータルは、システムにオープンソースのコンテンツ管理シ
ステムであるDrupal[16]を採用しクラウド環境で運用している。アーカイ
ブズポータルでは、共用サーバー及びアーカイブズ事業でデジタル化したもの
を中心に、各部局で公開している様々なデジタルアーカイブのメタデータを
集約し検索可能な形で公開している。

　これはいわば、東京大学の学術資産等のメタデータを集約した巨大なメタ
データデータベースである。アーカイブズポータルは、異なる部局が所蔵す
る学術資産に対する横断検索を提供し、各デジタルアーカイブで公開されて
いる画像へスムーズに辿り着ける機能を備えることで、発見可能性を高めて
いる。

3-5　アーカイブズプラットフォームにおけるメタデータ

　共用サーバーでは、登録する画像のメタデータは資料のデジタル化を実

施した部局が独自に作成している。そのため、適用するメタデータスキーマ[17]は設けていない。作成するメタデータの細かさも各部局で多様であるため、共用サーバーではメタデータを柔軟に登録できるようにしている。

　共用サーバーへのメタデータの登録は、学術資産アーカイブ化推進室員が行っており、必要なIDやIIIFマニフェストのURL等をメタデータに追加しているが、それ以外は各部局で作成したメタデータをほぼそのままの形で登録している。さらに、共用サーバーでは、登録するメタデータ1点毎にUUIDを用いてIDを付与している。

　UUIDとは、Universally Unique Identifier[18]の略で、36文字の英数字で生成される世界で一つのユニークなIDであり、これを利用することで登録するメタデータを一意に識別できるようにしている（RFC4122[19]として公開されている）。

　東京大学総合図書館所蔵『百鬼夜行図』に付与したUUIDの例：
　fbd0479b-dbb4-4eaa-95b8-f27e1c423e4b

　一方、アーカイブズポータルでは、共用サーバーとは異なり、学術資産アーカイブ化推進室で定めたメタデータスキーマを採用している。これは、アーカイブズポータルが共用サーバーに加えて、各部局で公開しているデジタルアーカイブのメタデータを集約し検索できるようにしているためである。

　さらに、アーカイブズポータルはデータ連携先として国立国会図書館の国立国会図書館サーチとジャパンサーチを主たる対象としている。共用サーバーのように自由なメタデータを受け入れてしまうと、連携先のシステムに適切なフォーマットでメタデータを提供することが難しくなる。そこで、学術資産アーカイブ化推進室では、DC-NDL[20]に基づいたメタデータスキーマを定めている。

　このようにメタデータスキーマを定めたが、共用サーバーに登録されているメタデータ項目をそのままアーカイブズポータルで採用しているメタデー

タ項目にマッピングすることは難しかった。そこで、アーカイブズポータルに登録する際には、最大公約数的な共通のメタデータ項目を用意し、そこにマッピングできない項目は、資料の内容に関する情報を記述する内容記述の項目にマッピングすることとした。この時、マッピングできないメタデータを内容記述にそのまま登録すると、元のメタデータの項目名が消失してしまい意味が分からなくなってしまうことから、元のメタデータ項目名も登録するようにしている。例えば、南葵文庫の伊勢物語では、共用サーバーでは「請求記号　A00:5589」「注記　書名は題簽による」のようにメタデータを登録している（図2）。

メタデータ / Metadata

請求記号	A00:5589
書名ヨミ	イセ モノガタリ
冊数	1
出版者	[書写者不明]
出版年	[室町前期]
種別	和古書
言語	日本語
注記	書名は題簽による
	小口書: 梶川与總兵衛覚書
	巻末に「丙午如月 小臣忠輔謹写」とあり
	巻末識語に「嘉永三戌年八月七日於梶川半左衞門廳家臣井上玄蔵...藤原忠悳写」(朱筆)、「安政三丙辰年八月三日芝神明七軒街本屋某買置ク反古之内より見出し求ル 多湖有次郎橘実誠(花押)」(墨筆)とあり
	毎半葉7行

図2　共用サーバーでのメタデータ登録例

　これをアーカイブズポータルのメタデータ項目にマッピングする場合には、アーカイブズポータルのメタデータ項目には「請求記号」「注記」が存在しないため、「内容記述」に「請求記号: A00:5589」「注記: 書名は題簽による」のように、「元のメタデータ項目名: メタデータ」というフォーマットに変換している（図3）。

伊勢物語
イセモノガタリ
Ise monogatari

言語	日本語
種別	古書（日本語）
出版者	[書写者不明]
刊行年、書写年等	[室町前期]
形態	1冊
内容記述	請求記号：A00:5589
	注記：書名は題簽による
	注記：小口書：梶川与穂兵衛覚書
	注記：巻末に「丙午如月 小臣忠輔謹写」とあり
	注記：巻末識語に「嘉永三戊午八月七日於梶川半左衛門殿家臣井上玄蔵 … 藤原忠悠写」（朱筆）、「安政三丙辰年八月三日芝神明七軒佃本屋某買重ク反古之内より見出し求ル 多湖有次郎橘実誠(花押)」(墨筆)とあり
	注記：毎半葉7行
	注記：朱筆書き入れあり
	注記：印記「橘實成藏」,「紀伊惠川南葵文庫」
	注記：虫損あり

図3　アーカイブズポータルでのメタデータ登録例

　これにより、共用サーバーや部局のデジタルアーカイブから収集した多様なメタデータをアーカイブズポータルに登録できるようにしている。

4　学術資産のデータ保存

4-1　バックアップ検討経緯

　前節ではアーカイブズプラットフォームのシステムについて述べてきたが、本節ではアーカイブズプラットフォームのバックアップについて述べる。

　デジタルアーカイブシステムのバックアップは、OAIS参照モデルに準拠することが望ましい[21), 22)]とされているが、本学の現状の体制では、OAIS参照モデルに準拠し運用することが困難であった。そこで、学術資産アーカイブ化推進室での検討の結果、サービスの復旧を優先とし、バックアップの対象はサービスの稼働に必要なデータに限り、バックアップを多層化して対

応することとなった。

4-2　アーカイブズプラットフォームにおけるバックアップ

　まず、リンク集では、サーバー内の特定のディレクトリにメタデータのTSVファイルとウェブ表示に必要なHTML、CSS、JavaScript等が全て保存されている。そのため、リンク集のデータが保存されているディレクトリ全体を定期的にバックアップしている。リンク集の場合は、年数回程度しかデータの更新が発生しないことから、データ更新のタイミングで、リンク集のデータが保存されているディレクトリ全体をバックアップする運用を行っている。

　続いて、共用サーバーでは、オンプレミスサーバー上でデジタルアーカイブシステムのOmeka Sと、仮想コンテナを利用したIIIF画像配信サーバーが稼働している。このサーバーハードウェアは、HDDを搭載し、RAID（Redundant Array of Inexpensive Disks）10（1+0）でディスクの冗長化を行っている。そのうえで、Omeka Sが利用しているサーバー上のディレクトリを毎月1回の頻度で、ディスクをRAID6冗長化したNAS（Network Attached Storage）上にバックアップしている[23]。

　バックアップは、共用サーバーのOS上でcron（時間を指定して定期的にプログラムを実行するためのツール）を使ってrsync（ファイルやディレクトリを同期するためのツール）を定期的に実行させている。この時、NAS上に用意した2つの異なるディレクトリに交互にバックアップを行うことで2世代分のバックアップを確保するようにしている。なお、登録に利用したメタデータファイル、部局から受領した元のメタデータファイルについては、本学が契約しているGoogle Workspace上のGoogle Driveに保存している。

　各部局から預かった高精細画像については、IIIF画像配信サーバーから配信するためにPyramid Tiled Tiff形式に変換している[24]。アーカイブズ事業では、原則として、部局でデジタル化したオリジナルの高精細画像については画像提供元の部局で保存することになっており、バックアップの対象から

は除外している。ただし、作業の過程で高精細画像からPyramid Tiled Tiff画像への再変換が必要になる場合があることに加え、Pyramid Tiled Tiff画像のバックアップを行っていないこともあり、高精細画像についてはNASに保存する運用を行っている。保存の対象は、Tiffファイル（一部、JPEGファイルあり）で、約92万枚（2023年12月末現在）である。

アーカイブズポータルには、基本的にはメタデータしか登録していない。そのため、バックアップの対象となるのはメタデータ、データベース、ウェブサーバーの公開用ディレクトリとなる。まず、アーカイブズポータルのデータが保存されているウェブサーバーの公開用ディレクトリ全体をtarball形式（tar.gz）でアーカイブしている。続いて、Drupalのデータベースを、Drupal付属のdrushコマンドを利用しSQLダンプファイルを取得している。

この2つのバックアップを、cronによって毎日実行し、取得したバックアップファイルは曜日毎に分かれたディレクトリに保存し順次上書きを行っていくため、7世代のバックアップを確保している。また、月次でNASに保存することで本学側にもバックアップファイルが残るようにしている。なお、アーカイブズポータルのメタデータはCSV形式で登録しているため、登録に利用したメタデータは、共用サーバーと同様にGoogle Drvieに保存している（図4）。

4-3 バックアップの多層化

アーカイブズプラットフォームのバックアップ先として利用してきたNASは、学術資産アーカイブ化推進室で運用を行い、ディスクをRAID5もしくはRAID6の構成で冗長化している。しかし、NAS自体を冗長化していないため、NASの障害時には、バックアップデータが消失する可能性がある。

さらに、災害などの発生により、物理的に消失する可能性もあるため、バックアップを多層化して運用している。具体的には、第1段階ではNAS、第2段階ではLTO（Linear Tape-Open）カートリッジ（図5）、第3段階ではLTO

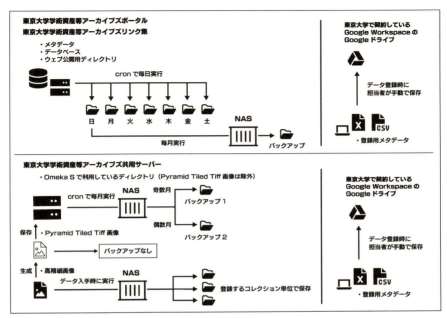

図4　アーカイブズプラットフォームにおけるバックアップの運用イメージ

を他県にある別キャンパスの柏図書館で保存というように3層でバックアップを行っている。

　LTOによるバックアップでは、圧縮時で15TB容量を確保できるLTO7を利用し手動でバックアップを行っている(図6)。バックアップファイルをLTOにコピーする際には、1本あたり2日程度かかり、1回のバックアップ作業でおよそ4〜5本を消費する。LTOにバックアップしたファイルは3世代分を確保するようにしており、最新の世代のLTOを柏図書館に保存している。柏図書館にLTOを保存する際には、古いものと新しいものを交換する運用を行っているため、柏図書館には1世代分のLTOが保存されている状態になっている。

　LTOは大容量のデータを長期間、低コストで保存できるため、アクセス頻

図5　バックアップに使用しているLTOカートリッジ（右側がカートリッジ本体）

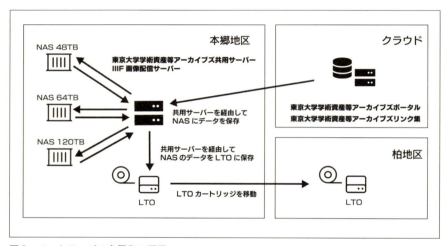

図6　バックアップの多層化の運用

度の少ないデータを保存するのに適している。高精細画像については、データの更新などが原則発生しないため、LTOにバックアップする方法が好ましいと考えられる。

　メタデータについては、GitHubを利用し非公開のメタデータも含めて全てをプライベートリポジトリにバックアップしている。対象は現在のところ

共用サーバーのOmeka Sで構築したデジタルアーカイブのメタデータのみとなっており、シェルスクリプトとcronの定期実行により自動的にGitHubへのバックアップを行っている。

さらに東京大学総合図書館所蔵資料の画像の一部については、Internet Archiveにデータを登録している[25]。対象は総合図書館所蔵資料のうち、画像データ等の利用条件が自由利用可、メタデータの利用条件がクリエイティブ・コモンズライセンスのCC BY相当のコレクションである。連携方法については、Internet Archive側から本学の対象コレクション（アイテム）のIIIFマニフェストAPIを利用して、メタデータと画像データを取得してもらうという運用を行っている。このように利用条件に問題の無いデータについては、外部のシステムにコピーを行ってもらうことで、データの保存性を高めている[26]。

アーカイブズプラットフォームでは、クラウド環境にバックアップを行うことも過去に検討していた。この時は、費用が比較的抑えられ、長期保存のデータアーカイブのためのAmazon S3 Glacierの導入を検討した。しかしながら、既に対象データサイズが70TBを超えてきていることに加え、高精細画像自体も年々増加すること、安定的にストレージに費やす予算を獲得できる保証がないこと等を考慮し、現状の方式が費用面では現実的という結果になり現在に至っている。

4-4　マイグレーション

バックアップを維持管理していくうえでは、バックアップシステムのマイグレーションが定期的に発生する。アーカイブズプラットフォームでバックアップに利用しているNASは以下の通りである。

・Buffalo TeraStation 48TB（RAID6: 実効容量約30TB）：1台
・Buffalo TeraStation 64TB（RAID5: 実効容量約50TB）：1台
・Buffalo TeraStation 120TB（RAID6: 実効容量約84TB）：1台

これまで48TBと64TBの2つのNASでの運用を行っていたが、48TBを導入してから時間が経過したことに加え、ディスク容量がひっ迫してきたことから、2022年度に120TBを導入した。本来は、より大容量のNASを導入し、48TBと64TBに保存されているデータを全て新しいNASにマイグレーションすることを予定していたが、120TB以上のNASを導入するだけの予算が確保できなかった。

　そのため、今回は、稼働してから最も時間が経過している48TBを120TBに移行することにした。この時、48TBには高精細画像が、64TBには高精細画像に加えてその他のバックアップファイルも保存されていた。しかし64TBはこの時点で容量がひっ迫していたことと、いずれマイグレーションが必要になることから、64TBでは高精細画像以外のバックアップファイルの保存を中止し、120TBで保存する運用に変更した。

4-5 バックアップの課題
バックアップについては現在以下のような課題がある。

(1)　バックアップの持続時間

　　　最近ではデータ量が増加してきたことから、各段階のバックアップ作業には数日から1週間程度の時間が必要になっている。そのため、登録作業などを行っていない業務時間外にバックアップが完了せず、バックアップ処理中にもデータが増えるという状況になっている。また、バックアップ処理が長時間に及ぶため、サーバー、ネットワークに負荷がかかってしまい、実際のサービスへの影響にも気を配る必要がでてきた。

(2)　大容量ストレージの確保

　　　デジタルアーカイブの場合、デジタル化した画像データが常に増加し続けることから、大容量のストレージを確保する必要がある。HDDの価格が安くなってきたとはいえ、大容量になるとどうしても高額になる

ため、アーカイブズ事業では、数年前から計画を立てて予算申請を行い、予算を獲得している。このような場合、数年毎に大きな予算を申請せざるをえないことに加え、ハードウェアも増えていくことから、現在は代替の方法を検討している。

(3) OAIS参照モデルに準拠した長期保存

デジタルアーカイブの長期保存を行ううえでは、OAIS参照モデルに準拠することが望ましく、既に実行しているデジタルアーカイブもある。例えば、OAIS参照モデルに準拠したデジタル情報の長期保存を支援するシステムであるArchivematica[27]を利用することが考えられ、ArchivematicaとOmeka Sとのワークフローの実例もある[28]。学術資産アーカイブ化推進室においても、2018年頃にはArchivematicaの利用を検討し実験環境を構築していたが、実際に運用することが難しかったため、利用を見送った経緯があり、その後、再度の検証は行われていない。

(4) バックアップの運用計画

バックアップの運用計画も定期的な見直しが必要である。特にバックアップは自動処理を行っているため、バックアップのログを定期的に確認する必要がある。過去には処理が失敗していて、バックアップが行われていなかったというケースもあった。

バックアップは自作のシェルスクリプトをcronで定期に実行する方法をとっているため、サーバーに新規にディレクトリを追加した場合など、バックアップ対象にディレクトリを追加する設定を忘れていてバックアップが取得できていなかったこともあった。担当者も数年で交代することからマニュアルの整備などを行い、運用を整理しておく必要があると考えられる。

(5) 障害発生時のサービス再開

バックアップの実行は、デジタルデータの長期保存に加え、障害時の復旧も目的の一つになっている。障害の要因には、ハードウェア等の機

器の故障に加え、ソフトウェアのアップデートやパッチの適用等による不具合、作業時のミスなどがある。障害の内容にもよるが、深刻な障害の場合には、サーバーハードウェアの交換、OSの初期化等、環境の再構築を余儀なくされることがあり、復旧までにかなりの時間を要することも想定される。

　障害からの迅速な復旧という観点では、例えば、サーバーの複製を同一ネットワーク内あるいは遠隔地に設置し、サーバーを本番系と予備系のように二重化しておき、障害発生時には自動的に予備系に切り替わりサービスを継続するという考え方もある。

　これはレプリケーションと呼ばれ、一見するとバックアップのように見えるが異なる考え方である。稼働しているサーバーをレプリケーションして、ホットスタンバイあるいは、負荷分散として利用しておけば、障害が発生した場合には、障害が発生していないサーバーで動作させることが可能になる。ただし、レプリケーションは同一環境を複数用意するため費用がかかることから、アーカイブズプラットフォームでは採用していない。引き続きデータの重要性や許容できるサービス停止時間を考慮し、最適なバックアップ方法を検討していく必要がある。

5　学術資産のデータ流通

5-1　データのオープン化

　様々なデータセットを組み合わせて研究などに利用する際には、データの相互運用性が重要となる。アーカイブズ事業では、この相互運用性の確保を目的として、デジタル化した画像とメタデータのオープン化（オープンデータ化）を積極的に進めている。

　オープンデータは、二次利用や商用利用が認められた形でのデータ提供を指し、第三者によるデータの利活用を実現するための最低条件であると言え、アーカイブズ事業の成果を広く公開し、研究基盤として研究に広く役立てて

もらうためにはオープンデータ化が重要である[29]。

東京大学総合図書館では、2018年6月にデジタル画像等の利用条件を変更した[30]。具体的には、総合図書館が公開する、著作権の保護対象ではない総合図書館所蔵資料の画像データ、それに関連するメタデータ等については、クリエイティブ・コモンズライセンスの「CC BY」相当の条件で利用可能とした。その際、利用条件について記載したウェブページを作成するとともに、各コレクションのランディングページ[31]に利用条件を記載したページへのURLを登録するという運用を行っている。

さらに、2019年6月にアーカイブズポータルを公開した際、「メディア（画像等）利用条件」と「メタデータ利用条件」を設定した。これは、ジャパンサーチとの連携を考慮したためである。そして、2019年11月には、アーカイブズポータルとジャパンサーチとの連携を開始した[32]。

メタデータについては、「PDM（パブリックドメイン）、CC0、CC BY、CC BY-SA」のいずれかとした。一方でデジタル画像のサムネイルやデジタルコンテンツの利用条件については、コンテンツによって利用条件が異なるため、上記の利用条件を記載したウェブページを参照するという形で対応を行っている。

5-2　APIの提供

アーカイブズポータルでは、提供部局から許諾が得られたものに限り、APIを提供してメタデータを利用できるようにしている。提供しているAPIは、検索用APIのOpenSearchと、ハーベスト用APIのOAI-PMH（Open Archives Initiative Protocol for Metadata Harvesting）[33]の2種類である[34]。

アーカイブズポータルでは、メタデータスキーマをDublin Core[35]やJPCOARスキーマ[36]に指定して出力することができるが、これはアーカイブズポータル側であらかじめ設定している変換ルールに基づき、指定されたメタデータスキーマに変換しているためである。アーカイブズポータルと国立国会図書館サーチとの連携はOAI-PMH出力を行うことにより実現してお

り、国立国会図書館サーチ側から定期的にメタデータが自動でハーベストされる。

なお、OAI-PMHの後継規格として、ResourceSync[37), 38)]があるが、アーカイブズポータルが連携している外部システムでResourceSyncに対応しているものが無かったため、現状では実装していない。

5-3　LODの提供

アーカイブズポータルではAPIを提供しているが、共用サーバーではAPIの提供は行っていない。その代わり共用サーバーで提供しているコレクションについては、LODの提供を行っている。共用サーバーで利用しているOmeka Sでは、標準でRDF、n-triple、turtle形式でメタデータを出力する機能を有しており、これを利用してLODの提供を実現している。一方で、アーカイブズポータルでは、まだLODの提供を行う機能が実装できていないため、今後の実装に向けて検討を行っているところである。

5-4　国際的な標準による研究データとしての流通

アーカイブズプラットフォームでは、メタデータやコンテンツ等がなるべく国際的な標準に沿うような形で設計してきた。これは国内外に広くデータを流通させ利用してもらうことに加え、システムが長期的に稼働させられるということも意図している。

加えて、運用方針では独自の技術を利用した閉じられたシステムになってしまうことを極力回避し、他のシステムへの移行なども可能にするとともに、特定の担当者やベンダーにロックインされないシステムとなることを目指している。

アーカイブズポータルでは、データ連携先などを考慮し、メタデータスキーマはDC-NDLでの出力に対応しているが、この他にも日本国内の図書館界(主に機関リポジトリ)で流通しているJPCOARスキーマ、国際的なメタデータ記述の標準であるDublin Coreでの出力にも対応することで、国内外

で利用しやすい形を採用している。

　また、画像の配信については、画像データ等の相互運用性とアクセス性を向上させる国際的な枠組みであるIIIFを採用している。

　アーカイブズプラットフォームができるまで、本学で貴重書等をデジタル化して、画像をウェブサイトで公開する際には、デジタル化作業の委託先の業者から提供された独自の画像ビューワーを利用していたこともあった。一方、IIIFを利用すると、利用者はIIIFに対応した画像ビューワーを利用し、様々な機関の画像を閲覧することが可能になる。

　例えば、「デジタル源氏物語」[39]や、ジャパンサーチのデジタル展示機能の利用[40]など、他機関の画像を取り入れつつ機能を拡張したウェブサイトの構築も可能になっている。さらに、国文学研究資料館の日本語の歴史的典籍の国際共同研究ネットワーク構築計画[41]でデジタル化され、国書データベース[42]に搭載されている東京大学の所蔵資料については、国書データベース側で提供しているIIIFマニフェストのURLをメタデータとして登録することで、アーカイブズポータルでも国書データベース内の画像を表示させている[43]。このような対応を行うことで、データベースが分かれてしまうことなく東京大学の学術資産を一覧することが可能になるとともに、資料の発見可能性を高めている。

　なお、提供しているコレクションの一部については、翻刻データを提供している。例えば、東京大学駒場図書館所蔵のVon West nach Ost（『東漸新誌』）[44]では、翻刻データをTEI（Text Encoding Initiative：ティーイーアイ）[45], [46]で構造化し、専用のビューワーを作成することで翻刻データとデジタル画像を同時に閲覧できるウェブサイト[47]を提供している[48]。

　さらに、アーカイブズプラットフォームでは、GitHub上にリポジトリを用意し、各コレクション単位で、画像とメタデータをデータセットとして公開している[49]。公開の対象となっているのは外部提供が許可された共用サーバーのコレクションである。画像はIIIFマニフェストファイル、メタデータはCSV、エクセル、JSON-LD形式で提供している。また、翻刻デー

タがある場合は、TEIで構造化したデータも提供している。各コレクションのデータセットは週1回の頻度で自動的に更新されるとともに、各コレクションに追加や削除が発生する度に手動で更新している。

　一方で、デジタルアーカイブが研究データとしても利用されるようになってきており、ここでは新しい試みとして試験的に行っているRO-Crate（Research Object Crate）[50]形式でのデータ管理について紹介したい。国内では、物質・材料研究機構がRO-Crateを利用してデータリポジトリへの登録の試行を行っている事例があるが[51]、デジタルアーカイブのデータをRO-Crateで提供するという試みはまだ確認できない（2024年1月30日現在）。RO-Crateとは、研究データとメタデータ等の関連するデータを集約してひとまとまりにし、その構造を記述する方法のことである。RO-Crateでは、ルートディレクトリの直下にコアとなるJSON-LD形式のメタデータファイル「ro-crate-metadata.json」を用意する（必ず用意しなくてはいけない）。この中にデータセット全体を構造化したメタデータを記述する。

　また、ウェブブラウザで参照可能なHTMLファイル（ro-crate-preview.html）も生成することができるため、これにより利用者は特別なソフトウェア等を使用せずに、集約されたデータを参照することができる[52]。なお、このルートディレクトリは、圧縮してもそのままの状態でもよいことになっているが、今回はBagIt形式のZIPファイルに圧縮することとした。BagItとは、大量のデジタルコンテンツのパッケージ化と転送を容易にするためのフォーマットで、アメリカ議会図書館（LC）とカリフォルニア・デジタル・ライブラリー（CDL）によって共同で開発され、RFC8493[53]として公開されている[54]。BagItでは、「バッグ」と呼ばれるディレクトリが、メタデータ等のタグファイル、実際のデータファイルから構成され、さらには、バッグの完全性を確認するためのチェックサムファイルも含んでいる。今回は、アーカイブズポータルのメタデータをコレクションごとにRO-Crateで集約した後、BagIt形式のZIPファイルに圧縮することにした（図7）。

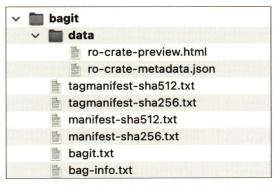

図7 BagIt形式にしたアーカイブズポータルのメタデータ例

アーカイブズポータルのメタデータには、IIIFマニフェストファイルが無いデータも存在するため、IIIFマニフェストファイルではなく、OAI-PMHのレコードを参照するようにした。RO-CrateとBagItの作成については、Pythonライブラリである「ro-crate-py[55]」「bagit-python[56]」を利用し機械的に生成した[57]。生成したファイルは図8のようになっている。

このようにこれまで行っていた外部連携に加え、研究データの共有等に利用されつつあるRO-Crateを利用することで、アーカイブズプラットフォームのデータを研究に役立てられるよう広く流通させる試みを行っている。

6　今後の展開

最後に、アーカイブズプラットフォームの今後の展開について述べる。これまで学術資産アーカイブ化推進室では、リンク集、共用サーバーのOmeka S、アーカイブズポータルとそれぞれ異なるシステムを運用してきたため、運用フローの一部に煩雑さが生じていた。例えば、共用サーバーとアーカイブズポータルでは基本的には同じ内容のメタデータを利用しているにもかかわらず、メタデータを登録する際には、Omeka Sで定めた形式でメタデータを登録後、Omeka S登録用メタデータをアーカイブズポータル登録用のメタ

図8　RO-Crateによるデータセットの作成例

データに変換して登録するといった作業が発生していた。また、段階的に各システムを異なるソフトウェアで構築してきたため、ユーザーインターフェースもばらばらであったうえに、アップデートやサーバーのセキュリティ更新などの運用負荷も大きかった。構築当初はやや実験的なシステムという側面を持ったアーカイブズプラットフォームであったが、現在では登録しているメタデータの数も増加し、東京大学の基本方針であるUTokyo Compassの進捗度の評価指標としてもアーカイブズプラットフォームの値が参照されるなど、重要なシステムになってきている。そこで、負荷を軽減し今後の運用を持続可能なものにするため、リンク集、共用サーバー、アーカイブズポータルの機能を統合したシステムに移行することになった。2024年1月現在、システムの統合に向けて開発を行っており、2024年5月下旬に新システム「東京大学デジタルアーカイブポータル（UTokyo Digital Archive Portal）」の稼働を予定している。

今回の新システムへの移行を機に、これまで提供していなかったアーカイブズポータルのデータセットもGitHub上で公開することを予定している。また、その際には、RO-Crateでの正式な配布も予定している。現時点では、メタデータはOAI-PMHレコードを参照する形にしているが、IIIFマニフェストファイルが存在するコレクションについてはIIIFマニフェストファイルを格納し、またメタデータを作成した部局の許諾が得られれば、アーカイブズポータル登録用メタデータに変換する前のメタデータファイルの公開も検討している。

　このようにアーカイブズ事業では、東京大学の学術資産をデジタル化し、学術資産を長期的に保存するとともに、オープンデータとして国内外に向けて広く公開し、その活用を促進している。データを国際的に流通させ、様々な研究に利活用するためには、標準的な枠組みや技術に対応するシステムが欠かせず、オープンデータと技術を組み合わせることで、デジタルアーカイブに新たな可能性を拓き、より良いものに発展させていくことができると考えられる。そして、このような研究基盤を支えるシステムを開発し運用していくことで、オープンサイエンスに貢献していきたい。

謝辞

　本章の執筆にあたっては、東京大学史料編纂所の中村覚氏、東京大学工学系・情報理工学系等(執筆当時は東京大学情報システム部)の前田朗氏、東京大学附属図書館の立原ゆり氏にコメントをいただいた。3氏とも学術資産アーカイブ化推進室員および室員経験者であり、特に中村覚氏からは技術的な支援を、前田朗氏からは技術的な支援とアーカイブズプラットフォームの経緯を、立原ゆり氏にはアーカイブズ事業及び本章全般について、ご教示およびご意見をいただいた。心から感謝申し上げる。

注

1)　UTokyo Compass(https://www.u-tokyo.ac.jp/ja/about/president/utokyo-compass.html)(最終アクセス：2024年1月30日)

2)　東京大学ビジョン2020(https://www.u-tokyo.ac.jp/ja/about/president/b01_vision2020.

html）（最終アクセス：2024年1月30日）

3）　東京大学デジタルアーカイブズ構築事業（https://www.lib.u-tokyo.ac.jp/ja/library/contents/archives-top）（最終アクセス：2024年1月30日）

4）　東京大学では、本部事務組織以外の学部、研究科、研究所、センター等のまとまりを総称して「部局」と表現する。

5）　東京大学学術機関リポジトリ UTokyo Repository（https://repository.dl.itc.u-tokto.ac.jp/）（最終アクセス：2024年1月30日）

6）　データ活用社会創成プラットフォーム mdx（https://mdx.jp/）（最終アクセス：2024年1月30日）

7）　International Image Interoperability Framework（https://iiif.io/）（最終アクセス：2024年1月30日）

8）　東京大学学術資産等アーカイブズリンク集（https://da.dl.itc.u-tokyo.ac.jp/dalink/）（最終アクセス：2024年1月30日）

9）　東京大学デジタルアーカイブズ構築事業【画像公開支援によるサイト】（https://www.lib.u-tokyo.ac.jp/ja/library/contents/archives-top/overview#shienlist）（最終アクセス：2024年1月30日）

10）　Omeka S（https://omeka.org/s/）（最終アクセス：2024年1月30日）

11）　Podman（https://podman.io/）（最終アクセス：2024年1月30日）

12）　コンテナ型の仮想化環境プラットフォームでは、Docker が広く知られているが、Podman は管理者権限で実行されるデーモンプロセスを利用しないため、ユーザーはコンテナの管理などに管理者権限を必要とせずセキュリティリスクを軽減できる特徴がある（https://www.redhat.com/ja/topics/containers/what-is-podman）（最終アクセス：2024年1月30日）。

13）　IIIF Image API 3.0（https://iiif.io/api/image/3.0/）（最終アクセス：2024年1月30日）

14）　Cantaloupe（https://cantaloupe-project.github.io/）（最終アクセス：2024年1月30日）

15）　https://iipimage.sourceforge.io/（最終アクセス：2024年1月30日）

16）　https://www.drupal.org/（最終アクセス：2024年1月30日）

17）　メタデータスキーマとは、メタデータを記述する際の規則や語彙を定義したもの。

18）　https://ja.wikipedia.org/wiki/UUID（最終アクセス：2024年1月30日）

19）　https://datatracker.ietf.org/doc/html/rfc4122（最終アクセス：2024年1月30日）

20）　https://www.ndl.go.jp/jp/dlib/standards/meta/index.html（最終アクセス：2024年1月30日）

21）　栗山正光（2004）「OAIS 参照モデルと保存メタデータ」『情報の科学と技術』54（9）、

461-466.（https://doi.org/10.18919/jkg.54.9_461）（最終アクセス：2024年1月30日）

22)　国立国会図書館（2020）「電子情報の長期保存対策に係る調査報告書」（https://dl.ndl.go.jp/info:ndljp/pid/11529765）（最終アクセス：2024年1月30日）

23)　RAID5では、データをディスクに分散して書き込むと共にデータを復元するためのコードであるパリティを書き込んでいる。そのため、ディスクの台数を増やすことでディスク容量と速度をあげることができる。RAID6では、RAID5のパリティを二重で書き込むため、RAID5がディスク1台までの故障にしか耐えられないのに対し、RAID6ではディスク2台同時までの故障に耐えられる構成になっている。
　　　喜連川優編（2015）『ストレージ技術』オーム社.

24)　永崎研宣（2018）「[C14] 国際的な画像共有の枠組みIIIFの課題と展望」『デジタルアーカイブ学会誌』2(2)，111-114.（https://doi.org/10.24506/jsda.2.2_111）（最終アクセス：2024年1月30日）

25)　https://archive.org/details/utokyo-general（最終アクセス：2024年1月30日）

26)　東京大学学術資産等アーカイブズポータルと外部連携について（http://hdl.handle.net/2261/0002000024）（最終アクセス：2024年1月30日）

27)　https://www.archivematica.org/en/（最終アクセス：2024年1月30日）

28)　金甫榮・中村覚・渡邉英徳（2022）「真正なデジタル化資料の長期保存と公開：ArchivematicaとOmeka Sを用いた事例」『デジタルアーカイブ学会誌』6(s3)，s147-s150.（https://doi.org/10.24506/jsda.6.s3_s147）（最終アクセス：2024年1月30日）

29)　大向一輝（2013）「オープンデータとLinked Open Data」『情報処理』54(12)，1204-1210.

30)　https://www.lib.u-tokyo.ac.jp/ja/library/general/news/20180621（最終アクセス：2024年1月30日）

31)　ランディングページとは、図書館界では機関リポジトリの文脈において使われ、リポジトリ内の特定のコンテンツリソースを表すリポジトリページを指すが、ここでは、デジタルアーカイブのコレクション毎に作成されたトップページの事を指す。
　　　南山泰之・河合将志・林正治翻訳（2022）「リポジトリのグッドプラクティスのためのCOARコミュニティフレームワーク第2版」（https://doi.org/10.34477/0002000225）（最終アクセス：2024年1月30日）

32)　https://da.dl.itc.u-tokyo.ac.jp/portal/news/20191125（最終アクセス：2024年1月30日）

33)　https://www.openarchives.org/（最終アクセス：2024年1月30日）

34)　https://da.dl.itc.u-tokyo.ac.jp/portal/help/api（最終アクセス：2024年1月30日）

35)　https://www.kanzaki.com/docs/sw/dublin-core.html（最終アクセス：2024年1月30日）

36)　JPCOARスキーマガイドライン（https://schema.irdb.nii.ac.jp/ja）（最終アクセス：

2024年1月30日）

37）　https://www.openarchives.org/rs/toc（最終アクセス：2024年1月30日）

38）　ResourceSync には関連規格も含めて現在4つの仕様が存在する。本章ではそれらの総称として "ResourceSync" という表現を用いる。
　　　林豊（2015）「ResourceSync：OAI-PMH の後継規格」『カレントアウェアネス』323（https://current.ndl.go.jp/ca1845）（最終アクセス：2024年1月30日）

39）　https://genji.dl.itc.u-tokyo.ac.jp/（最終アクセス：2024年1月30日）

40）　東京大学附属図書館　図書館に眠る震災の記憶展（https://jpsearch.go.jp/gallery/utokyo-shinsai2023）（最終アクセス：2024年1月30日）

41）　日本語の歴史的典籍の国際共同研究ネットワーク構築計画（https://www.nijl.ac.jp/pages/cijproject/）（最終アクセス：2024年1月30日）

42）　https://kokusho.nijl.ac.jp/（最終アクセス：2024年1月30日）

43）　たとえば、「総合図書館所蔵古典籍（国文研デジタル化分）」がある（https://da.dl.itc.u-tokyo.ac.jp/portal/collection/kokubunken）（最終アクセス：2024年1月30日）。

44）　https://da.dl.itc.u-tokyo.ac.jp/portal/assets/d99de8a4-5abf-92ef-8efb-6770cce89e22（最終アクセス：2024年1月30日）

45）　https://tei-c.org/（最終アクセス：2024年1月30日）

46）　永崎研宣（2022）「TEI ガイドラインとは」『人文学のためのテキストデータ構築入門』石田友梨・大向一輝・小風綾乃・永崎研宣・宮川創・渡邉要一郎編, 文学通信, 128-137.

47）　https://utda.github.io/ogai/text/vorwort（最終アクセス：2024年1月30日）

48）　鶴田奈月・中村美里・石原あえか（2024）「日本初のドイツ語雑誌 Von West nach Ost（『東漸新誌』）序文：Was wir wollen?（「我らが欲するもの」）について」『European Studies』23, 61-67.（http://www.desk.c.u-tokyo.ac.jp/download/es23.pdf）（最終アクセス：2024年1月30日）

49）　https://github.com/utda/dataset（最終アクセス：2024年1月30日）

50）　https://www.researchobject.org/ro-crate/（最終アクセス：2024年1月30日）

51）　田辺浩介・松田朝彦（2021）「RO-Crate を用いた材料研究データのデータリポジトリへの登録」『情報知識学会誌』31（4）, 497-502.（https://doi.org/10.2964/jsik_2021_067）（最終アクセス：2024年1月30日）

52）　https://doi.org/10.5281/zenodo.7867028（最終アクセス：2024年1月30日）

53）　https://datatracker.ietf.org/doc/html/rfc8493（最終アクセス：2024年1月30日）

54）　https://current.ndl.go.jp/car/8030（最終アクセス：2024年1月30日）

55）　https://github.com/ResearchObject/ro-crate-py（最終アクセス：2024年1月30日）

56）　https://github.com/LibraryOfCongress/bagit-python（最終アクセス：2024年1月30日）
57）　https://zenn.dev/nakamura196/articles/b4e2cb3ca96f63（最終アクセス：2024年1月30日）

コラム3

映画・映像ファイルの
デジタル保存

論点の整理と国立映画アーカイブの取り組み

三浦和己

1　はじめに

　国立映画アーカイブ（以下、当館）は、国立の映画専門機関として、映画及び映画関連資料の収集、保存、活用、研究を行っている。現在の保存対象の多くは映画フィルムだが、映画の製作及び流通がデジタルへと移行する中、2014年度より、「デジタルデータとしての映画」の保存に関する調査を行ってきた[1]。本コラムでは、この調査を基に映像ファイルの保存を考える上での論点を整理し、当館の現状の取り組みと併せて紹介する。

　本題の前に、当館と国立情報学研究所が共同で構築した映像配信サイト「関東大震災映像デジタルアーカイブ」（https://kantodaishinsai.filmarchives.jp/）を紹介したい。このサイトでは、発生から100年が経過した関東大震災に関する文化・記録映画を配信すると共に、歴史学、災害研究、映像製作等、様々な専門家による論考を掲載している。ここでは「消火活動の推移」や「社会教育的な意図」「被災下の日常」といった異なる視座から精緻な考察がなされているが、これを可能としていることこそ、映画・映像が一つの作品としての価値に留まらない、底深い情報量をたたえたメディアであることの証左と言えよう。

一方でこの多様な深堀を可能とさせる、映像が持つ豊富な情報量は、そのままデータ容量として跳ね返ってくることになる。特に近年は映像品質の向上による高解像度化や高ビット深度化[2]に加え、映画館からスマートフォンまで、活用シーンが多様化することで、必要となるバリエーションが増え続け、結果として1作品あたり数十TB（テラバイト）の容量となることも珍しくない。当館での保存対象データは、総量としてPB（ペタバイト、TBの約千倍）の単位に上る。映像ファイルの保存における最初の課題は、この巨大なデータ容量になるだろう。これを、どのような入れ物、物理メディアに収めれば良いか。まずはこの論点から本題に入っていきたい。

2　物理メディアとバックアップ

　大容量ファイルの長期保存に利用されてきた物理メディアとしては、HDDの他に、テレビ局を中心に採用が広がったODA[3]、その他、特殊な例としては、ビット情報を画像化して映画フィルムに焼き付けるBits on Filmと呼ばれる方式など、様々なものが実用されてきた。しかし近年では磁気テープ、中でもLTOの採用が支配的となっている。耐環境性能など長期保存を考える上での機能面も理由としては挙げられるが、むしろ金融業界やIT業界での高い採用実績を背景に、今後も製造が続けられることへの期待感、産業としての継続性が評価されているものと考えられる。

　当館も長期保存メディアとしてLTOを採用しているが、館内での運用や外部とのデータ授受については転送速度やランダムアクセスで有利なHDD及びSSDメディアを用いている。いわゆる「3-2-1バックアップ」[4]の考え方に基づき、このHDD・SSDから、保存用として正副2本のLTOを作成、その内の1本を遠隔地（東京都にある本館に対し、神奈川県の分館）で保管することを基本としている。HDD・SSDにはハッシュデータ（データから一意に得られる文字列）を同梱し、またコピーに際してはベリファイ（誤り確認）を行うことで、データの真正性と完全性の確保に努めている。

LTOは数年おきに新たなバージョンの製品が発売されるため、互換性が失われる前に定期的にマイグレーションを行うことが前提となるメディアである。これに対応するため巨大なデータ量を相手にする機関では、大規模なシステムを導入することでマイグレーションを自動化している。自動化は作業コストの低減において重要な要素だが、一方でシステムの維持管理コストが膨らんでしまう。また、維持管理には定期的な刷新も予め計画の中に組み込んでおくことが重要とされるが、実際には必要なタイミングで都合よく予算措置できるかは見通せない。そこで当館では、ITシステムの小規模化に努めると共に、保存業務用のネットワークを外部ネットワークと分離することや、LTOをオフラインで管理(棚保管)することで、ネットワークセキュリティの対処に係る作業コストやエネルギーコストの低減を優先している。その反面、データの出し入れには時間を要し、作業を人力に依存することになるが、定型処理を省力化するためのスクリプトを作成するなど、小規模な開発を通して、当館の予算規模に見合う範囲での地道な改善に努めている。

3　ファイルフォーマットとコーデック

　次に、物理メディアの中に収める中身、ファイルフォーマットの話題に移ろう。保存用のフォーマットを選択するにあたり、一般論としては、類似機関での普及率や、技術情報が秘匿とされているもの(プロプライエタリ)を避けるといった点に配慮が必要となる[5]。映像ファイルにおいては、これに加えて映像品質に関する要素も重要となる。多くのガイドラインで推奨されるのは、非圧縮あるいは可逆圧縮を採用した高品質なデータであること、またタイムコードや字幕といった、映像を補足する情報も併せて保持できるフォーマットであることが挙げられている。一方で、映画館での上映やテレビ放送、ウェブ配信など、データを利用する際は、この高品質で重たいファイルを直接使用するのではなく、それぞれの用途に応じて圧縮したデータを用いることになる。この利用に供するデータと保存用のデータ等、複数のバ

332 ──── 第3部　研究基盤としてのDA

リエーションのデータが長期保存の対象となる。

　また映像ファイルにおいては、ファイルフォーマットに関連して、もう一点、重要な要素がある。映像ファイルに含まれる画像や音声情報は特定の方法でビット列に変換(符号化、エンコード)されており、再生するためには、それに応じた復号化(デコード)が必要となる。この符号化、復号化のためのプログラムはコーデックと呼ばれ、コーデックによって映像品質が左右されることになる。ファイルの再生のためには、フォーマットとコーデックの双方に対応している必要があるため、この両者を分離して理解しておくことが極めて重要となる。

　当館で長期保存を目的に採用しているフォーマットとしては、まず映画フィルムからデジタル化したものは非圧縮の静止画形式(映画フィルムの1フレームを1枚の静止画ファイルとして保存)であるDPXを、ビデオテープからデジタル化したものは非圧縮のビデオ形式であるMOV/V210(以降、フォーマット／コーデックの順に記載)をそれぞれ基本としている。ボーンデジタル作品は、オリジナルのフォーマットと共に、上記いずれかへ変換したデータを併せて保存する方針としている。この他、放送や配信用のマスターデータとしてMOV/ Apple ProRes 422 HQ、上映用データとしてDCP、視聴用ファイルとしてMP4/H.264を作成することが多い(各フォーマットの詳細は注6を確認いただきたい)。プロプライエタリなフォーマットも含まれるが、外部業者との相互運用性の観点から、高い普及率を重視し採用している。

　ただし、これらのフォーマットはあくまで現時点の採用例であり、将来に向けた調査を継続的に行っている段階である[7]。外に目を向けてみると、海外の公的機関を中心に、オープンソース(技術情報が広く公開されているもの)のMKV/FFV1については採用の広がりが目覚ましく、また2022年にはOAIS準拠の映画保存パッケージとして「EN 17650:2022 A framework for digital preservation of cinematographic works - The Cinema Preservation Package」が国際標準化されるといった動きも見られた。このように映画・映像の保存

用フォーマットに関する状況は依然として流動的である。

4 データベースと再現性

　ここまでメディアとフォーマットについて見てきたが、最後の論点としてこれらを管理するためのデータベースを取り上げたい。前節では保存用や上映用、放送用など、複数のバリエーションのデータを保存することについて触れた。当館では、このバリエーションを「オリジナル」「保存用マスター」「上映用マスター」「2次利用マスター」「簡易視聴」「素材」の6種に分類してデータベースに登録している[8]。このような、分類上の軸と、その粒度をどのように設定するかは、管理を行う上で重要なポイントとなる。

　また解像度やフレームレートといった技術情報については、映像ファイルにメタデータとして埋め込まれているため、これを抽出するツール（MediaInfo）を使用し、テキストファイルとしてデータベースに登録している。この他の要素として、再生する環境（視聴環境）の情報が挙げられる。映像ファイルは、将来にわたり再生できることがゴールではなく、それが正しい見え方、聞こえ方であること、映画で言えば、未来の映画館で製作当時の上映が再現できることが求められる[9]。この再現に必要なのが、視聴環境に関する情報であり、映像ファイルに正しく埋め込めないものが多い[10]。こういった情報を管理することもデータベースの重要な役割となる。

　映像ファイルはバックアップやマイグレーションを通して、複数のメディアに収録される。そこで当館のデータベースでは、映像ファイルに関する情報と、物理メディアに関する情報を別個に登録した上で、どのメディアにどのファイルが収録されているかについての関係を管理する構成としている。

　以上で述べてきた当館の映像ファイルの保存ワークフローの概略を図1に示す。

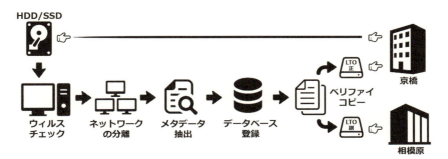

図1　国立映画アーカイブにおける映像ファイルの保存ワークフロー

5　おわりに

　本コラムでは、映像ファイルの保存を考える上での論点を整理し、当館の取り組みを併せて紹介した。メディアとフォーマット、メタデータとデータベース、バックアップとマイグレーションといった点は、いずれもデジタル保存における一般的な論点ながら、映像ファイルを扱う上では、それぞれ巨大なデータ容量を前提とする視点が求められる。この他、コーデックの選択、バリエーションの整理、視聴環境を踏まえた再現性の担保等は、映像ファイルに特徴的な論点と言えよう。

　冒頭で述べた通り、当館では2014年度より映像ファイルの保存について調査を開始したが、これらの論点に対する各機関の選択は実に多様である。一般論としての正否はなく、人員と予算、コレクションの特質や所属するコミュニティ、保存データの総容量とその増加スピード、内部処理と外部委託のバランスなどの要素によって、最適解は組織毎に異なる。理想論に振り回されず、自らの環境を分析し、その上で、自らの組織にとっての現実的な運用を基点に据えることが何より重要である。

　最後に、ガイドライン等、有用な参照情報をいくつか紹介しておきたい。

ここに挙げた種々の情報と併せ、本コラムもまた、読者の皆様が自身の環境に向き合うための材料の一つとして活用いただければ幸いである。

- 国際音声・視聴覚アーカイブ協会（International Association of Sound and Audiovisual Archives）のガイドラインでは、ビデオテープからのデジタル化に関して情報がまとめられている[11]。
- 映像アーキビスト協会（The Association of Moving Image Archivists）のウェブサイトは、ビデオテープからのファイル化や、オープンソースツールの紹介等が参考になる[12]。
- 米国議会図書館（Library of Congress）はデジタル保存全般について有益な情報を公開しているが、中でもファイルフォーマットに関する情報が特に参考になる[13]。
- 連邦機関デジタルガイドラインイニシアチブ（Federal Agencies Digital Guidelines Initiative）のサイトには、視聴覚ファイルに特化した各種ガイドラインが掲載されている。ややワークフローが限定されるものの、メタデータの扱い方の事例として参考になる[14]。
- デジタル保存連合（Digital Preservation Coalition）のハンドブックには、デジタル保存全般に関する情報が掲載されており、中でも映像、音声に特化した情報や利用できるツール類に関する情報が参考になる[15]。

注・参考文献
1) 入江良郎・三浦和己・岡本直佐（2018）「フィルムセンターから国立映画アーカイブへ──映画の保存活動とデジタル時代の取り組み」『専門図書館』（292）.
2) ビット深度…明るさや音量の変化を記録する際の細かさ。民生品質の映像は8bit（256段階）が多いが、業務品質では10bit（1024段階）が多く、近年は16bit（65535段階）のものも増えている。
3) ODA（オプティカルディスク・アーカイブ）…放送局を中心に映像業界内で採用が広がっていたが、2025年3月末を以って日本国内の販売を終了することがアナウンスされている（https://www.sony.jp/oda/info2/20230131.html）（最終アクセス：2024年1月22日）。

4) 同じデータを3つ持ち、2つの異なるフォーマットで保存、その内1つを遠隔地で保管するという考え方。

5) Sustainability of Digital Formats: Planning for Library of Congress Collections（https://www.loc.gov/preservation/digital/formats/sustain/sustain.shtml）（最終アクセス：2024年1月22日）

6) 平成26年度「デジタル映像の制作・流通の ファイルフォーマットに関する調査」調査報告書（https://www.nfaj.go.jp/fc/wp-content/uploads/sites/5/2016/10/NFC_BDCh26report_IMAGICA_Formt.pdf）（最終アクセス：2024年1月22日）

7) 三浦和己・清野晶宏・長谷川智弘・浜田直樹（2023）「デジタル映画の長期保存用ファイルフォーマット——Interoperable Master Format と Matroska Video Format の有効性と課題」『日本写真学会誌』86（2）.

8) 三浦和己（2022）「デジタル映画の管理用データベースの構成——データとメディアの分類を中心に」『情報の科学と技術』72（2）.

9) デジタル映画のカラーマネジメント（https://www.nfaj.go.jp/wp-content/uploads/sites/5/2017/03/NFC_BDCTechSeminar_IMAGICA_DigitalCinemaColorManagement.pdf）（最終アクセス：2024年1月22日）

10) メタデータとして埋め込める要素もあるが不正確な場合も多い。正しい再現にはカラーマネジメントや視聴環境の国際規格を考慮する必要がある。

11) IASA-TC 06 Guidelines for the Preservation of Video Recordings（https://www.iasa-web.org/tc06/guidelines-preservation-video-recordings）（最終アクセス：2024年1月22日）

12) AMIA Resources（https://amianet.org/resources/amia-resources/）（最終アクセス：2024年1月22日）

13) Sustainability of Digital Formats: Planning for Library of Congress Collections（https://www.loc.gov/preservation/digital/formats/index.html）（最終アクセス：2024年1月22日）

14) FADGI Guidelines（https://www.digitizationguidelines.gov/）（最終アクセス：2024年1月22日）

15) Digital Preservation Handbook（https://www.dpconline.org/handbook）（最終アクセス：2024年1月22日）

第 **4** 部

DAの社会基盤化と文化的価値

第13章

デジタルアーカイブは
誰のものなのか、
どうあるべきものなのか

渡辺智暁

1　はじめに

　筆者はこれまでに情報資源の「オープン化」に多面的に関わって来た。様々な情報を幅広い人が使えるようにする支援をしてきた、と言い換えてもよいだろう。また広くは情報資源に限らないオープン化(と筆者が呼んでいる諸事象)に関わって来た。本章ではこうした経験から得た知見を応用し、また適宜紹介しつつ、筆者が持っているデジタルアーカイブ(以下DA)に関する経験を援用して、DAが誰のものか、どうあるべきなのかについて論じてみたい。簡潔に筆者の考えを最初に書いてしまうと、1. DAは万人のためのもので、2. それを実現するための法的・経済的・その他の諸条件を整える工夫が必要、というのが要点になるが、具体的には簡潔には済まない部分がいずれの論点についても存在する。以下では順にそれについて述べて行く。

2　DAは誰のものか？

　筆者は、迷いがないわけではないが、DAは万人のものだと考える。理由

第13章　デジタルアーカイブは誰のものなのか、どうあるべきものなのか｜渡辺 ──── 341

はそもそも文化が万人のものだからだ、というところが大きい。この考え方は簡単に論証できる類のものではないので、迷いも含めて少々紙幅を割いて述べてみたい。また、万人のため、というのは二通りの意味、形態として捉えられるのではないかと考えている。まずはこれについて述べ、後に理由について述べる。

2-1　万人の意味

　アーカイブが万人に利用できるものであるべき、という考え方は、デジタルアーカイブ学会の「デジタルアーカイブ憲章[1)]」もあるので、新鮮な考え方ではないかも知れない。そもそもフィジカルなアーカイブも、公共図書館や美術館を含め、かなり万人向けであることを意識して運営されているものが多いように思われる。ただ、万人という言葉には曖昧なところもある。

　利用者の範囲としては、DAは既に死去した人々のものではなく、現に生きている人々と、これから生まれてくる人々のものでしかありえない。DAを利用者の世代から考えると、アーカイブ対象にした文化を同時代で経験した世代のものではない、という状況もしばしば発生するかも知れない。例えば2020年代の文化を形作った作品群をDAに収蔵し、利用者に提供できるのは現行の著作権法上は作品が公表されて約70年後（法人著作物の場合）、あるいは著作者が亡くなってから約70年後（自然人の著作物の場合）というようなことが起こる。その時まで生きている人は僅かだろう。言い方を変えれば、ある世代が、自分の若い頃の作品に心を動かされた作品にDAを通じて再び触れようと思っても、DAに収録するにあたって著作権を相続した者の許諾がとれなければDAを通じたアクセスはできないかも知れない。著作権法制度や権利者の許諾の問題なので状況が変わる可能性がないわけではない。期間限定でお蔵出しされたり、「復刊」などの形で市場で供給されたり、十分な収益が見込める一部作品についてはアクセス可能性がDAとは異なるチャネルで提供されることがある。サブスクリプション型のコンテンツサービスが多くある現代は、その点、DAがなくてもお金やある程度の技術的知識が

342 ──── 第4部　DAの社会基盤化と文化的価値

あればアクセスできる過去の著作物は非常に豊かになっており、恵まれているとも言える。DAは商業的な寿命を終えた作品を収集・保存・提供することができ、より万人のためのDAたりえることが望ましいだろう。人々が「自分が生きた過去」を思い出し、そこから感慨や気づきを得ることには、当人にもそれ以外の者にも様々な意義や恩恵が期待できるだろう。

　対照的に、インターネットの普及と共にここ20年ほどで豊かになってきた、商業ベースで展開していないような文化、アマチュアやボランティアなど幅広い人々が発信したコンテンツなどが形づくる文化も、別の法的な制約によってDAで提供しにくい場合がある。権利者が不明であったり連絡がとれなかったりするためだ。2023年の著作権法改正でこうした資源を利用しやすくする制度が設けられることになったので、こちらはやや期待が持てるように思われる。

　アーカイブは存在する諸事物を記録する効果、それによって事実認識や概念形成に影響を与える効果などを持っているから、利用者に限らない利害関係者を広く考えるなら、アーカイブの対象になるのは誰か(誰に関わりの深い事象か)、アーカイブの担い手(収集・整理・保存の主体)は誰か、利用者以外にメリットを享受する受益者は誰か、といった問いも重要だ。これらについても万人のためであると考えるとよいのではないか、と筆者は考えている。文化は万人のものだから、というのがやはりその理由になる。もっとも、公文書館などの意味でのアーカイブに関する議論を参照すると、政治的な観点から、特に影響力の大きな人や組織や活動については詳細に記録を残し、説明責任を担保する、批判的吟味を可能にする、という考え方もあれば、保存し、継承する対象の取捨選択は重要な価値判断でミクロ政治的な次元を持つものなので、幅広いステークホルダーの意向を踏まえたものにするべきだ、という考え方もあるようだ[2), 3)]。前者は対象を絞るがその目的は幅広い人に恩恵を与えるため、後者は担い手(保存対象を取捨選択する者)も対象も広くとるが、これも幅広い人に恩恵を与えるためである。そこで、資料の性質やアーカイブの目的によっては、利用者を万人のためとする場合であっても、

「担い手」「対象者」を狭く絞ることが適切な場合も、逆に多様で幅広くとることが適切な場合もあると考えられる。なお、利用者以外の主体を考えに入れた議論については紙幅の都合もあるので関係の深い箇所で要点に触れる程度にとどめ、本章では利用者の議論を中心に進める。

2-2　限定された利用者のためのDAの意義

　万人のものではない、限定された範囲の利用者のためDAは現に存在するが、筆者はこれに二通りの意義があると考えており、むしろ万人のためのDAの積極的な一部をなすところもあると考えている。逆説的に思われるかも知れないが、説明してみたい。

2-2-1　限定メンバー向けDA独自の意義

　ある個人が自分の個人的な思い出の詰まったプライベートDAを作り、それを他の誰とも共有しないとか、特定の企業が自社の事業上必要・有益なDAを構築し、基本的に自社内で活用するとか、世間一般には広く共有されていない価値観を持った集団が自分たちの価値観を反映したDAを作るといったことは、現に行われているし、豊かな文化を支えるDAの多様な可能性を考えると、肯定するべきことだろう。全てのDAは万人のためにあるべき、という原則を硬直的に適用するとこうしたものは存在できなくなるが、それは損失が大きいように思われる。むしろ、自分専用だったり家族専用だったりするDAにこそ満たせるニーズがある。このようなDAが豊かに成立すればするほど、万人のためのDAの理想に近づく、と考えられるのではないか。そのためにはDAを構築・運用すること自体が安価・簡単で、「家族内だけのDAを作りたい」と思った人が簡単に実現できることも重要な条件になる。言い方を変えれば、「受益者」や「利用者」だけでなく「運営者」「担い手」側も限定された形でできることが望ましいということになる。

　ただ、当事者・関係者が死去するなどして、DAに含まれる情報資源を非公開にしておくことのメリットが十分に小さくなれば、万人のためのDAの

一部に提供されるとよいだろう。いずれ全面公開されるが当面はそうではない、ということがありうる。このような局面におけるDA間の連携がとれることは筆者が考えるような多種多様なDA群が結果として万人のためになるためにはとても重要である。もちろん、そのような提供が行われた時には当人は死去していて、この情報が公になっていたらできたであろう責任追及などができなくなっている、などの問題もあるだろう。それに関連して被害を受けた人も死去しており、謝罪や補償を受ける機会も永久に失われているというようなこともあるだろう。つまり常にこのような連携がよい結果だけをもたらすわけではない。だが、それ故に万人向けでないDAが一律否定されるべきというほどではないように思われる。

　これと似た考え方に、万人向けとそうでない情報資源を分ける考え方もありうる。全ての情報資源を万人のために保存・提供し続けるということは理想ではあっても現実には不可能であり、重要な情報資源については万人のために保存・提供するとしても、それ以外の情報資源については断念せざるを得ないと考えることができる。この断念せざるを得ない情報資源の一部について、有料であれば、あるいはメンバー限定であれば、あるいは何かの限定をつけることができるならば、これを保存し、一部の人に提供しようという主体がいることがあるかも知れない。それならば、まったく失われてしまうよりは、一部の人に対してだけであっても情報資源が提供されている方がよい、と考えられるだろう。資源ではなくて用途や受益者・利用者を分けるという考え方もあり得る。研究・教育・民主主義上の議論・報道など特定の目的に関わる利用であったり、そのようなことを本務としているような人であれば幅広く多種多様な情報資源を活用できるべきだが、そうでない目的の利用や利用者に対しては制限をかけることも、それがより多くの資源の保存・継承につながるのであれば許容される、というような考え方だ。

2-2-2　DAの多様化の意義
　万人向けのDAは実質的に不可能であり、そこに注力し過ぎることがか

えってDAの恩恵を受ける人を限定してしまいかねない面もある。専門家と一般市民、大人と子ども、異なる端末の利用者、異なる認知特性の持ち主、など様々な多様性に応じてDAも異なるインターフェースが必要だろう。体力や活動できる時間に限りがある病人にも利用できるDAは、そのような人の暮らしぶりをよく知っている人の知見を反映する方がよく設計できるだろう。ところがこのような人の都合が万人向けの究極のDAの設計の議論に入って来てうまく考慮されることは起こりにくいかも知れない。そこで、様々な専門分化を妨げず、様々な人・目的・対象資料に応じて異なるDAが存在する、という多元的なDA群のあり方こそが重要だと言える。様々なDAを容易に設計・構築・運用できるような汎用性の高いツールがあることや、情報資源の自由な再利用ができる事も重要だろう。また、DA群全体を考えるならデータ連携や標準化などで、多様化とまとまりのバランスをとること、専門分化の中で編み出された工夫を共有することで得られるメリットなどを享受することも重要だろう。それに比べ単一の、「究極のDA」が万人向けに全ての情報資源を保存・提供するというのは現実的ではないように思われる。もっとも、技術環境次第で効率的なDAの専門分化の形は大きく変わるため、こうした考え方に変更を迫るような事情が出現する可能性を否定はできないが。

　言い方を変えるなら、万人のためのDAとして筆者が考えるのは、個々のDAが全て万人向けであることや、究極の万人向けDAがひとつどこかに存在することではなく、世にあるDA群を全体として見た時に、人や目的や対象とする情報資源など様々な側面から見てニーズが十分に満たせる体制にあることである。DAのような領域で「十分」に保存や提供ができる事はないかも知れない。そのような立場に立つならそもそも万人のためのDAも理想論ということになるだろうが、その理想は単一の万能なDAではなくDA群によって満たされると考えているという点は同じだ。

　筆者にとってやや馴染みのある分野の一つ、通信インフラを手掛かりに考えてみると、歴史的には電話などの通信サービスを政府の事業として営む形

もあれば、政府に認められた一社独占で提供する形もある。あるいは現代の日本や米国のように、競争的市場を通じて整備・提供しつつも、市場競争に任せるととりこぼされるような層・地域もカバーして万人がサービスを受けられるようにする、という形もある。筆者はこの最後の形に近いものがDAにも適切ではないかと考える。DAが主に対象にする文化資源は、多種多様であり、利用者の目的やニーズも多様であり、専門的な知見もDAを実現するための技術的基盤も発展途上にあるといってよいだろう。したがって、政府なり、特定の集団なりがDAのあり方を設計し、安定的に運用するというアプローチは失敗のリスクが高すぎるだろう。それよりも多種多様な主体が多種多様な試行錯誤をしつつ、相互に学びつつ、共通化や標準化を進めたり、独自路線を試したりしながら、よりよいDAのあり方を模索するような時期が続く方が長期的にはよい結果になりやすいと予想する。通信分野では万人のための通信インフラをコモンキャリア（サービスを求める者を拒まず、万人を平等に扱う）、ユニバーサルサービス（インフラが居住地・所得・障がいの有無などに関わらず利用可能なものとして提供される）、撤退規制（全てのプロバイダが特定の地域から撤退しユニバーサルサービスが実現されなくなることを防ぐ）といった複数の考え方を組み合わせて自由市場と政策的義務付けの混合で実施してきた。時代の変遷と共に、公衆電話の需要が減ればその設置義務を緩和する、固定電話ではなく携帯電話、IP電話やブロードバンドなどが重要度を増すと、それらを視野に入れた制度に作り替えていく、その際に旧来の通信以外のインフラやサービスとの市場競争への影響も考慮する、などかなり難しい判断を強いられることもありながら、制度設計・改正をしてきた。DAについても、難しい局面は発生するものの、営利組織も含めた多様な主体によるDAの構築・運用が望ましいと考える。

2-3　DAが万人向けであるべき理由

　ここからはDAが万人向けであるべき理由について、それに関するいくらかの迷いと共に述べてみたい。わかりやすさのために非常にラフなアイディ

アを最初に述べておくと、1. 公的資金援助を受けた文化活動の所産は、万人のものにすることが望ましい、2. 文化は使われて減るようなものではないので万人の共有財産のように扱うことが合理的である、3. 文化は伝播するものであり、その意味で万人のものである、4. 文化の創造にはデジタル社会ではますます広い範囲の人が関与するようになっている、という4つの理由を考えている。

2-3-1　公的資金による支援対象としての文化

DAが扱っている文化資源・情報資源は、時に税金が支えている。直接的に制作や上演のサポートをしている場合もあるし、学校法人や宗教法人などのように税制上特別な扱いを受けている主体が制作・維持運営に関わっている場合もある。デジタルアーカイブの構築に資金援助が提供される場合もある。こうした税金を払っているのは市民であり、その使い道を決めているのは有権者全般であるから、その支援を受けて生み出された資源は万人に開放されていることが望ましい。このような考え方は、例えばオープンデータ（政府保有のデータを商業利用も含めて幅広い利用のために提供する、データの一般開放の政策、あるいはより広くは政府以外のデータの一般開放の取り組み）の文脈ではよく聞かれるものだ。同様の議論は近年、オープンアクセスと呼ばれるような、学術論文やその論文に用いられる研究データの一般開放政策の文脈でも聞かれるようになっている。日本ではここ数年の政策論議の進展を経て、2025年度以降の科研費などの競争的研究資金の支援を受けて実施された研究の成果について、論文やその下敷きとなったデータなどを誰にでもアクセスできるようにインターネット上で提供することが義務づけられることになる見込みだが、このような範囲設定にも、税金の補助を受けた活動の成果は広く人々に提供するべき、という考え方は適合性がある。

　こうした考え方は政策論議の文脈では一定の支持を得ているが、更に批判的に検討する余地が残っていないわけではない。そもそも公的資金援助を受けずに制作される文化資源も存在している。また、このような議論における

万人の範囲は自明ではない。外国に居住していて納税者でもない人などをどう扱うべきだろうか？オープンデータの文脈では外国人が排除されることはまずないが、それはこのロジックだけでは正当化できないようにも思われる。

2-3-2　公共財としての文化

　二つ目の考え方として、経済学的な理由が考えられる。文化資源を含む情報資源の経済学的な性質は少々ややこしい。物質的な資源と違い、経済学で「公共財」と呼ぶ性質を持つことが多い。すなわち、使ってもなくならない、料金を払わない人を排除することが難しい、という2つの性質がある。物質的な資源であれば、使えばなくなってしまったり、料金を払った人だけに提供しやすいことが多いが、アイディアやデジタル財のようなものはコピーが簡単なので性質が違うことが多い。従って誰でもが利用可能な形で資源を共有しても、物質的資源のように「フリーライダー」が登場して、資源の再生や維持可能性を考えずに使ってしまい、それによって資源が枯渇してしまう、完全に枯渇してしまわないまでも縮小してしまう、というような現象（いわゆる「コモンズの悲劇」）が起こりにくい。そこで、既存の資源については共有するのがよいということになる。

　ただし、文化資源やデジタル資源は多くの場合、作り手、生産者が存在している人工的な資源であり、現代社会は新しい作品が生まれ続けることに重きを置いた文化になっている。創作活動やデジタル資源の作成活動には時間や労力、資金や技能などが必要になることが多く、その成果が無断でコピーされたり、流通してしまうのであれば、こうした資源の供給のインセンティブが確保しにくくなる。

　そこで、著作権法のような制度が意味を持つことになる。すなわち、ある程度の期間、創作者が自分の作品を排他的に利用する権利を認めて、特定の作品を複製したり、改変したり、公に上演したいと考えるような人たちから対価を得られるようにし、投資を回収できるようにするような制度だ。収益化を認めるための排他的利用権と、万人のための共有の折り合いは、著作権

のような権利を時限付きで認め、収益化の期間を限定したり、権利が及ぶ範囲を様々に限定することで実現する。公益性が高い利用、私生活上の利用などについては著作権を制限する。そもそも権利の対象を創作的な表現に限定して、事実そのものや、ありふれた挨拶など、特定の人の許諾なしに使えなくしてしまっては困るようなものにまで権利を認めることはしない。こういった制度上の多くの工夫を凝らすことで、供給のインセンティブ確保と、社会が得られる恩恵の両立を狙うことができる。

　言い方を変えると、DAで扱う文化資源の中でも著作権のような権利の対象物ではないもの、著作権の保護期間が過ぎてパブリックドメインにあるものなどは、万人が享受するべき文化であり、DAはそれを様々な人が享受できるように提供することが望ましい、と考えられる。もっとも、現行の著作権制度がこうした経済学的観点から最適な制度になっているかについては多様な議論があり、著作権制度を改めて、保護期間を短くした方がよいという議論もある。供給者のインセンティブ確保のための排他的な権利と、幅広い享受を可能にすることの最適な組み合わせはどこにあるのか、模索や議論は今後も続いていくだろう。

2-3-3　文化の集団性と伝播

　三つ目の考え方として、文化がそもそも特定の個人や法人の所有や排他的な支配にそぐわない、という考え方がある。文化は少なくともそれを育んだ集団に属しており、しばしば集団を超えて伝播していくものだ。食文化を考えてみると、様々な土地に郷土料理があり、これは誰か特定の個人の作り手なり発案者に属さないのが普通だ。その郷土料理も実は郷土以外のところにルーツがあるのが普通だ。日本で広く愛されている料理、カレーやラーメンといったものを考えても、同じことが言える。特定の個人にも、特定の集団にも、他の者を排して文化を独占するようなことはあまりされて来なかったし、その結果伝播や模倣、独自の進化やアレンジ、伝承などが行われ、豊かさを作ってきている。食文化は「料理」だけで構成されるわけではなく食をめ

ぐるマナーや儀式やタブー、それらに込められた意味、感受性や想像力、器具、言語や逸話、食料の生産・調達手段、などを含めて考えても、同じようなことが言えるだろう。もちろん、個別の調理器具には所有権があるし、調理家電にはいくつもの特許権があり、レストランには商標権があり、料理本や料理動画には著作権があるだろう。ただ、食文化の多くの部分はそうした権利の対象物になりにくく、対象物として扱うことに適さないものだ。カレーという概念であったり、みじん切りや刺身といった語彙や考え方を考えてみるとわかりやすいだろう。

　食文化以外にも、生活様式や流行、祭りや各種行事などの共同体の伝統、言語それ自体、人々のものの見方や感受性など、個人に属するものとして考えにくい事物は文化の重要な構成要素となっている。DAがこうしたものを特定の人にだけ伝えるということは望ましくなく、万人に対して提供することが文化を豊かにするだろうと考える。もっとも、万人が享受できるという扱い方が搾取につながっている例もある。特定少数の立場の弱い集団によって維持・発展させられた文化を、立場の強い集団が自由に利用し、利益を享受するような構図がある場合、特に批判的な議論の対象になりやすい。例えば伝統文化の一部を成す文様を、その伝統を継承してきた集団が特定の用途に使うべきものと扱ってきたところに、国際的なアパレル会社が自由に使える資源として扱って収益化するようなことだ。このような例について専門家の間でも合意はなく、著作権や類似の制度上も、国際的にみれば伝統文化の扱いは多様だが、文化は常に万人向けとも言えず、伝統への尊重（利用しないこと）、ある種の公平性（収益をあげた場合にはそれを伝統文化の担い手にも還元すること）や断絶（特定の文化は特定の人々だけのものであると扱うこと）などを重んじる考え方があることは留意に値するだろう。例えば植民地化され、あるいは迫害や差別の対象となった少数民族などがその伝統の担い手である場合を考えれば、自分たちの文化をどうするかは自分たちのルールで決めさせてほしいという考え方は理解に苦しむようなものではないように思われる。

第13章　デジタルアーカイブは誰のものなのか、どうあるべきものなのか｜渡辺

2-3-4　文化の創造の可能性

　DAが万人のために提供されるべきだと考えられる最後の理由は、デジタル社会では文化の創造に多くの人が関わるようになっていることだ。

　デジタル技術の普及と共に、多くの人が作り手として文化に関わることになった。作品やそれに類する文化資源を創作するモチベーションは多様性が増した。仲間との会話を楽しむこと、情報や感動や驚きを共有すること、承認欲求を満たすこと、評判を高めること、コラボレーションを楽しむこと、などがそこに含まれる。作品が流通し、共有することで実現できるモチベーションも重みを増し、アクセスや複製を対価を払った人に限定することで満たせるモチベーションは相対的に重みが減った。写真の共有、ショート動画の共有、バズを生み出すつぶやきや、より古くは「コピペ」や「アスキーアート」と呼ばれる定型表現やテンプレート、あるいは「歌ってみた」「踊ってみた」といったカテゴリの作品、「なろう系」と呼ばれる創作、コラボレーションによって可能になっているものも多いボーカロイド作品、より大規模なところではオープンソース・ソフトウェアやウィキペディア、オープンストリートマップやSCP財団のコンテンツなどがこうしたデジタル社会の参加性の高い文化の例として挙げられる。商業ベースで展開される文化領域で活躍する人材の輩出や、商業化される作品の例も枚挙にいとまがない。広く共有できることや、見ず知らずの他人とコラボできることがこうした文化には必須になっていることも珍しくない。

　上に挙げた論点との関係で言えば、次のように言える。著作権法と親和性の高い文化のひとつは、特定少数の専門家や大企業による作品の制作とその大量流通、その他の受け手による作品の受動的な消費、という構図だと筆者は考えている。今日では「作品」的な形態の文化資源の創出と享受で成り立つ文化領域にもそういう構図とは異なる文化が増え、文化の集団性として先に挙げた特徴が認められる例が増えた。こうした文化は何をしてもよいとは限らず、リスペクトを持って扱う、著作者名を明示する、一方的な搾取はしない、などの規範に従うことが期待される場合もある。だが、DAを通じて広

く万人向けにアクセスを提供することがこれらの文化を下支えできる場合は、商業ベースでアクセスや複製に課金をすることで成り立つ文化に比べると、遥かに多くなっているだろう。

3　万人のためのDAのあり方

3-1　アクセスと利活用の障壁

　ここからはより具体的な諸側面に話題を転換し、運用管理面について、万人のためのアーカイブが備えているべき特徴を述べてみたい。DAが万人の文化資源となるためには、様々な障壁を超えたアクセス・利活用可能性が担保されるほど望ましい。ただしアクセスに対する障壁はかなり種類が多い。法律(権利)、経済(料金)、技術(フォーマット・要求仕様等)、言語(使用言語)、文脈情報(専門性)などがその主なものだろう。筆者の考えではまた、アクセスすることだけではDAの利用価値は十分に享受できない。脚本であれば舞台などで上演してみることでわかる部分がある。ゲームであれば実際にプレイしてみることでわかる部分がある。更に、現代風にアレンジしなおしたり、インスピレーションをもらって別の作品に一部を取り込んだり、といった利活用ができる事にも大きな意味がある。これはDAで提供されている資料が著作権の通常の制約を受けていると実現しづらい場合がある。

　既に述べた点の繰り返しになるが、全てのDAが全ての資源について、これらの諸課題を全て解消している、というのは筆者の考えでは現実的ではないし、理想的でもない。非常に閉鎖的なDAにしかできないこともあるし、非常に限られた予算でしかできないDAが大きな便益をもたらすこともある。ただ、全体としてはこうした制約を克服していることが望ましいし、全ての資源がいずれはこのような制約から自由になることが望ましいと考える。

3-2　ライセンス、利用条件、権利情報

　法的な障壁は、既に触れた著作権による排他的な権利、あるいはDAの利

第13章　デジタルアーカイブは誰のものなのか、どうあるべきものなのか｜渡辺 ─────── 353

用規約などを通じてDAの運用者と利用者の間に発生する権利・義務の関係などが代表的なものだ。既に国の会議体などを通じて、クリエイティブ・コモンズ・ライセンス(以下CCライセンス)を使うことの意義や、オープンな条件で提供することの意義は提示されている。これらについては筆者も基本的に同じ意見を持っている。若干付け加えるとすれば、1．CCライセンスはデザイン上の工夫により、ライセンスを読み・理解することをめぐる負担を軽減するという特徴を持つ。採用しない場合もその特徴や原則を理解することが重要である、2．既に各所で指摘されていることだが、多くの場合ライツステートメンツと呼ばれる資料の著作権法上のステータスなどを示す仕組みを使うことが望ましい、3．補完的な制度が存在することがより望ましい、といった点である。以下、CCライセンスについて概説した後にこれらについて簡単に述べてみたい。

CCライセンスは、米国の財団法人Creative Commonsによって管理提供されているライセンス群で、情報資源をシェアするためのライセンスとして世界的なデファクトスタンダードになりつつある。オープンアクセスやオープンデータ、オープンデザインなど、デファクトスタンダードになったと言っても差し支えなさそうな領域も複数ある。学術的な情報資源も、データも、ウィキペディアや画像や動画やオーディオなども、様々な資源が比較的共通性が高く、標準化されたライセンス群で提供されている、ということは組み合わせて新しいものを創作する時などにも便利だ。

教育現場、情報解析、同人誌の制作流通、など情報資源の作成や利用に関わる個々の領域に最適のライセンスを追求していくと領域固有のライセンスが出来上がることになると思われるが、それは「資源の提供者・利用者双方にとってわかりやすい」「分野固有のニーズに合わせて設計されている」「使いやすい」などの長所を持ちやすいためだ。また、資源提供者側の意向主導で策定するような「利用規約」の類も、提供者にとっては満足度が高いものにしやすい。CCライセンスはこれらとある意味対極に位置する汎用ライセンスである。様々な資料を加工・転用しようと考える利用者や、組み合わせよう

と考える利用者にとっては、ライセンスのようなものの種類は少なければ少ないほどよい、パブリックドメインのように何も制約がなければとてもよい、という面がある。何故ならライセンスを読まなければ利用できないとしても、それを読むことは困難で、時間がかかるからだ。多くの資料を多くのDAから取得したい場合、多くのライセンスや利用規約を読まなければならないとすれば、その分時間がかかる。そればかりか、複数の異なる資源が複数の異なるライセンスの下に提供されている場合にそれらを組み合わせて利用することができるのか、ライセンスの内容をよくよく分析しなければ答えが出せない大変難しい問題になっていることがある。こうした学習コストが大きすぎるために利用が進まず、結果として社会が損失を被るリスクが高まる。ライセンスや利用条件の設定についてはこの点よく考慮に入れる必要がある。

　先に挙げたデザイン上の工夫はこの学習コストの観点に関わるものだ。CCライセンスは1種類ではなく、主要なバリエーションが6種ある。この6種を4つの主要な特徴（改変の可否、商業利用の可否など）の組み合わせで表現しているため、6種の大きく異なる（従って理解するにも1種類に比べると6倍の負担になるような）ライセンス群になっているわけではない。ライセンスの本文は6種類のライセンスで全く異なっているわけではなく、共通の部分が多い。そこで、どれか一種をある程度理解すると他の種類のライセンスについてもある程度理解できる。また、アイコンで上述の4つの主要な特徴やその組合せを表現してあるため、アイコンを見ると、「これは商業利用も改変も禁止されているライセンスだ」というようなことが判別しやすい。ライセンスをホストしているURLにも、6種のライセンスの名称にも、それを反映させているため、アイコンを見なくても名称やURLからも同様の判断ができる。さらに、ライセンスの本文とは別に要約ページを用意してあるため、それを読むと自分の求める許諾を含むかどうかなどがある程度判断でき、ライセンス本文を比較する場合もその負担を低く抑えることができる。

　また、ライセンスは様々な国の多様な著作権法に照らしても効力を持つようにしつつも、その文面は英語以外にも様々な言語で読めるようにしてある。

これによって、居住国や言語の異なる人々が同じライセンスを使えるようにし、ライセンスの種類が増殖し過ぎないことに、一定程度はつながっている。（ただし、同じライセンスの文言であっても、異なる国の法律下では異なる解釈をされることはありうるため、全世界で完全に同じ内容の効果を持っているとまでは言えないように思われる。）

　次に先に挙げた第2の論点、ライツステートメンツについて述べたい。DAとの関係ではライセンスには大きな限界もある。DAは第三者によって創作された平面的な資料・作品をデジタル化してそのまま提供するような場合が多く、その場合にはDAの運営主体は著作権者ではない。ということはライセンスを使ってDAの利用者に許諾を与える立場にもないということだ。DAが著作権を持たない資料についてCCライセンスの下に提供する例は世界中に見られるが、これはライセンス本来の狙いに照らすと誤用になっている。クリエイティブ・コモンズが提供するツール群の中では、パブリック・ドメイン・マークと呼ばれるものがむしろ適切だろう。パブリックドメインで資料を提供することには、利用者にとっては更に利便性が高い点も重要だ。ライツステートメンツはCCライセンス同様に標準化され、一瞥して識別しやすいアイコンなどを用いて資料の著作権上のステータスを示すためのツールだ。これは権利者が使うライセンスのようなツールではなく、第三者が使うツールである点でDAと相性がよい。パブリックドメインであると示す場合も、どのような国の法律に基づく判断なのか、パブリックドメインではない場合にどのような利用制限が課せられているのか、などを伝えやすいツールになっている。

　第3の論点、ライセンスやライツステートメンツを補完する制度について述べたい。非常に初歩的なところでは、ライセンスやライツステートメンツのような法的な情報は、DAの幅広い利用者にとって理解しやすいとは限らないため、問い合わせ窓口のようなものがあることが望ましい。一部の問い合わせ内容については、反復性があるのでFAQのような形で案内することが効率的な場合もある。あるいは、ある種のアプリケーションなどのツール

356　　　　　　第4部　DAの社会基盤化と文化的価値

で解決できることもある。たとえばCCライセンスされた情報資源を用いる時には、通常、著作者へのクレジットなどを表記することが利用条件となる。このクレジット表記や、その他関連する表記のための情報は、間違いのない形で表記しようと検討をはじめるとすぐには結論が出ない場合もある。ライセンスを理解するための学習コストとは別に、それを個別の利用の文脈にあてはめて守るための「遵守コスト」とでもいうべきものがある。こうしたコストを下げる仕組みやツールなどは既に大小存在しているが、DA領域も含めもっと広く活用されてよいと筆者は考えている。

　また、これに関連したDA側のニーズもとりあげておきたい。DAは自らが果たした社会貢献やインパクトを把握するニーズがあり、利用者がDAやその提供組織などに対してクレジット表記や、利用例報告などを求めたい場合が少なくない。上述のCCライセンスの不適切な利用もこうしたニーズに根差していると思われる例が内外に見受けられる。といって、例えばこうしたニーズを満たすために様々なDAが独自の利用規約を導入するようなことがあれば、特に利用者には不便な状況が発生する。そこで、標準化されたコミュニケーションの手段を決め、同時に法的強制力は持たせない「お願い」のような形で実施することに意味があると考える。学術研究者の間では、著作権法の線引きとは関係なく、パブリックドメインに属する資料から引用する場合であっても出典を明示するし、アイディアや知識だけを学んでおり特に創作的な表現を借用しないような場合であっても出典を明示する慣行が確立している。これと似た形で、法的強制力によってではなく規範意識によってクレジット表記が拡がっていくこと、そのようなクレジット表記を求める者はわかりやすい形で意思表示ができるツールがある、という事態になることがDAが社会に貢献する障壁を低く保ちつつも、クレジット表記の対象になりたいなどのDAのニーズを満たす上では望ましいと考えている。

　以上のような点は、結論としては、デジタルアーカイブジャパン推進委員会実務者検討委員会で「デジタルアーカイブにおける望ましい二次利用条件表示の在り方について（2019年版）」[4]にとりまとめられているもの、また、

それを踏まえつつ実例の紹介なども含めて論じた数藤[5]の議論と大きく差はない。これらの中ではDAへのクレジット付与は大きくとりあげられているわけではないが、法的強制力を持たせることなく実施することが望ましいとする点でも筆者の考えるところと一致している。

3-3　料金と維持運営費

　DAは無料で提供できる場合には無料で提供することが重要だと筆者は考えている。ひとつにはDAによって提供されている資料を利活用できるかどうかが経済力によって左右されないことが望ましいためだ。もうひとつは資料と利用者の間の偶然の出会いを起こりやすくすることで、DAの持つさまざまな潜在的価値が発見・実現しやすいだろうと考えているためだ。オープンデータ領域の調査で、価格が0円の場合には利用が10〜100倍に増え、幅広い利用者が利用する傾向があるとの報告[6]もある。

　あくまでもラフスケッチ的な整理だが、商業的な価値を持つ作品や資料は、そもそも権利者が手放さず、DAを通じた無料提供は難しいことも多い。各種配信サービス用ライブラリの中には含めるだろう。DAの多くを占めるのは収益を生み出す力が自明でない資料だ。それらを収集・保存することで収益をあげることは、不可能ではないが、簡単ではないだろう。そこで、特に万人向けに運営されるようなDAの財源は公的資金を充てることが適切であるように思われる。

　通信インフラ産業などの政策議論では、万人向けのサービスを提供する義務を負う企業と「おいしいとこどり」(クリームスキミング)をする企業の併存を許すと、どうしても万人向けのサービスを提供する義務を負う企業に負担がかかることが長らく論じられ、さまざまな規制の対象になってきている。これと同じことがDAでも当然起こりうる。筆者は一元的ないし均質なDAのあり方ではなく多種多様なDAが多元的に存在することの方がよいと原則的に考えているのだが、クリームスキミング問題は多元的にDAが存在する場合の方が発生しやすいという問題もある。

中長期的には、ブロックチェーンのような技術を使うことで資料の利用を捕捉できたり、まとまった利益が発生した後で、そのごく一部をDAの運営資金に充てるべく支払ったり、ということが可能になることに多少の期待を持っている。ただし、ブロックチェーンは利用を全て正確に捕捉できるわけではなく、加工しての利用の場合にどの程度の料金を支払うことが適切であるかなど根本的にシンプルな解を出しにくいように見える問題もある。

3-4　技術面の課題

技術面については、筆者の知見は限られているが、これまでにオープンデータや学習資料・教材などのオープン化の進展などを観察した経験から考えるのは検索の重要性だ。無償で、加工や商業利用なども含めた資料の提供ができることは大きな達成だが、それは取り組みの初期段階であり、それに続いてメタデータ整備や検索などが課題になるように思っている。多種多様なDAが作成される多元的な環境では、何がどこにあるのかが見通しにくく、そのために利用者と資料のマッチングが起こりにくくなる。そのような障壁を克服する上では、横断検索やそれを可能にするようなメタデータの標準化が有益と思われる。

DAの資料の何に着眼するかは、利用者によって大きく異なるかも知れない。そこで、様々な観点から様々なメタデータやタグをつけられるような仕組みが望ましいだろう。あるDAの資料を外部から指示参照しながらそれに第三者が勝手にタグ付けをしていくようなことであったり、AIを活用したタグ付けであったりといった形にも効果があろう。（深層学習AIは2010年代に行われていた画像解析コンテストでは人間を若干上回る成績を出す例も見られるようになっていた。歴史的資料などにあてはめられるとは限らないとしても、活用できる場面では活用して損はないように思われる。）メタデータの標準化はこうした第三者によるタグ付けまで含めて考えると実現が難しいだろう。ある資料に注目するかどうかを左右するのは第三者の感想であったり、個人的な解釈であったりすることもある。そうしたメタデータを、

DAは内部にとりいれるよりも外部に切り離して(でも連結は拒まずに)距離をとっておきたいと考えるかも知れない。DAの提供者は資料の意味を最も的確に知っている者とは限らないから、そのように分散と協調も念頭に発展していくことが望ましいのではないかと考える。

4　まとめとリスク対策

　本章ではこれまで、DAが万人のために存在するべきだという観点からその理由と、実現方法の要点(とりわけ利用条件や料金に関する部分、付随的にデータフォーマットに関わる点)について述べた。最後に、主要論点をまとめつつ、これと対立する視点である万人のためのアーカイブのリスクについて触れておきたい。

　DAは万人のためのものであるべきだが、それは単一の万人向けDAが存在するとか、単一規格のDA群が存在するという形よりも、連携はしつつも多様なDA群が試行錯誤しながら全体として幅広い資料、利用者を対象に存在し、その中には非公開のDAなども含まれる方がよいだろう。これを機能させる政策・制度はやや複雑だが、その価値もあると考える。万人向けであるべき理由として文化が公的資金援助を受けて維持・創造されている、摩耗や混雑することがない、共有され伝播されて豊かになる性質を持つ、デジタル社会では多くの人が作り手として関与している、という4点を挙げた。これらはいずれも文化全般にあてはまるものではないから、複数の理由が該当するものからどれもあてはまらないものまでさまざまな文化がある。また、文化の共有や伝播が搾取になっている例もある点は要注意だろう。そのような注釈付きではあるが、万人向けに提供されるべき文化資源は少なくないということは言えるだろう。万人向けにDAを提供するにあたっては、法的な利用条件を課さず、課す場合には幅広く用いられていて利用者が学習したり複数の文化資源を組み合わせたりする際に負担が少なくて済むような標準化された仕組みを用いることが望ましい。CCライセンスや、ライツステート

360　　　　　第4部　DAの社会基盤化と文化的価値

メンツがその好例と言える。料金はできるだけ無料にし、DAを支える公的資金を提供することに合理性がある。技術的には、万人向けの文化資源提供を実現できたとして、その資料を発見でき、その意味・価値に気づきやすいように検索機能やメタデータの充実が重要になる。

　筆者は、これまでの議論からもおおよそ明らかなように、文化に多くの人が参加できるようになることについてはポジティブに捉えており、万人向けに多様なDA群が成立することがそれを支えることができると考えているが、問題が皆無だと思っているわけではない。昨今、オープンなインターネットがもたらしている数々の問題に注目が集まっているが、人権侵害や差別、多くの人が宗教的に特別視する存在への冒涜や伝統・アイデンティティへの侮蔑、歴史の歪曲など、様々な人が参加することによって増大するリスクがある問題は文化面でもたくさんあるだろう。オープンデータの世界でも、一部の悪用が想定される場合にはオープン化をしない方がよいのではないかという議論はあるし、学術論文が誰にでも広く読めるようになるとその結果を曲解して特定の不適切な思想(たとえば人種差別思想)の強化に使う例があるとの指摘もある。筆者はそれでもおそらくは得られるメリットがコストを大きく上回るだろうと考えるが、コストが小さいとは限らない。

　DAは総体としては制約条件は少なく、料金は無償で、利用者の興味関心に応じて検索もしやすい形で提供されることが望ましいと考えているが、悪用が見込まれる資源については事前申込制にしてはどうか、公開をとりやめてはどうか、といった意見も出てくるかもしれない。そのような措置が適切な場合もあるだろう。だが、そうでない場合もあるだろう。DAの提供が悪いのではなく、提供された資源を悪用した者が問題であり、そうした悪用者は利用条件で禁止されていても悪用する場合もある。その場合、条件を厳しくすることは悪用しない利用者の利用を委縮させて社会が得られるメリットを減らすことになる。得られるメリットはせいぜいDAの関係者が自分は加担していないと釈明する材料程度だろう。こういう局面に備えて、DAが広く万人のものであることを支持する人やその意義を理解するメディアや

ジャーナリストがいることも重要であるように思われる。また、人々が自分になじみがあるとは限らない文化資源を読み解き、活用することを支援するような、文脈情報の提供や解釈の案内などを併せて提供することにもおそらく相当の意義があると思われる。こうした制度・政策はオープンデータや、ネット上の自由な言論を維持するための様々な工夫に学ぶことができるだろう。

注
1) デジタルアーカイブ学会（2023）『デジタルアーカイブ憲章』（https://digitalarchivejapan.org/wp-content/uploads/2023/06/DA-Charter-ver-20230606.pdf）（最終アクセス：2024年2月29日）
2) 中島康比古（2003）「電子化時代の評価選別論：オーストラリアのDIRKS方法論について」『アーカイブズ』13.（https://www.archives.go.jp/publication/archives/wp-content/uploads/2015/03/acv_13_p41.pdf）（最終アクセス：2024年11月12日）
3) 中島康比古（2006）「レコードキーピングの理論と実践：レコード・コンティニュアムとDIRKS方法論(<特集>記録管理と説明責任)」『レコード・マネジメント』51.（https://doi.org/10.20704/rmsj.51.0_3）（最終アクセス：2024年11月12日）
4) デジタルアーカイブジャパン推進委員会実務者検討委員会（2019）『デジタルアーカイブにおける望ましい二次利用条件表示の在り方について（2019 年版）』（https://www.kantei.go.jp/jp/singi/titeki2/digitalarchive_suisiniinkai/jitumusya/2018/nijiriyou2019.pdf）（最終アクセス：2024年2月29日）
5) 数藤雅彦（2020）「CA1973 – 動向レビュー：Rights Statements と日本における権利表記の動向」『カレントアウェアネス』343.（https://current.ndl.go.jp/ca1973）（最終アクセス：2024年2月29日）
6) de Vries, M., Kapff, L., Achiaga, M. N., Wauters, P., Osimo, D., Foley, P., Szkuta, K., O'Connor, J. & Whitehouse, D.（2011）Pricing of Public Sector Information Study (POPSIS), Brussels: European Commission. Information Society and Media Directorate General.（http://ec.europa.eu/newsroom/dae/document.cfm?doc_id=1158）（最終アクセス：2024年2月29日）

まとめと展望

デジタルアーカイブの基盤的考察

物理的依存とデジタル価値の相互形成

嘉村哲郎

　本巻では、DAを社会基盤として確立するため、その長期保存と運用管理に関する理論的考察と実践的事例を取り上げた。15件の論考と3件のコラムを通じて、DAが持つ社会的・文化的意義の重要性が改めて顕在化されたと言えよう。一方で、DAの持続的な運用に携わる実務者らの取り組みや、デジタルデータの価値評価については、さらなる議論の余地が残されている。最後に、本巻の編集を通じて得られた知見をもとに、編集責任者の立場でデジタルアーカイブに関する基盤的視点から、新たな価値付けの提案を試みたい。

1　DAの新たな価値表現の可能性

　情報の複製に関する議論は、マーシャル・マクルーハンやロラン・バルト、ジャン・ボードリヤールらによって多様な文脈で展開されてきた。その中でも、伝統的な芸術作品と複製技術に関して論じているヴァルター・ベンヤミンは、論考「複製技術時代の芸術作品」において、伝統的な芸術作品は「アウラ（またはオーラ）」と呼ばれる特別な唯一性と時間的、空間的な現前感を持つと論じている[1]。ここでいうアウラとは、作品がオリジナルとしての独自の位置づけを持つ特別な雰囲気であり、それらは歴史や場所と結びついているときに発生するという。そして、作品がどこにでも、誰にでもアクセスで

きるものへと変容を可能ならしめる複製技術の実現は、作品のアウラを消失させると論じている。さらに、ベンヤミンは技術的な複製により作成された芸術作品は、宗教的な行事の中で重要な役割を果たす儀式（教会の祭壇画や寺院の仏像は信仰の対象となる特別な存在）や王室や偉人、富裕層など限られた人物のみが手にできるような権威から解放され、より大衆的で政治的な側面を持つようになると述べている。そして、複製技術の発展は、芸術の民主化と芸術を通じた社会的、政治的な影響力を持つ装置としての利用を可能にした一方で、それらが持つ特別な価値や影響力（＝アウラ）を失うことも指摘している。

　現代では、ベンヤミンが想定していた「複製技術」にデジタル技術が加わり、一見するとアウラ消失の流れがより加速しているようにも見える。しかし、デジタル技術による複製は、写真やフィルムによる複製とは異なり、単なる原本の模倣ではなくビットデータとして新たな存在形態へ変換する行為である。その結果、データ自体が新たな文化的文脈を獲得しうる可能性を持つ。具体的には、デジタルデータの可変性や追跡可能性、相互運用性等といった性質は、従来の複製技術では実現が難しかった新たな価値を創出しており、デジタル技術により生成されるデータには、従来の複製の枠では捉えきれない価値や現前感があると考えられる。これは、物理的なものをデジタル化したDAに加えて、ボーンデジタルのDAを複製する行為に対しても適用可能で、ここにはベンヤミンの文脈では十分に説明しきれない、DAの特異性が垣間見える。

　ミュージアムや寺社仏閣に現存する貴重な実物は、唯一の存在であり限定された場所に収蔵され、特定の人物のみがアクセスできる特別な価値や影響力といったアウラを帯びる。一方、それらをデジタル化したDAやボーンデジタルのDAは、データの複製や移動が容易であり、ネットワークを通じてどこでも誰でもアクセスが可能な複製物であると解釈されるが、単純な原本（原データを含む）と複製という二項対立では捉えきれない関係性や価値を持つ。つまり、DAで扱うデータは、複製やデータコピーといった行為により

作成されたものであっても、それらの元となった実物や原データとは異なるものでありつつも、同等に重要な文化的価値を持つ新しい存在形態として理解されるべきものである。

このように、オリジナルが持つアウラの消失や継承の過程で、独自の価値が新たに獲得できる可能性がある。DAのアウラ（ここではデジタルアウラと呼んでみる）は、ベンヤミンの論じた物理的な一回性や現前性とは異なる形で存在する。それはデジタル技術特有の性質を活かした真正性や価値の革新的な表現であり、文化的資産の保存と継承に新たな可能性を示すものと考えられる。その代表例の一つは、ブロックチェーン技術によるデータの唯一性や真正性の保証、作成時のタイムスタンプや編集履歴による時間性の付与、特定のプラットフォームや技術的制約による空間性など、デジタルならではの唯一性の存在である。これらには、オープンな来歴情報の管理、データを保有することに対する付加価値の存在、様々な分野のコンテンツ間の相互利用、デジタルアイデンティティとしての利用など、多様な価値や影響力を備えることができる。なお、ブロックチェーン技術やNFTの詳細は本シリーズの前巻を参照してほしい。

2 物理とデジタルの交錯

次に、DAがどのように新たな価値を形成するのか、特別な価値や影響力としてのデジタルアウラついて、物理空間とデジタル空間が交錯する基盤的な視点から、そのあり方を考察する。

2-1 物理空間と唯一性

ミュージアムや寺社仏閣における「場所」の唯一性は、収蔵品とそれを保存する建造物の双方に存在する。一方、DAは、データを保存するための物理的なストレージ装置を必要とし、それらは具体的な場所に存在するデータセンター（DC）やサーバー群として実体化できる。この物理的な基盤とデジタ

ルデータの関係性は、新たな形の場所性を生み出していると言えないだろうか。とりわけ、DCは、世界各地の歴史的な価値を持つミュージアムや寺社仏閣と同様に、特定のDCがITの歴史において重要な役割を果たし、歴史的建造物となる可能性がある。

　現代において、DCは社会基盤として必要不可欠な施設である。同時に、DCは単なる情報処理装置を設置するためだけの施設という機能を超えて、インターネット社会の重要な文化的シンボルとしての側面を持ち始めている。特に、インターネットの重要なノードとして機能してきたDCは、デジタル時代の文化財としての新たな価値を帯びつつあると言えないだろうか。例えば、大陸及び海底ケーブルで接続されるグローバルネットワークの結節点として役割を持つDCは、デジタル情報が地球規模で行き交う「現代の港」としての役割を果たしており、19世紀の港湾施設が産業革命期の産業遺産として評価されているように、主要なDCは21世紀のデジタル革命を物理的に体現する存在となっている。具体的には、太平洋横断海底ケーブルの陸揚局に付随するDCは、世界のデータ流通の歴史的証拠として、独自の文化的価値を持つ可能性がある。

　さらに、DCの建物自体について、その時代の技術水準と要求を反映した建築物としての価値に注目してみたい。従来の産業遺産が製鉄所や紡績工場など、その時代の生産活動の中心を担った施設であったように、DCはデジタル時代の中核的な社会基盤として、その設計思想に時代性を表している。大規模なサーバー群の効率的な配置や空調システム、災害対策、セキュリティ設計など、これらの要素は21世紀初頭の技術水準と社会的な要請を反映している。また、近年ではDCの建物自体に象徴性を持つような例もみられ、スイッチ社の「The Switch Pyramid」（図1）は代表的な例の一つであろう。

　このような観点から、DCをデジタル時代の歴史的遺産として捉え直すことは、デジタル社会基盤の文化的価値を再評価する新たな視点を提供し、それは同時に、デジタル文化の保存・継承における物理的側面の重要性を浮き彫りにする。

図1　The Switch Pyramid[2]

2-2　デジタルデータの物理移転

　デジタルデータの物理的な移転とは、ある歴史的なDC等で保管されていたデータが新しい場所に移転される事象を指し、このような移転はデータの文脈も変化する。これは、古い寺社から現代の博物館に文化財が移設される際に生じる文脈の変化に類似している。また、データが異なる地理的・文化的背景を持つ場所に移転された場合、そのデータの解釈や価値付けにも変化が生じうるだろう。これは、アート作品の価値評価において、「保管場所」や「展示履歴」が重要な要素となる点に酷似する。アート作品の価値評価は、どのような経緯で所有・展示・保管されてきたかを示す来歴として、作品の真正性や歴史的価値を裏付ける重要な証拠となる。その来歴に著名な美術館やコレクターのコレクションに含まれていたことがあれば、それが価値を高める要因となる場合がある。また、適切な環境で保存されていた作品は、状態が良好である可能性が高く、市場価値も上がる。このような価値付けをデータに対して行うことを考えられないだろうか。

　例えば、先に挙げたThe Switch Pyramid内のサーバーで保存されていた

DAがある研究機関のサーバー室に移転されたというような、データの物理的な移転に関する来歴情報の記述である。ただし、この価値付けを適用する場合、そのデータがどこのDCにあったのかというメタ情報が必要になるが、その情報記述には困難を伴う場合があるだろう。特定のDCに配置した単一のハードウェアに格納されたデータであれば、それは可能だが、近年はクラウドストレージの利用が進みつつあるため、データの存在形態は複雑化している。つまり、分散型のストレージシステムを用いた場合は、データが物理的に複数の場所に分散して存在するため、このデータの遍在性は、従来の物理的な文化財や単一のストレージ装置のように「ここにある」という場所性の概念が適用できないことである。クラウドストレージにおける場所性は抽象化され、データはクラウド上という仮想的な場所に存在するように見えるが、実際には複数のDCに分散して存在している。この仮想的な場所性は、デジタルデータの存在の様態を象徴していると言えよう。

2-3　デジタル空間におけるデータの憑依性

デジタルデータは、場所に依存せずコピーや移動が容易である。そのため、唯一性を持たないように見えるが、独自の文脈や環境が存在する。実際のところ、デジタルデータは、何かの物理的な装置を拠所にする形で存在している。これは単なる保存や格納という関係を超えた依存関係を示しており、この特異とも言える様態は従来の物理的な文化財やものにおける場所性とは異なる性質を持つ。ここでは、このデジタルデータの「憑依的性質」[3]が持つ意味と、それによって生じるデジタル空間の特徴について考察する。

現代のデジタルデータは、常に何らかの物理的なものに実体を宿すことで初めて存在する。例えば、ハードディスクドライブのデータは、磁性体の配列パターンとして物理的に記録される[4]。この磁気的状態の配列そのものが、データの物理的な存在形態である。同様に、半導体メモリにおいては電荷の状態として[5]、光学メディアでは物理的な凹凸や反射率の変化として[6]、データは物理的な形態を取る。さらに、データの伝送過程においても、デー

タは常に物理的な媒体に依存した形で存在している。例えば、情報通信網を通じて移動するデータは、実際には光ファイバーの光信号や銅線（LANケーブル）の電気信号として、物理的な媒体に伝播して移動している。また、無線通信においても、データは電磁波として実空間を移動し、その振る舞いは物理法則に従って観測・制御可能な形で存在する。つまり、データの存在には常に物理的な媒体が必要不可欠ということである。そして、その依存性はデータのコピーや移動をも規定する。

　データのコピーとは、ある媒体上の状態（ビットの配列）を別の媒体上に再現することであり、データの移動とは、一方の媒体での状態を消去しつつ、他方の媒体に新たな状態を再現することである。このような特性を持つデジタルデータは、媒体に憑依していると言えるだろう。この憑依においては、データの可用性や完全性にも影響を及ぼし、物理媒体の状態が損なわれれば、そこに宿るデータも同時に損なわれる。通信の不具合による損失、磁気媒体の劣化、半導体の故障、光学メディアの経年劣化はデータの存在を脅かす要因である。そのため、データを適切に保存するためには、物理的条件の維持が不可欠である。

　デジタルデータの憑依性は、データが存在するための本質的な条件であり、この性質の理解はDAの設計や運用においても重要である。特に、長期的な保存を目的とする場合、物理媒体の選択や保存条件の設定、定期的な媒体更新の計画など、物理的側面への十分な検討が求められる。具体的には、データ形式の相互運用性（フォーマット互換性）として、文書ファイル、音声・映像コーデック、3Dデータなど互換性を維持し続ける困難さ、将来的に使用不可となるOSやソフトウェアを再現する方法の検討、別の記録媒体への移行や、データ形式の変換を計画的に行う重要性の理解、誰がいつ作成し、どのような技術で生成されたか、という保存に関わる情報である。

2-4　物理的な依存と価値の自律性

これまでの考察から、デジタルデータは物理的な媒体に対する依存性を持

ちながらもその価値や意味は、その制約を超えてネットワークを通じて拡張されていくという性質があることを示した。データは常に物理的な媒体に依存しながら存在するという「憑依的性質」を持つ一方で、そのデータが生み出す価値や意味は、物理的な制約から相対的に独立している。例えば、デジタルアート作品は特定のストレージに保存される必要があるが、その作品の芸術的価値や文化的意義は、物理的な保存場所や媒体の種類には直接依存せず、それらが作品の価値や評価には影響していない現状がある。その一方で、デジタルネットワークを介した共有可能性、他のデジタルコンテンツとの相互作用性、さらにはプログラムによる動的な変容の可能性など、デジタル空間特有の特性によって新たな価値を獲得している。

このようなデジタルデータの二重性は、従来の文化財における物理的実体と価値の関係性とは本質的に異なる様相を示しているといえる。実物の文化財では、その物理的形態と価値が密接に結びついているのに対し、デジタルデータでは物理的依存性と価値の自律性が並存している。この性質によって、デジタルデータの価値体系を考えるためには新たな理論的枠組みが求められることになる。

3　新たなDA価値体系の考察

デジタルデータの憑依的性質を踏まえた上で、その価値体系をより理論的文脈の中で捉える解釈を試みる。ここでは、デジタルデータの存在様態を考える上で、ボードリヤールのシミュラークル論が参考になる[7]。シミュラークル論は、現代社会における「記号」と「実在」の関係性の変容を論じたものである。この理論によれば、メディアやデジタル技術の発達により、イメージや情報(記号)は実物との直接的な対応関係を失い、独自の価値を形成するようになる。シミュラークルとは、このような実在との参照関係を持たない自律的な記号のことを指す。

このような観点からデジタルデータ及びDAを解釈すると、それは単なる

370 ————　第4部　DAの社会基盤化と文化的価値

物理的な対象をデジタルコピーしたものではなく、独自の文脈と価値を持つ記号として機能していることがわかる。例えば、文化財DAのデータは、物理的な収蔵品との類似性を持ちながらも、ネットワーク上での情報流通や他のデジタルコンテンツとの相互参照性といった、物理的な収蔵品にはない特性を価値として獲得する。この意味で、DAは、ボードリヤールの言うハイパーリアルな領域に位置づけられる。すなわち、実物との直接的な対応関係を超え、メディアや記号によって生成されたデジタルコピーそのものが、新たな価値体系を構築する可能性を持つということである。また、デジタルデータそのものとしてのNFTやデジタルアートの価値は、そもそも現実との接点が無い記号の流通という特性だけでなく、ブロックチェーン技術による真正性の保証やデジタル空間特有の希少性の創出といった、新たな価値を獲得可能な仕組みを伴っている。さらに、デジタル空間で展開されているこれらの価値は、実体経済や法制度といった既存の社会構造に接続され、相互に影響を及ぼし合う関係を築いていることは注目すべき点である。これは、コンピュータによって生成された記号(情報)が現実から乖離するという一方向的な過程を超えて、デジタル空間で生成された価値が新たな現実を構築し、それは目の前の世界と複雑に絡み合う状況を創り出している。このような文脈でデジタルデータを捉えると、DAには多様な価値体系を創出できる可能性が考えられる。

3-1 価値体系の枠組み

ここでは、デジタルデータの二重性を踏まえ、DAの新たな価値体系を構築するための枠組みを考察する。これは、デジタルデータの物理的依存性と価値の自律性の両面を考慮しながら、それらを記述・評価するための体系的な方法を試みるものである。具体的には表1に示す内容を用いて、DAは総合的な新たな価値・評価を獲得できるものと考えている。これら3種類の価値は、DAの特性に基づいて分類しており、基盤的価値はデジタルデータの物理的な実在性、文脈・派生的価値はネットワーク環境における相互作用性、

表1 DAの新たな価値体系

種類	評価・価値の内容
(1)基盤的価値	保存されてきた施設の地理的・歴史的重要性 (例：インターネット黎明期のデータセンター)
	ストレージシステムの技術的特徴(特定の時代を象徴する記憶装置など)
	データの物理的な移動履歴(重要な研究機関間での移転など)
	特定のハードウェアとの関係性
	システムアーキテクチャ変遷への適応過程
(2)文脈・派生的価値	重要なデジタルプラットフォームでの利用履歴
	システム間連携における役割
	他のデジタルコンテンツとの関連性
	デジタルコミュニティでの評価や影響
	API等を通じた利用実績
(3)時間的価値	データフォーマットや保存技術の歴史性の記述
	採用された技術標準の変遷
	フォーマット変換の履歴
	互換性維持のための技術的対応の記述
	システム移行や更新の記録
	保存技術への対応(データ再作成等を含む)
	データ整合性の検証履歴

そして時間的価値はデジタル技術の進化と保存の歴史性にそれぞれ対応している。

(1)基盤的価値

基盤的価値は、DAが物理的に存在するための基盤に関する価値を示す。これは、データの保存や運用に関わる物理的な情報基盤の歴史性や重要性を評価するものである。ここでは、データセンターやストレージシステムといった物理的施設との関係性を示すことで、そのデータの歴史的価値を高める要素となる。また、特定の時代を象徴する記憶装置との関係性や、システムアーキテクチャの変遷への適応過程なども、基盤的価値を構成する重要な

要素となる。

（2）文脈・派生的価値

文脈・派生的価値は、デジタルネットワーク環境におけるDAの位置づけや関係性の価値を示す。これは、データが単独で存在するのではなく、様々なシステムやコンテンツと相互に関連しながら価値を生み出すという、デジタルの特性を反映している。具体的には、重要なデジタルプラットフォームでの利用実績や、システム間連携における役割、さらにはAPI等を通じた他のデジタルコンテンツとの相互作用など、デジタルエコシステムにおける影響力や貢献度が評価の対象として考えられる。

（3）時間的価値

時間的価値は、DAの技術的な変遷過程それ自体が持つ文化的・歴史的価値を示す。考古学が扱うような物理資料は、それと対峙したとき、特有の雰囲気を感じられることがある。デジタル技術の歴史は、考古資料と比較したならば、非常に短い時間軸であるが、絶えず進化しているため、数十年単位で古いフォーマットのデータや技術は時代性があると言える。例えば、1990年代の技術で作成・保存されてきたDAと2020年代の技術で作られたDAは、同一の文化財を対象にした画像データであっても映し出される質や精度はまったく異なる性質を持ち、そこには時代特有の雰囲気や制約を感じ取ることができるだろう。このような時間性は、先述したボードリヤールの「ハイパーリアル」な状況とも関連し、デジタルデータの技術的制約や特徴は、その時代固有の文化的文脈を体現する。そのため、技術的変遷を辿れる情報の記述が求められる。

例えば、フォーマット変換の履歴や互換性維持のための技術的対応、データ整合性の検証プロセスなど、デジタルデータの長期保存に関わる技術的な取り組みの記録である。これらは、デジタル文化の発展過程を示す重要な文化的資料となる可能性を持つ。また、文化財等の物理的な資料を対象にした

DAは、新たに作成したデジタルデータがあるからといって、過去のデータを廃棄するのではなく、過去のデータ価値と新たに作成したデータ価値について、それぞれの存在について考える必要がある。これは、デジタルアーカイブにおける「版」の概念を改めて問い直すことにつながらないだろうか。

3-2　価値体系の実装と記述表現

　表1で示した3つの価値体系は、独立して存在するものではなく、相互に影響し合いながらDAの総合的な価値を形成する。例えば、特定のデータセンターでの保管（基盤的価値）が、重要なプラットフォームまたは著名なURLでの利用（文脈・派生的価値）を可能にし、その過程で実施された技術的更新（時間的価値）が新たな利用可能性を獲得するといった具合である。このような価値の重層性は、DAが単なるデジタルコピーではなく、独自の文化的な文脈を持つ存在であることを示している。同時に、デジタルデータの保存と継承において、これらの価値を総合的に把握して記録していくことが求められる。

　その具体的な実装においては、既存のメタデータ体系を基盤としながら、新たな価値記述を追加する形で表現することになる。これは、従来の管理や技術に関する記述に文化的・歴史的な文脈を付加するものであり、既存のメタデータ体系に対して拡張を行うことが考えられる。

（1）基盤的価値の記述

　技術メタデータを拡張し、物理的な情報システム基盤の文化的・歴史的重要性を記述する。これにより、データセンターやストレージシステムの歴史的価値や、アーキテクチャの変遷といった要素を技術的詳細と共に記録できるようになる。

（2）文脈・派生的価値の記述

　既存の管理メタデータにネットワーク環境における位置づけや影響関係を

記述する表現を追加する。これにより、プラットフォームでの活用実績や、システム間連携の意義といった要素を体系的に記録する。

(3)時間的価値の記述

保存メタデータを拡張し、技術的変遷や文化的な背景等を記述する。フォーマット変更や技術更新の履歴に対してその時代性や文化的文脈を付加することで、デジタル技術の発展過程を文化的資料として記録することができる。

このような拡張は、既存のメタデータ体系との整合性を保ちながら、新たな価値体系を実装するための現実的な方法である。そして、これは単なる記述項目の追加ではなく、デジタルデータの文化的価値を体系的に捉えるための構造的な拡張として位置づけられるべきである。つまり、DAの長期保存という行為には、多様な技術的背景や文脈、要素があり、物理的な文化財の保存・修復と同様に、文化的価値がある行為であるという認識である。

物理的な文化財には、保存・修復の専門家や、関連する行為のドキュメンテーション体系が存在する。同様に、デジタル文化財についても、標準化されたドキュメンテーションや支援の仕組みを整備することで、将来の研究者や利用者がデジタル文化の発展過程を理解するための重要な手がかりを提供できるだろう。

このような取り組みを通じて、DAは単なるデジタルデータを超えて、デジタル時代における新たな文化的価値の担い手として確立されることが期待される。

注
1) ヴァルター・ベンヤミン（佐々木基一編）（1999）『複製技術時代の芸術』晶文社，187.
2) THE PYRAMID（https://www.switch.com/grand-rapids/）（最終アクセス：2024年12月30日）

3) デジタルデータは、何らかの媒体に物理的に記録して初めてデータとしてコンピュータで使用可能となる。データコピーという行為は、一つの媒体から複数の媒体にデータが乗り移り、データ移動は別の媒体にデータが宿った後に移動元からは視覚的に消えるという動作を伴う。この動きにおいて、物理的に記録されたデータのパターンは人の目では直接見ることができないにもかかわらず、データが媒体に取り憑くような、あるいは何かを宿すような不可思議さを感じる。例えば、ある画像や映像といったデータが人々の記憶や感情を「宿す」媒体となることや、メッセージ性の強い記号の羅列が人々の行動や思考に影響を与えること、さらにデータは必ず物理的な媒体を依り代とすることなど、このような現象から、ここでは「憑依」という語を用いることとした。

4) 青山勉・佐藤勇武・石尾俊二(2003)「パターンド磁気記録媒体の作製方法と磁気的特性」『応用物理』72 (3), 298-303.

5) フラッシュメモリとは？構造と動作原理をわかりやすく解説(https://semi-journal.jp/basics/device/memory/flash.html#google_vignette)(最終アクセス：2024年12月30日)

6) 大野鋭二(2012)「光ディスクの動作原理と高密度化技術」『応用物理』81(7), 603-606.

7) ジャン・ボードリヤール(竹原あき子翻訳)(2008)『シミュラークルとシミュレーション』法政大学出版局, 220.

執筆者一覧

責任編集
嘉村哲郎（かむら・てつろう）
東京藝術大学 芸術情報センター 准教授／情報戦略統括室（CIO室）。
専門は博物館情報の組織化、芸術作品・資料等のデジタル化およびアーカイブ。
主な著書・論文に『デジタルアーカイブ・ベーシックス4 アートシーンを
支える』（責任編集、勉誠出版、2020年）、「博物館・図書館・文書館から見
たアーカイブ史」（『デジタル時代のアーカイブ系譜学』みすず書房、2022年）、
「デジタルアーカイブにおける分散型情報技術を用いたコンテンツ管理と流
通」（『デジタルアーカイブ学会誌』6(s3)、2022年）、「著名な日本人洋画家の
属性分析に基づく特徴抽出の試み」（共同執筆、『人工知能学会全国大会論文
集』2020年）などがある。

執筆者（掲載順）
柴山明寛（しばやま・あきひろ）
1976年生まれ。東北大学災害科学国際研究所准教授。
専門は災害情報学、地域防災、地震工学。
主な論文に「総論：デジタルアーカイブの消滅と救済」（『デジタルアーカイブ
学会誌』6(4)、2022年）、「東日本大震災の事例から見えてくる震災アーカイ
ブの現状と課題」（『デジタルアーカイブ学会誌』2(3)、2018年）などがある。

杉本重雄（すぎもと・しげお）
1953年生まれ。筑波大学名誉教授。
専門はメタデータ、デジタルアーカイブ、デジタルライブラリ。
主な著書に Data modeling for digital archiving of intangible and experiential entities,

Intelligent Computing for Cultural Heritage, Routledge, 2025, Modeling cultural entities in diverse domains for digital archives, *Information and Knowledge Organization in Digital Humanities*, Routledge, 2022,「デジタルアーカイブとは何か」(『デジタ ル時代の知識創造』KADOKAWA、2015年)などがある。

平野 泉(ひらの・いずみ)
1963年生まれ。立教大学共生社会研究センター・アーキビスト。
専門はアーカイブズ学。
主な著書・論文に、スー・マケミッシュ他著『続・アーカイブズ論　記録の しくみと情報社会』(共訳、明石書店、2023年)、「デジタルをおそれずに」 (『アーカイブズ学研究』33号、2020年)などがある。

松永しのぶ(まつなが・しのぶ)
1983年生まれ。国立国会図書館司書。
専門は文化資源学。
主な著書・論文に「電子情報の長期保存を行うにあたって ── 参考となる 標準、ガイドライン、文書等について」(『専門図書館』特別号2024、2024 年)、「世界のデジタルアーカイブ実践例」(『アーカイブ立国宣言』ポット出版、 2014年)、「諸外国の「デジタルアーカイブ」実践例」(『アーカイブのつくりか た ── 構築と活用入門』勉誠出版、2012年)などがある。

国立国会図書館電子情報部電子情報企画課次世代システム開発研究室
(こくりつこっかいとしょかん・でんしじょうほうぶ・でんしじょうほうきかくか・
じせだいしすてむかいはつけんきゅうしつ)
国立国会図書館は、立法府である国会に属する日本で唯一の国立の図書館。
国の唯一の納本図書館・保存図書館として国内で刊行される出版物を広く収 集し、貴重な文化的資産として保存し、後世に残していくという役割を担っ ている。現在では、紙媒体の出版物だけでなく、CD、DVD、ソフトウェア

などのパッケージ系電子出版物やインターネット上で発信される情報も収集している。これらに資料デジタル化の成果物も加えたデジタル資料を長期的に保存し、その利用を保証していくことを目指し、調査研究及び保存対策に取り組んでいる。次世代システム開発研究室はその調査研究を担当している。

山崎博樹（やまざき・ひろき）
1955年生まれ。IRI知的資源イニシアティブ代表理事、内閣府知的財産戦略本部デジタルアーカイブジャパン実務者検討委員会構成員。
専門は図書館サービス、デジタルアーカイブ。
主な著書・論文に『図書館を語る』（青弓社、2022年）、『地域資料のアーカイブ戦略』（日本図書館協会、2022年）、「デジタルアーカイブの長期的な継続性を図るために、何をするべきか、5つの観点による提言」（『デジタルアーカイブ学会誌』6(4)、2022年）などがある。

高田祐一（たかた・ゆういち）
1983年生まれ。奈良文化財研究所文化財情報研究室 主任研究員。
専門は歴史学。
主な編著書に『遺跡踏査とデジタル技術』（奈良文化財研究所、2023年）、『産業発展と石切場』（戎光祥出版、2019年）などがある

中西智範（なかにし・とものり）
1980年生まれ。独立行政法人国立美術館 国立映画アーカイブ 特定研究員。
国立公文書館認証アーキビスト。
専門は情報処理分野。
主な論文に「早稲田大学演劇博物館のデジタルアーカイブの現状と課題」（『デジタルアーカイブ・ベーシックス4　アートシーンを支える』勉誠出版、2020年）がある。

肥田 康（ひだ・こう）

1961年生まれ。株式会社堀内カラー、アーカイブサポートセンター チーフプロデューサー。

専門はデジタルアーカイブ。

主な論文に「企業デジタルアーカイブの動向と可能性」（『デジタルアーカイブ学会誌』5(3)、2021年）、「座談会 デジタルアーカイブ技術開発の動向」（『デジタルアーカイブ・ベーシックス5 新しい産業創造へ』勉誠社、2021年）、「資料の保存とデジタル化」（『薬学図書館』58(4)、2013年）、「電子画像情報の利用と保存」（『情報科学と技術』54(9)、2004年）などがある。

内田剛史（うちだ・たけし）

1966年生まれ。早稲田システム開発株式会社 代表取締役。

主な著書に『ゼロから始めるデジタルアーカイブ』（ミュージアムメディア研究所、2024年）、『サステイナブルなデジタルアーカイブ』ミュージアムメディア研究所、2022年）がある。

込山悠介（こみやま・ゆうすけ）

1983年生まれ。国立情報学研究所コンテンツ科学研究系准教授。

専門は学術情報基盤、バイオインフォマティクス。

主な論文に Need for Data Standardization and Infrastructure of Research Data Management to Promote Using Real-world Data, *Journal of the Society for Clinical Data Management,* (1), 2024、Nationwide Research Data Management Service of Japan in the Open Science Era, *Proceedings - 2017 6th IIAI International Congress on Advanced Applied Informatics, IIAI-AAI 2017* , 2017、Automatic generation of bioinformatics tools for predicting protein-ligand binding sites, *Bioinformatics*, 32(6), 2016 などがある。

南山泰之（みなみやま・やすゆき）

1983年生まれ。国立情報学研究所オープンサイエンス基盤研究センター特任助教。

専門は図書館情報学、知能情報学。

主な著書・論文にA study on formalizing the knowledge of data curation activities across different fields, *PLOS One,* 19（4）, 2024、「研究データを公共空間に繋げる――データジャーナルによるデータ共有体制の構築」（『デジタルアーカイブ・ベーシックス　ひらかれる公共資料――「デジタル公共文書」という問題提起』勉誠社、2023年）、『オープンサイエンスにまつわる論点――変革する学術コミュニケーション』（編集、樹村房、2023年）などがある。

松原茂樹（まつばら・しげき）

1970年生まれ。名古屋大学情報基盤センター学術情報開発研究部門教授。

専門は自然言語処理、デジタル図書館。

主な論文にCitation-worthy detection of URL citations in scholarly papers, *Proc. JCDL*, 2024、Capabilities and challenges of LLMs in metadata extraction from scholarly papers, *Proc. ICADL*, 2024、Estimating metadata of research artifacts to enhance their findability, *Proc. e-Science*, 2024などがある。

青木学聡（あおき・たかあき）

1972年生まれ。名古屋大学情報連携推進本部情報戦略室室長、教授。

専門は大学における情報戦略、学術情報流通。

主な著書・論文に「学術機関における研究データ管理支援体制整備への取り組み」（『情報の科学と技術』74（4）、2024年）、「オープンサイエンスと研究データ管理の動向」（『デジタルプラクティス』（46）、2021年）などがある。

結城憲司（ゆうき・けんじ）

1968年生まれ。琉球大学附属図書館事務部長。

主な共著・論文に「機関リポジトリへの論文及び根拠データ掲載に関する実態調査報告」(『情報知識学会誌』34(2)、2024年)、「研究データマネジメントに関する研究者アンケートの設計と実施」(『電子情報通信学会技術研究報告』119(434)、2020年)などがある。

加藤 諭(かとう・さとし)
1978年生まれ。東北大学史料館教授。
専門は歴史学、アーカイブズ学
主な著書に『デジタル時代のアーカイブ系譜学』(共編著、みすず書房、2022年)、『大学アーカイブズの成立と展開——公文書管理と国立大学』(吉川弘文館、2019年)、『戦前期日本における百貨店』(清文堂出版、2019年)などがある。

田口忠祐(たぐち・ただすけ)
1979年生まれ。東京大学情報システム部情報基盤課学術情報チーム係長。
専門は図書館・情報学。
主な論文に「JAIRO Cloudで育む機関リポジトリ」(共同執筆、『看護と情報——日本看護図書館協会会誌』24、2017年)、「JPCOARスキーマの策定——日本の学術成果の円滑な国際的流通を目指して」(共同執筆、『情報管理』60(10)、2018年)がある。

三浦和己(みうら・かずき)
1977年生まれ。独立行政法人国立美術館 国立映画アーカイブ 主任研究員。
専門は映画保存。
主な論文・記事に「画像保存 解説 ボーンデジタル映像の保存に関する諸問題」(『日本写真学会誌』79(1)、2016年)、「日本映画のデジタル化の変遷」(『映画テレビ技術』(782)、2017年)などがある。

渡辺智暁（わたなべ・ともあき）

1972年生まれ。国際大学グローバル・コミュニケーション・センター主幹研究員／教授／研究部長。

専門は情報社会論と情報通信政策。

主な論文に「デジタル時代の文化の豊かさから考える著作権制度の未来」（『著作権法50周年に諸外国に学ぶデジタル時代への対応』インプレスR＆D、2021年）、「技術革新と人間——AIの受容」（『人工知能と人間・社会』勁草書房、2020年）などがある。

責任編集

嘉村哲郎（かむら・てつろう）

東京藝術大学 芸術情報センター 准教授／情報戦略統括室（CIO
室）。

専門は博物館情報の組織化、芸術作品・資料等のデジタル化およ
びアーカイブ。

主な著書・論文に『デジタルアーカイブ・ベーシックス4 アー
トシーンを支える』（責任編集、勉誠出版、2020年）、「博物館・
図書館・文書館から見たアーカイブ史」（『デジタル時代のアーカ
イブ系譜学』みすず書房、2022年）、「デジタルアーカイブにお
ける分散型情報技術を用いたコンテンツ管理と流通」（『デジタル
アーカイブ学会誌』6(s3)、2022年）、「著名な日本人洋画家の属性
分析に基づく特徴抽出の試み」（共同執筆、『人工知能学会全国大
会論文集』2020年）などがある。

デジタルアーカイブ・ベーシックス

デジタルデータの長期保存・活用
その理論と実践

2025年3月25日　初版発行

責任編集　嘉村哲郎
発 行 者　吉田祐輔
発 行 所　㈱勉誠社
　　　　　〒101-0061　東京都千代田区神田三崎町 2-18-4
　　　　　TEL：(03)5215-9021(代)　FAX：(03)5215-9025

印　刷　三美印刷㈱
製　本
組　版　デザインオフィス・イメディア（服部隆広）

ISBN978-4-585-30305-3　C1000

デジタルアーカイブ・
ベーシックス
デジタル時代の
コレクション論

コンテンツの収集、保存、活用に関連
する概念や理論を総合的に検討。具体
的な事例を提示し、これまでの理論と
実践を基に、デジタルコンテンツの収
集、保存、活用に関するさらなる議論
を展開する。

中村覚・逢坂裕紀子 責任編集
本体 3,500 円（＋税）

デジタルアーカイブ・
ベーシックス
知識インフラの
再設計

デジタルアーカイブの制度や仕組みに
スポットをあて、法律、教育、経営、
経済などさまざまな分野の専門家によ
る論考から、知識インフラを「再設
計」する。

数藤雅彦 責任編集
本体 3,200 円（＋税）

デジタルアーカイブ・
ベーシックス
共振するデジタル
人文学とデジタル
アーカイブ

デジタル人文学とデジタルアーカイブ
（DA）それぞれの成果が、直接的・間
接的に両分野の発展につながること
を、DHとDAの研究者・専門家によ
る論考によって示そうと試みた一冊。

鈴木親彦 責任編集
本体 3,200 円（＋税）

デジタルアーカイブ・
ベーシックス
ひらかれる
公共資料アーカイブ
「デジタル公共文書」という
問題提起

「デジタル公共文書」という新たな概
念を、利活用者の視点から、新しい知
識や社会生活などを生み出す源泉とし
て位置づけ、議論を試みる。

福島幸宏 責任編集
本体 3,200 円（＋税）